**Knowledge BASE 系列**

一冊通曉 新舊強碰，近代化前的關鍵劇變

圖解 **幕末維新**

外川淳 著　林農凱 譯

# 幕末動亂地圖

## 從佩里來航（1853年）到西南戰爭（1877年）為止

佩里艦隊憑藉黑船之威，不發一炮便成功結束日本的鎖國時期。但在幕府大老遭到暗殺的「櫻田門外之變」後，日本國內進入了血腥殺戮與武力抗爭頻發的幕末動亂時代。直到日本史上最後一場內戰「西南戰爭」結束為止，流血慘劇皆在日本各地不斷上演。

※ 灰色 表示戊辰戰爭中的戰役

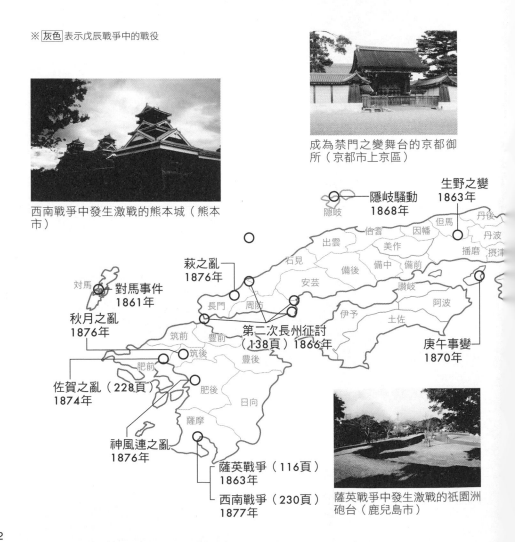

成為禁門之變舞台的京都御所（京都市上京區）

西南戰爭中發生激戰的熊本城（熊本市）

隱岐騷動
1868年

生野之變
1863年

萩之亂
1876年

對馬事件
1861年

秋月之亂
1876年

第二次長州征討
（138頁）1866年

庚午事變
1870年

佐賀之亂（228頁）
1874年

神風連之亂
1876年

薩英戰爭（116頁）
1863年

西南戰爭（230頁）
1877年

薩英戰爭中發生激戰的祇園洲砲台（鹿兒島市）

隱岐　伯耆　出雲　石見　因幡　但馬　丹後　丹波　播磨　摂津　美作　備後　備中　備前　讃岐　阿波　伊予　土佐　長門　周防　安芸　筑前　豐前　筑後　豐後　肥前　肥後　日向　薩摩

成為箱館戰爭舞台的五稜郭（北海道函館市）

箱館戰爭（188～191頁）
1868～1869年

三閉伊一揆
1853年

會津戰爭（178頁）
1868年

信達一揆
1866年

天狗黨之亂（124頁）
1864年

櫻田門外之變（96頁）
1860年

坂下門外之變（106頁）
1862年

上野戰爭（174頁）
1868年

寺田屋事件
1862年

池田屋事件（126頁）
1864年

禁門之變（128頁）
1864年

鳥羽伏見之戰（160頁）
1868年

北越戰爭
1868年

天誅組之亂
（124頁）
1863年

生麥事件1862年（116頁）

生麥事件現場（橫濱開港資料館所藏）

留下無數彈痕的寬永寺舊黑門（東京都荒川區）

佩里來航1853年（62頁）

佩里提督橫濱上陸圖（橫濱開港資料館所藏）

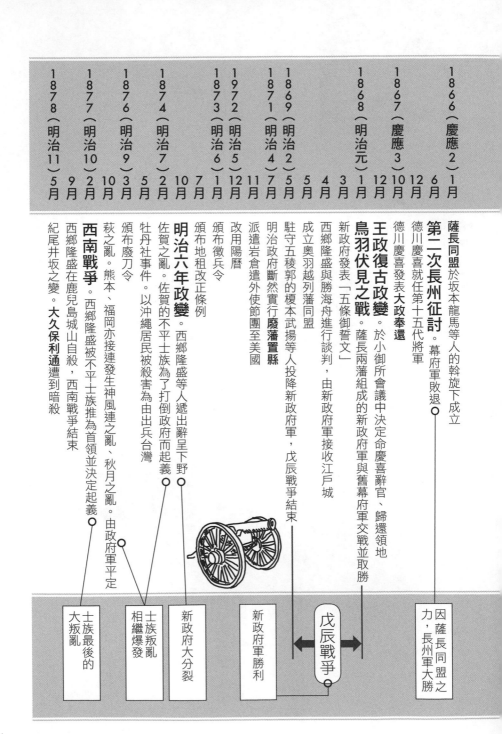

年表（1866〜1878）

- 1866（慶應2）1月　薩長同盟於坂本龍馬等人的斡旋下成立
- 1866（慶應2）6月　**第二次長州征討**。幕府軍敗退
- 1867（慶應3）10月　德川慶喜就任第十五代將軍
- 1867（慶應3）12月　德川慶喜發表大政奉還
- 1868（明治元）1月　**王政復古政變**。於小御所會議中決定命慶喜辭官、歸還領地
- 1868（明治元）3月　新政府發表「五條御誓文」
- 1868（明治元）1月　**鳥羽伏見之戰**。薩長兩藩組成的新政府軍與舊幕府軍交戰並取勝
- 1868（明治元）4月　西鄉隆盛與勝海舟進行談判，由新政府軍接收江戶城
- 1868（明治元）5月　成立奧羽越列藩同盟
- 1869（明治2）5月　駐守五稜郭的榎本武揚等人投降新政府軍，戊辰戰爭結束
- 1871（明治4）7月　明治政府斷然實行**廢藩置縣**
- 1871（明治4）11月　派遣岩倉遣外使節團至美國
- 1872（明治5）12月　改用陽曆
- 1873（明治6）1月　頒布徵兵令
- 1873（明治6）7月　頒布地租改正條例
- 1873（明治6）10月　**明治六年政變**。西鄉隆盛等人遞出辭呈下野
- 1874（明治7）2月　佐賀之亂。佐賀的不平士族為了打倒政府而起義
- 1874（明治7）5月　牡丹社事件。以沖繩居民被殺害為由出兵台灣
- 1876（明治9）3月　頒布廢刀令
- 1876（明治9）10月　萩之亂。熊本、福岡亦接連發生神風連之亂、秋月之亂。由政府軍平定
- 1877（明治10）2月　**西南戰爭**。西鄉隆盛被不平士族推為首領並決定起義
- 1877（明治10）9月　西鄉隆盛在鹿兒島城山自殺，西南戰爭結束
- 1878（明治11）5月　紀尾井坂之變。**大久保利通**遭到暗殺

下方對應：

- 因薩長同盟之力，長州軍大勝
- 戊辰戰爭
- 新政府軍勝利
- 新政府大分裂
- 士族叛亂相繼爆發
- 士族最後的大叛亂

# 幕末維新・動亂年表

| 西曆（年號） | 事件 | 其他影響 |
|---|---|---|
| 1853（嘉永6）6月 | 佩里艦隊駛入浦賀，要求幕府放棄鎖國政策 | 揭開幕府崩壞的序幕 |
| 1854（安政元）1月 | 佩里艦隊再次來航 | |
| 1854 3月 | 締結**神奈川條約** | |
| 1856（安政3）8月 | 駐日公使哈里斯來到日本 | |
| 1858（安政5）4月 | 井伊直弼就任大老 | |
| 1858 6月 | 締結**美日修好通商條約** | |
| 1858 9月 | 實行安政大獄。井伊直弼開始逮捕、鎮壓尊王攘夷派志士 | |
| 1860（萬延元）3月 | **櫻田門外之變**。井伊直弼遭水戶浪士暗殺 | |
| 1862（文久2）1月 | **坂下門外之變**。老中安藤信正遭水戶浪士襲擊而負傷 | 尊王攘夷派遭受莫大打擊 |
| 1862 4月 | 寺田屋事件。尊攘激進派有馬新七等人被同屬薩摩藩的藩士斬殺 | |
| 1862 8月 | 生麥事件。英國人於東海道上的生麥村被薩摩藩殺害 | |
| 1863（文久3）7月 | 薩英戰爭。英國艦隊進攻鹿兒島灣，與薩摩藩展開激戰 | |
| 1863 8月 | **八月十八日政變**。尊攘派的長州藩被京都政界驅逐 | |
| 1864（元治元）6月 | 池田屋事件。新選組突襲於池田屋中開會的尊攘激進派志士 | |
| 1864 7月 | **禁門之變**。長州藩進攻京都御所→**第一次長州征討**。 | 長州意圖捲土重來但仍失敗 |
| 1965（慶應元）2月 | 天狗黨於敦賀被處決 | |

5

# 從數據來看橫濱開港

日本與美國在安政5年（1858年）6月簽訂「美日修好通商條約」。隔年安政6年6月2日（1859年7月1日），橫濱開放為國際貿易港。橫濱開港後，朝廷與攘夷派雖仍主張橫濱鎖港，但已無法停止全球化的腳步，港灣都市橫濱繼續發展。

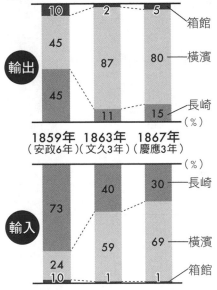

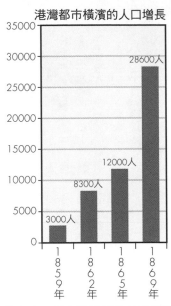

横濱港主要輸出蠶絲；與此相對，長崎港則主要輸入西南雄藩（薩摩藩、長州藩）所購買的武器。因此有橫濱輸出、長崎輸入的傾向。

除了商人，還有進港工作的港灣勞工，人口以每年將近30%的速度急遽成長。

從山手眺望外國人居留地（橫濱開港資料館所藏）

橫濱異人館之圖　二代廣重畫　文久元年（1861）
（橫濱開港資料館所藏）

● 〈橫濱港輸出與輸入的變化〉

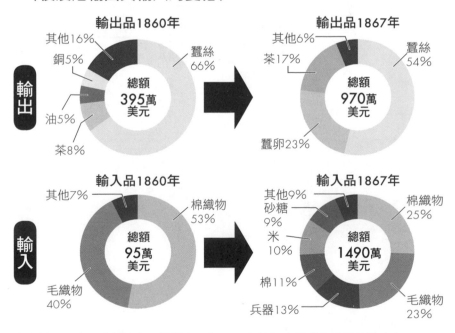

輸出

**輸出品1860年**

其他16%
銅5%
油5%
茶8%
總額 **395萬美元**
蠶絲 66%

**輸出品1867年**

其他6%
茶17%
蠶卵23%
總額 **970萬美元**
蠶絲 54%

輸入

**輸入品1860年**

其他7%
毛織物 40%
總額 **95萬美元**
棉織物 53%

**輸入品1867年**

其他9%
砂糖9%
米10%
棉11%
兵器13%
總額 **1490萬美元**
棉織物 25%
毛織物 23%

貿易剛開始時因蠶絲輸出而為黑字。但1867年後因大量購入武器轉為赤字。

# 坂本龍馬的故鄉城下町高知

南國高知的城下町是生養坂本龍馬的城鎮，但龍馬寄給家人的書信中卻留有「沒有比山內家的官吏還無能的人了」、「我不能在土佐這種鄉下結束我的一生」等字句。對自己的故鄉，龍馬似乎有著相當複雜的情感。

造訪高知城下町時，若能一邊想像龍馬所思之事、一邊忖量以脫藩這等非常手段遠離家鄉的用意，或許能看到與已知的龍馬形象不同的一面。

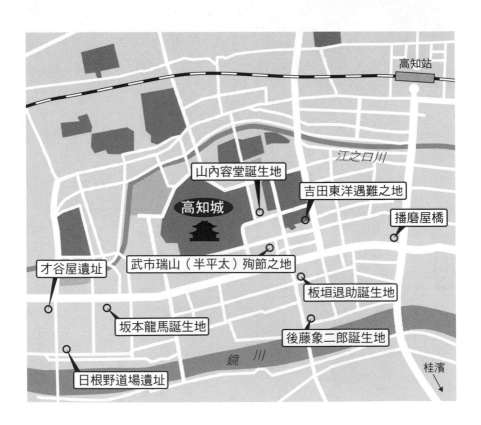

**高知城**
日本現存的十二座天守之一，宛如俯瞰高知城下町般高高屹立。龍馬認為高知城是山內家暴政的象徵。

**坂本龍馬誕生地**
立於大樓之間的石碑。石碑題字者為高知出身的首相吉田茂。

**桂濱　坂本龍馬銅像**
擁有日本第一集客能力的銅像。在平成的大掃除中翻新。此像建立在浦戶砲台場的腹地內，周邊現還留存部分砲台場的土牆。

# 大政奉還對立關係圖

德川慶喜原本打算透過「大政奉還」，將日本名義上的統治權從幕府移交朝廷，藉此再建德川天下。但如此高明的政治謀策卻沒有多少人能理解，就連應該是自己人的德川家也大為反對。德川天下的崩解，其實肇因於內部分裂。

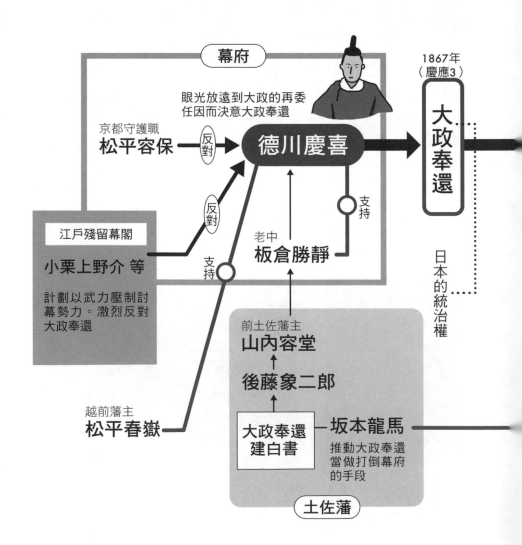

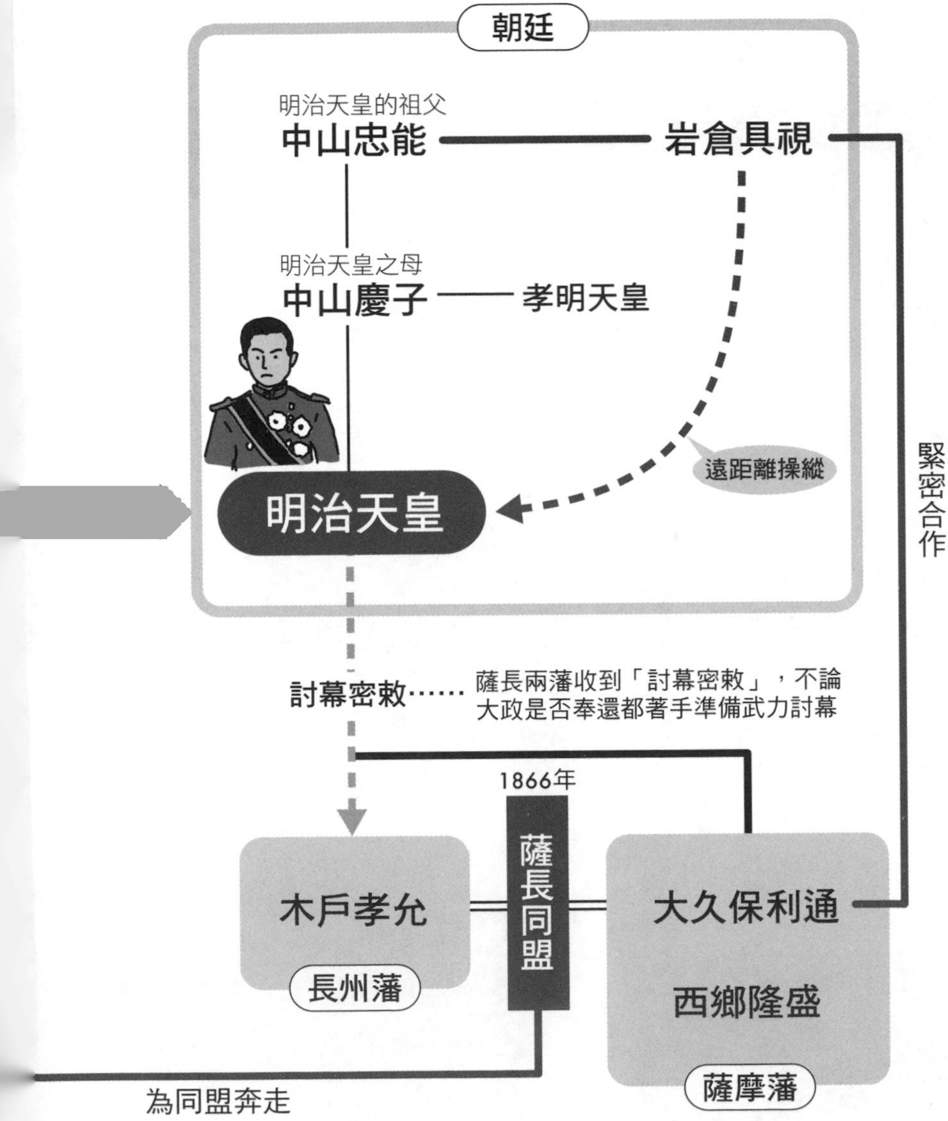

朝廷

明治天皇的祖父
中山忠能 ———— 岩倉具視 —

明治天皇之母
中山慶子 ———— 孝明天皇

遠距離操縱

緊密合作

明治天皇

討幕密敕……　薩長兩藩收到「討幕密敕」，不論
大政是否奉還都著手準備武力討幕

1866年

薩長同盟

木戶孝允　　　　　　　大久保利通

長州藩　　　　　　　　西鄉隆盛

　　　　　　　　　　　薩摩藩

為同盟奔走

在黑船來航後，日本人從太平美夢中醒來，為了追上比自己快了一大步的西方國家，於是貪婪地吸收西方文明的先進技術。明治新政府將富國強兵當做國是，衝破諸多難關，不斷向目標邁進。

| 1877 | 1877 | 1872 | 1872 | 1871 | 1870 | 1869 |

**西南戰爭以政府軍勝利作結**
內戰結束，大久保利通終於得以專心充實國力。

**在東京上野公園舉辦「內國勸業博覽會」**
受萬國博覽會啟發，政府計劃了展出日本全國特產品及最新工業製品的博覽會。最後參展者達到四十五萬人，對產業與文化發展做出貢獻。

**官營富岡製絲廠開工**
富岡製絲廠為機械式製絲工廠，也成為全日本製絲工廠建設的模範。

**起動新橋到橫濱之間的鐵道**
在御雇外國人的技術指導下揭開了鐵道歷史的序幕。

**完成橫須賀造船所的第一期工程**
從幕府開始建設，明治政府接手並完成了號稱東方規模第一的船塢。之後橫須賀造船所成為日本近代工業發展的火車頭。

**設立工部省**
創設總管官營事業，帶頭進行富國強兵、文明開化的官廳

**五稜郭被攻陷，戊辰戰爭以新政府軍勝利作結**
西南雄藩憑藉著近代兵器，用武力強勢扳倒反抗勢力

富岡製絲廠（群馬縣富岡市）

挖掘調查中的舊新橋站周邊（東京都港區）

# 富國強兵與近代工業發展史

| 1865 | 1860 | 1857 | 1855 | 1854 | 1853 | 1850 |
| --- | --- | --- | --- | --- | --- | --- |

## 肥前藩建造日本第一座反射爐

參考荷蘭技術書，成功建造反射爐做為金屬冶煉設施。

## 佩里來航

許多日本人見識到黑船威力，才終於認知到與西方列強之間技術力的差異。此為接受歐美先進工業技術的第一步。

## 開辦長崎海軍傳習所

在荷蘭協助下催生海軍士官養成設施。並從傳習所的荷蘭人教官開始，開啟了「御雇外國人」之潮。

## 江川太郎左衛門在韮山建造反射爐

此時薩摩、水戶、長州、南部等諸藩也開始建造反射爐。做為兵器和蒸汽機原料的鐵從此時起開始在日本大量生產。

## 薩摩藩將西式工廠設施統稱為「集成館」

集成館中除了反射爐，也建有玻璃、製粉、紡織等各項生產設施，為日本近代工廠的雛形。

## 咸臨丸成功橫越太平洋

咸臨丸為蒸汽式小型軍艦，載著交換美日修好通商條約批准書的使節往來太平洋。此後派遣至歐美各國的日本人開始鑽研各國先進技術。

## 幕府著手進行橫須賀造船所的建設工程

在小栗上野介主導下得到法國的技術與資金，開始建設造船所。

韮山反射爐（靜岡縣伊豆之國市）

橫須賀造船所（神奈川縣橫須賀市）

# 前言

　　以坂本龍馬、高杉晉作為首，年輕志士們的活躍推動了時代巨輪，這可謂是幕末維新史的一大魅力。

　　他們在隨黑船來航而激起的動亂中，靠自己的雙手摸索出活躍的舞台，希望能建立起一個不輸給西方諸國的國家。此外，不只是意圖打倒幕府這個老舊體制的志士，為了再建幕府而竭盡全力的人們，也同樣擔憂著日本的將來，並為此拚上性命。他們的意志是造就幕末維新這個時代的最大要素。

　　本書不僅是一本講述幕末維新時代的入門書，也會提供基礎知識之外的詳盡資訊。此外本書雖以好讀的幕末維新入門書為目標，但在列舉志士們的生平事蹟時，也不會一味追求有趣好玩的逸聞。

在幕末維新這個動亂時代中上演的人生劇場饒富趣味，可說是親近歷史的一個窗口。但若只有如此，就無法感受歷史的沉重與深度。

譬如尊王派與佐幕派的思想對立問題，雖然很難透過歷史課本理解其本質，但是本書會盡力將困難的內容解說得深入淺出。

若讀者閱讀完本書後，能在了解幕末維新變遷的同時，也能感受到歷史的深遠的話，對於筆者而言可說是望外之喜。

最後請容筆者向為本書出版費盡苦心的日本實業出版社編輯部致上最深的謝意。

2009年11月
外川淳

## 第1章 ▶ 幕末維新是個什麼樣的時代

### 日本的太平盛世

### 江戶時代的農政

### 大英帝國的野心

### 俄羅斯帝國與日本

### 美國的世界戰略

### 幕府權力的凋落

## 第2章 黑船來航——進入動亂的時代

## 第3章 尊王攘夷的風暴──志士們的活躍與挫折

目錄 CONTENTS

# 第4章 明治維新──新政府誕生與戊辰內亂

第5章 **新國家誕生──獨裁者大久保之死與富國強兵路線的確立**

第 1 章
——
幕末維新
是個什麼樣的時代

# 佩里到來前的日本
# 積滿了民眾的怨氣！

## 江戶時代的日本到底是中央集權？
## 還是地方分權？

由德川家康奉命擔任將軍，並成立的統治體系稱為「幕藩體制」。

日本自古以來的統治體系中，幕藩體制可說是最為中央主權的一個體系。德川幕府自成立以來，便不斷打壓包含擁有最高俸祿的前田家等有力外樣大名，削減其自主性，甚至改易（譯註：即剝奪武士身分、權力及財產的一種刑罰）。

也就是說，在幕藩體制下雖然各藩在經濟上可以獨立核算，擁有一定程度的自治權，但在幕府的嚴格管控下，稱不上是獨立自治的地方組織。

不過，由於四代將軍家綱身體孱弱，幕府為了強化集團指導體制並謀求與各大名友好共存，因而改變了政策方針。之後各藩雖然不用再畏懼改易，但仍必須將公儀（指幕府，原意為公權力）視為擁有絕對地位的中央政府。

若不知道幕府與各藩之間的權力關係，恐怕就會難以理解幕末維新史的背景。

## 貧富差距因作物歉收與饑荒而擴大！
## 民怨也隨之四起！

　　另外，十九世紀的日本貧富差距也愈趨嚴重。

　　在江戶時代初期，農村的農民都有自己所耕土地的所有權，並將收穫的一半左右做為年貢上交領主即可。因此，農民大多為自耕農，並對自己「百姓（農民之意）」的身分感到自豪，一生作農也無怨無悔。

　　但到了江戶時代後期，歉收與饑荒等災禍連連發生，多數自耕農不得不向富有農民借款，最後甚至失去土地所有權而淪落為佃農。

　　佃農又被稱為「水吞百姓」（譯註：即僅能喝水度日的農民），被迫過著最低水平的生活。於是貧富的巨大差距導致社會開始動盪不安。

　　幕府與各藩的目標雖是維持以自耕農為中心的支配制度，但事實上仍無法阻擋土地集中到富農手上，有些藩甚至與富農勾結以確保財源。

　　庶民們對現狀的不滿，在農村演變成農民一揆，在城市則發生激烈的「打壞暴動」。幕府與各藩在苦思對策之中，迎來幕末動亂時代。

# 幕末維新期各藩的狀況

這裡列舉了石高20萬石以上，或是影響力大的藩。
藩主名與石高（單位千石以下捨去）原則上以1868年的資料為準。

■=譜代・親藩　　■=外樣

松山藩 5萬石
板倉勝靜

岡山藩 31萬石
池田茂政

福山藩 11萬石
阿部正方

津山藩 10萬石
松平慶倫

松江藩 18萬石
松平安定

鳥取藩 32萬石
池田慶德

廣島藩 42萬石
淺野長訓

高松藩 12萬石
松平賴聰

濱田藩 6萬石
松平武聰

姬路藩 15萬石
酒井忠惇

長州藩 36萬石
毛利敬親

中津藩 10萬石
奧平昌服

小倉藩 15萬石
小笠原忠幹

福岡藩 47萬石
黑田長溥

宇和島藩 10萬石
伊達宗德

紀州藩 55萬石
德川茂承

松山藩 15萬石
松平定昭

肥前藩 35萬石
鍋島直正

德島藩 25萬石
蜂須賀齊裕

熊本藩 54萬石
細川韶邦

久留米藩 21萬石
有馬賴咸

土佐藩 20萬石
山內豐範

薩摩藩 72萬石
島津忠義

隱岐　伯耆　但馬　丹後
出雲　因幡　美作　丹波
石見　備中　播磨　摂
安芸　備後　備前　淡路
長門　周防　讚岐　阿波
筑前　伊予　土佐
壱岐　筑後　豐前
肥前　豐後
肥後　薩摩

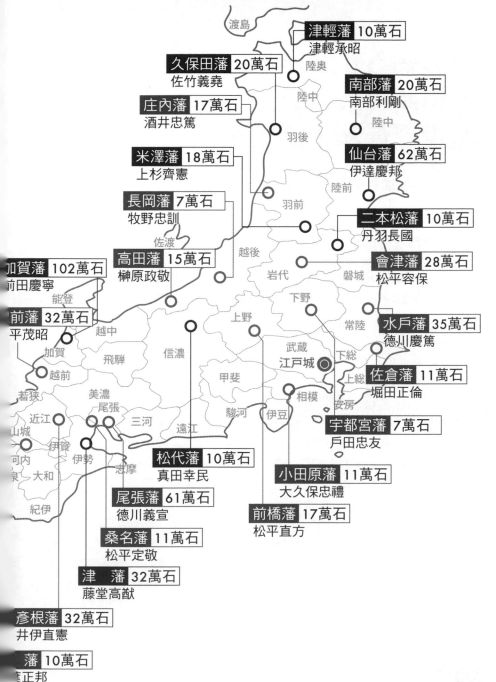

津輕藩 10萬石
津輕承昭

久保田藩 20萬石
佐竹義堯

南部藩 20萬石
南部利剛

庄內藩 17萬石
酒井忠篤

仙台藩 62萬石
伊達慶邦

米澤藩 18萬石
上杉齊憲

長岡藩 7萬石
牧野忠訓

二本松藩 10萬石
丹羽長國

加賀藩 102萬石
前田慶寧

高田藩 15萬石
榊原政敬

會津藩 28萬石
松平容保

前藩 32萬石
平茂昭

水戶藩 35萬石
德川慶篤

佐倉藩 11萬石
堀田正倫

宇都宮藩 7萬石
戶田忠友

松代藩 10萬石
真田幸民

小田原藩 11萬石
大久保忠禮

尾張藩 61萬石
德川義宣

前橋藩 17萬石
松平直方

桑名藩 11萬石
松平定敬

津 藩 32萬石
藤堂高猷

彥根藩 32萬石
井伊直憲

藩 10萬石
正邦

# 江戶時代的日本
# 是世界最和平的國家

江戶曾是人口世界第一的超級大都會。居民享受著沒有紛爭,世界最優質的和平與安寧!

## 150萬都市江戶的繁榮

江戶的人口雖然眾說紛紜,但預估最少也有一百萬人,最多可達三百萬人,主流認為在一百五十萬人左右。城町居民約維持在五十萬人,相較之下武士人口因參勤交代制使得變動幅度大所以無法正確地統計實際人數。

雖說如此,以十九世紀初這個時期的人口達一百五十萬來看,仍凌駕於北京的九十萬、倫敦的一百一十萬人之上,堪稱規模世界第一。直到後來受工業革命影響,半世紀間倫敦與巴黎的人口倍增,江戶才讓出人口世界第一的稱號。

日本房屋為了對抗高溫多溼的夏季,構造上基本為木造,門窗則鋪貼紙張,因此比起石造或紅磚造的歐美建築,看起來的確有些寒酸。但如同江戶人以用神田上水為

新生兒沐浴為傲般,江戶也有自來水網完善等優點。

## 鎖國中誕生的和平

江戶時代的日本除了江戶外,各地還有如商都大坂(三十萬人口)、天子居城京都(二十五萬人口)等,像是縮小版江戶的城下町。

仙台、金澤、名古屋、和歌山、廣島、福岡等城下町都有數萬人口,而且跟江戶一樣,依照以大名居城為中心的都市計畫擴張、發展。

江戶這座城市原先做為德川家的要塞所建,利用外圍的戰壕防禦整個都市。然而,隨著豐臣家在元和元年(1615年)的「大坂夏之陣」中滅亡,日本迎來和平時代,以防禦都市為目的的都市計畫也隨

**歷史筆記** **神田上水** 以井之頭池為水源,開挖水路所建成的自來水道。從德川家康轉移封地至關東的同時開始動工,為江戶日後發展成大都市的基礎。

之取消。外圍的戰壕挖到一半便中斷,而都市也向戰壕之外毫無計畫地擴張下去。

江戶時代的日本擁有當時世界最能安心生活的環境。戰國時代的日本因軍事關係緊張,不只大量引進鐵砲使用,其他技術也快速進步;但在和平到來後,技術發展的速度也就日漸趨緩。

以西方中心的觀點來看,遠東的島國和不和平可能不是什麼重要的問題。但相較於常與他國競奪領土、內亂不斷的西方諸國,江戶時代前期的日本不僅治安良好、糧食產量安定,庶民生活水平也相當高。

豐臣家在「大坂夏之陣」一戰後滅亡,戰國亂世也終於畫下句點,爾後,日本享受了兩百年的安平治世。直到黑船來航,太平天下走到尾聲,進入幕末動亂的時代。

## ●都市人口變遷　從幕末到現代

|  | 都市名 | 明治初期的人口 | 2009年的人口 | 人口增加率（倍） |
|---|---|---|---|---|
| 1 | 江戶 | 121.2萬人 | 880.1萬人 | 7.3 |
| 2 | 大坂 | 36.2萬人 | 266.1萬人 | 7.4 |
| 3 | 京都 | 24.6萬人 | 146.4萬人 | 6.0 |
| 4 | 名古屋 | 13.1萬人 | 225.7萬人 | 17.2 |
| 5 | 金澤 | 9.8萬人 | 45.7萬人 | 4.7 |
| 6 | 橫濱 | 9.0萬人 | 367.1萬人 | 40.8 |
| 7 | 廣島 | 8.2萬人 | 116.9萬人 | 14.3 |
| 8 | 神戶 | 8.0萬人 | 153.6萬人 | 19.2 |
| 9 | 仙台 | 6.2萬人 | 103.3萬人 | 16.7 |
| 10 | 德島 | 5.7萬人 | 26.5萬人 | 4.7 |
| 11 | 和歌山 | 5.5萬人 | 37.0萬人 | 6.7 |
| 12 | 富山 | 5.4萬人 | 42.1萬人 | 7.8 |
| 13 | 函館 | 4.5萬人 | 28.5萬人 | 6.3 |
| 14 | 鹿兒島 | 4.5萬人 | 65.1萬人 | 14.5 |
| 15 | 熊本 | 4.4萬人 | 23.7萬人 | 5.4 |
| 16 | 堺 | 4.4萬人 | 83.8萬人 | 19.0 |
| 17 | 福岡 | 4.2萬人 | 145.0萬人 | 34.5 |
| 18 | 新潟 | 4.0萬人 | 81.2萬人 | 20.3 |
| 19 | 長崎 | 3.8萬人 | 44.4萬人 | 11.7 |
| 20 | 高松 | 3.8萬人 | 41.9萬人 | 11.0 |

# 饑荒頻頻的經濟系統

作物歉收使得米價飆漲,而商人為了增加利益又進一步炒作,最後導致饑荒。

## 破壞自然所導致的危機

簡單來說,江戶時代的經濟系統大致如下:農民將收成的米的一半當做年貢繳給幕府或藩,而這些年貢米則做為武士的糧餉發放,或是令商人賣掉轉成現金,用以支出治理的營運費用。

江戶時代初期積極推動開發新田,擴大農業用地,人口也以每年1%左右的比率增加。然而疏洪道與里山也被改為農地,自然遭受破壞,使得水災更容易發生,因此以農業為中心蓬勃發展的經濟便逐漸減慢。

而且,發生於天明3年(1783年)淺間山的噴發事件中,不僅帶來嚴重傷亡,火山灰也造成農作物無法收成的困境,到了江戶時代後期,日本各地遭受寒害、乾旱、蟲害、水災等的侵襲,農作物連年歉收。

## 差距不斷拉大的階級社會

農作物的歉收,理所當然地造成米價高漲。相較於因食糧不足陷入饑荒的歉收地區,沒有受到影響的地區為了提高利潤,實施了稱為「津留」的政策,禁止將米輸往其他領地。假設西日本遭受蝗害而東日本與往年相同,或東日本因寒害歉收而西日本與往年相同,在這種情況下,即便全國農業生產指數平均僅減少十個百分點,但米價也會暴漲使饑荒更加嚴重。

另外以江戶為首,京都、大坂等都市地區的人口增加,也是米價暴漲的原因之一。

幕府與各藩本應為了庶民的生活而穩定米價,但許多的藩向商人借了大筆借款,使得每年年貢做為借款的擔保不能隨意動用,甚至有些藩的財政被特權商人把持住也不是什麼稀罕的事。這些商人除了年貢米,也獨占了買賣各地特產品的

**打壞暴動** 為都市裡的庶民因生活困苦或積怨襲擊富豪的住處並搶奪財物的民眾暴動。江戶時代後期不只江戶、大坂,連鄉下城下町也會發生。

特權，賺進了莫大利益。

　　江戶時代的徵稅系統對商人只按生意類型課徵固定資產稅，基本上沒有按照營業額課稅的機制。在這樣的背景下，一部分特權商人或被稱為富農的大地主們便藉此掌握住經濟實權。

　　江戶時代後期的日本成了嚴重的階級社會，貧富差距不但未被矯正，反而愈拉愈大。階級底層積累的不滿愈來愈強，於是農村一揆與都市裡的「打壞暴動」頻頻發生，社會的不安也有擴大的傾向。

## ●19世紀的日本　內憂結構圖

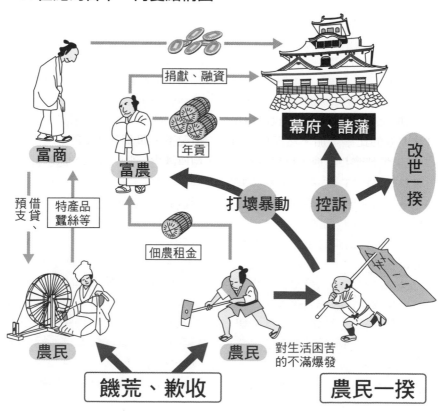

# 大英帝國打算對日本做什麼？

成功殖民印度的大英帝國在與清朝的鴉片戰爭中也獲得勝利，勢力伸及遠東！

## 鴉片戰爭勝利的餘波

19世紀的世界也稱為帝國主義時代。走在最前端的大英帝國，也就是現在的英國。英國在18世紀中葉的工業革命中擴大國內產業，挾帶強大軍事能力拓展在世界上的殖民地領土。19世紀前半將印度收為殖民地後，更在與中國（清朝）的鴉片戰爭（1840～1842）中獲得勝利。

英國雖將貿易圈拓展到中國，但紅茶等來自中國的輸入品令英國陷入嚴重入超，英國於是透過走私鴉片將貿易赤字轉為黑字。

由於國內白銀流出造成經濟混亂，清朝政府開始禁止鴉片流通。對此英國則向中國派遣軍隊，鴉片戰爭於是爆發。因清朝疏於軍隊近代化，通往首都北京的補給線被切斷，戰敗的清朝只能被迫簽署可謂喪權辱國的《南京條約》。

在南京條約中，清朝必須長期割讓香港島、支付高額賠償金、並開放上海等地做為租界。英國在清朝這個巨大市場中取得了絕對性的優勢。

說起來，正是因為英國忙於確保用「史上最卑鄙的外交戰略」強行取得的權益，所以在佩里來航的時候，根本無暇顧及日本。

## 幕末的幕後黑手英國

英國接到美國派遣艦隊叩關日本的情報後，便禁止補給煤、水、食糧給佩里艦隊，只有新加坡做為特例可供補給。一般認為這是英國打算視美國情況擬定對日戰略所做的措施。

日本鎖國體制被美國打破後，英國旋即派遣阿禮國（Rutherford Alcock）與巴夏禮等優秀的外交官為英國駐日公使，策劃日本市場的全球化。

英國了解與自己同為島國的日

---

**歷史筆記** **巴夏禮（Harry Smith Parkes，1828～1885）** 英國外交官。受命成為駐日特命全權公使以來，長期在討幕勢力背後給予支援，是使明治維新得以成立的重要人物。

本是無法靠軍事能力完全壓制的。於是，巴夏禮在察覺幕府沒有扛起政權的能力後，便轉而親近反幕府的薩摩藩與長州藩。他不僅提供薩長兩藩購買武器之便，也透過外交向幕府施壓，成為樹立新政權的背後推手。

英國的對日戰略基本上並非像對中國那樣武力威嚇、逼迫就範，而是透過懷柔手段將日本培育成遠東的合作夥伴，或者可說是看門狗。

## ●1800年代前半的世界　外患時代

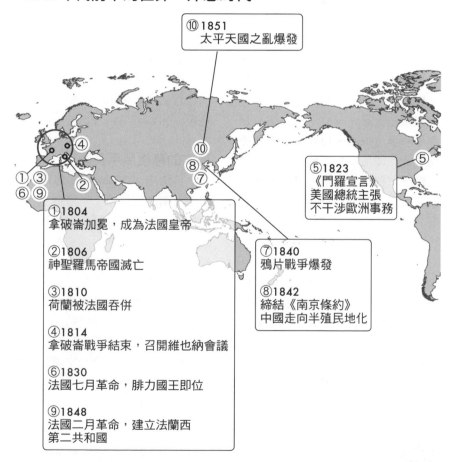

⑩1851
太平天國之亂爆發

⑤1823
《門羅宣言》
美國總統主張
不干涉歐洲事務

①1804
拿破崙加冕，成為法國皇帝

②1806
神聖羅馬帝國滅亡

③1810
荷蘭被法國吞併

④1814
拿破崙戰爭結束，召開維也納會議

⑥1830
法國七月革命，腓力國王即位

⑨1848
法國二月革命，建立法蘭西
第二共和國

⑦1840
鴉片戰爭爆發

⑧1842
締結《南京條約》
中國走向半殖民地化

# 幕府官員多為親俄派的原因

俄羅斯帝國巧妙隱藏侵略的意圖接近日本，但最後還是露出本性。

## 被中斷的蝦夷地開拓計畫

相較於英國從海洋拓展勢力圈，俄國則從陸地向東擴張領土。而在1689年與清朝簽訂《尼布楚條約》後，俄羅斯帝國終於到達大陸東端的鄂霍次克海，並將勢力擴及庫頁島（譯註：又名樺太島、薩哈林島）以及千島群島。

在此之前俄國原本都直接透過武力將北方少數民族的生活圈納入轄下，但面對中國、日本這樣體制完整的國家勢力，也只能慎重以對。

十八世紀後半的日本，老中田沼意次曾積極籌備攻入蝦夷地的計畫。但田沼政權崩解後，松平定信以「若進入蝦夷地會埋下紛爭的火種，為了阻止俄羅斯南下應當成緩衝地帶置之不理」的獨特理論，放棄開發蝦夷地。

但是定信深知俄羅斯的威脅，因此不僅支援對庫頁島及千島群島的探險與測量工作，為了蝦夷地警備也派遣士兵到津輕、南部、仙台、會津等東北各藩。

## 日俄邦交的建立與對立

俄羅斯知道白令海的毛皮生意可增加利潤後，為了確保補給港口，開始摸索與日本建交的方法。以送回遇難日本人為契機，嘗試與幕府接觸。

然而幕府沒有放棄「鎖國為祖法（祖先的法律）」這個主張，俄國希望建交的願望也未能達成，只好老老實實遵從「外交窗口在長崎」這項幕府的國內法。幕府反過來利用長崎與江戶書信往來單程須一個月這件事浪費俄羅斯時間，進行幕府最擅長的「拖延戰術」（參見72頁），對於幕府的推延，俄國竟也耐心的等待和幕府繼續往來，基本上不採高壓威逼的手段，只是保持誠實的交涉態度。

 **田沼意次（1719～1788）** 因為是九代將軍家重的心腹而得以嶄露頭角，最後攀至老中之位。他雖然推動轉為重視商業的政策，但因被烙上賄賂政治家的臭名而失勢。

因此幕府的外交官裡有許多對俄羅斯抱持好感的親俄派。之後美國派遣佩里艦隊用武力強勢叩關，逼迫日本開國時，幕府內部也有想利用俄國力量迴避美國施壓的意見。但最後這個借夷力以制夷的戰術最終並未實行。

結果日本屈於美國壓力而開國，接著與英、法、荷以及俄羅斯都締結了條約。1861年爆發俄國軍艦占領對馬海灣的事件。此時俄國軍艦雖在英國仲裁下離開，但對馬事件也顯露出俄羅斯原本兇猛的國家性格。爾後日本與俄國圍繞著庫頁島與千島群島，展開長年不絕的國境紛爭。

## ●日俄關係與北方領土問題

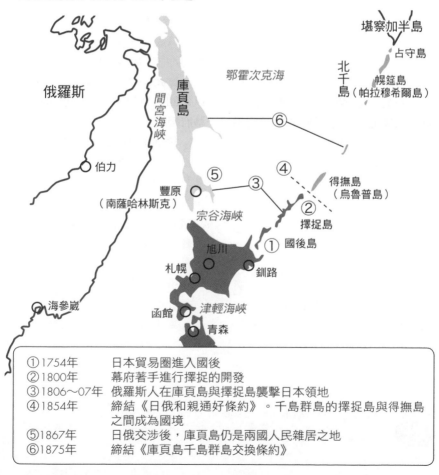

| ①1754年 | 日本貿易圈進入國後 |
| ②1800年 | 幕府著手進行擇捉的開發 |
| ③1806～07年 | 俄羅斯人在庫頁島與擇捉島襲擊日本領地 |
| ④1854年 | 締結《日俄和親通好條約》。千島群島的擇捉島與得撫島之間成為國境 |
| ⑤1867年 | 日俄交涉後，庫頁島仍是兩國人民雜居之地 |
| ⑥1875年 | 締結《庫頁島千島群島交換條約》 |

# 美利堅合眾國為何要來日本？

美國疆界未止步於西岸，更威脅到遠東島國的安全。

## 延伸至太平洋的國境

美利堅合眾國在1776年7月4日從英國獨立。此時的日本為十代將軍家治的時代，雖惱於各種內政問題，但仍是太平治世。

1800年，首都從費城遷至華盛頓特區時，華盛頓的人口不過五千人左右，當時的美國還是一個成長中的國家。美國一邊接收來自歐洲的大批移民，一邊巧取豪奪原住民土地，亟欲將國境向東邊擴張。1846年美墨戰爭爆發，美國在1848年獲勝並從墨西哥手上奪得加利福尼亞，終於把西海岸也納入領土。

此時美國的西部各地都發現了金礦，人們為了一夕致富而掀起一股淘金熱。這個時代的美國處於高度成長期，又受拓荒精神驅策，國家規模以驚人的速度持續成長。

開拓太平洋航線，是美國擴張海外勢力不可或缺的條件。當時世界各大航線皆被英國把持：英國掌握從本國經由非洲南端的好望角，到印度、新加坡直至上海、澳洲的航線，以及大量往來於航線上的蒸汽船，同時構築起一套補給煤、水、食糧的體系。另外英國還藉由足以稱霸七大洋的海軍實力，將世界上的財富集中到英國本國。

美國第十三任總統菲爾莫爾原來打算在英國勢力尚未伸及亞洲東端的日本前，與日本建立合作關係。基於開發太平洋航線、勢力擴及亞洲的基本戰略，他最後決定向日本派遣艦隊。

## 為什麼「東印度」艦隊會來到日本？

率領黑船開進日本的佩里（參見62頁），其頭銜是「美利堅合眾國東印度艦隊司令官」。

為什麼美國的東印度艦隊會派遣到太平洋西端的日本，其實有以下原因。

**歷史筆記** **菲爾莫爾（Millard Fillmore，1800～1874）** 第十三任美國總統。前任總統泰勒（Zachary Taylor）過世後，從副總統接替成為總統。打破日本鎖國體制、建設橫越大陸的鐵路是他的兩大政績。

派遣艦隊到日本的計畫始於1851年，當時最新的蒸汽式軍艦的母港位於美國東岸的費城。因此美國海軍的主力艦隊若欲前往遠東，先南下大西洋，再經過好望角與印度是最佳的航線。

東印度艦隊主要的任務是保護印度以東的本國人民。也就是說，東印度艦隊其實是以東亞到太平洋這一帶為活動區域，而來航日本也是任務之一。

日本政府（幕府）雖從歐洲唯一的友好國荷蘭那裡聽到美國的風聲，卻拿不出什麼有效對策，只是茫然地等待黑船到來。

## ●美國的領土擴張與前進亞洲

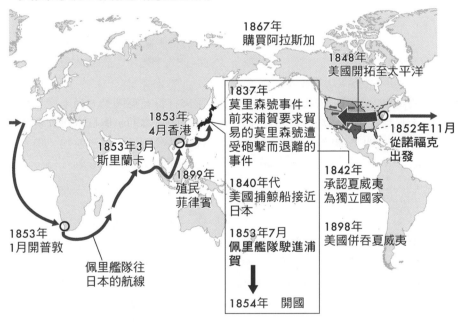

1867年
購買阿拉斯加

1848年
美國開拓至太平洋

1853年
4月香港

1853年3月
斯里蘭卡

1899年
殖民
菲律賓

1837年
莫里森號事件：
前來浦賀要求貿易的莫里森號遭受砲擊而退離的事件

1840年代
美國捕鯨船接近日本

1853年7月
佩里艦隊駛進浦賀

↓

1854年　開國

1852年11月
從諾福克
出發

1842年
承認夏威夷
為獨立國家

1898年
美國併吞夏威夷

1853年
1月開普敦

佩里艦隊往
日本的航線

41

# 點綴幕末維新的人物群像

## 松平定信 ◆1758～1829

### 未能當上將軍的改革旗手

　　號樂翁。為御三卿田安宗武的三子，也是八代將軍吉宗的孫子。因備受十代將軍家治寵愛，被認為是下任將軍候補之一。但最後在一橋治濟（十一代將軍家齊之父）與老中田沼意次的謀略下，17歲時便被送去白河11萬石的松平家當養子。

　　26歲成為藩主不久領地就遭遇饑饉，不過因其救濟窮民使領內無人餓死，因而得到名君的美稱。雖然對意次抱有個人恨意，也對其政治手段頗有微詞，但為了打進上層還是進行了賄賂。

　　30歲就任老中主座，斷然實行「寬政改革」。從根本上否定田沼時代的重商主義政策，嘗試回歸農本主義，但因為想將小他15歲的家齊培養成理想的將軍，連性生活都進行干涉，所以不久便被疏遠而失勢。

　　老中退任後，在專注白河藩政的同時，亦著有多本隨筆與政治評論。

## 水野忠邦 ◆1794～1851

### 從權力寶座滾落的改革者

　　唐津藩主水野忠光的次子。因為兄長早夭而成為世子（繼承者），19歲便繼任為藩主。他一邊強力推動藩政改革，一邊策劃參加幕政。22歲時當上奏者番（處理江戶城內各種儀式活動的主事者），接著便連連從寺社奉行、大坂城代、京都所司代、西之丸老中、本丸老中不斷升官，最後在49歲時當上老中主座。天保12年（1841年），開始著手改革幕政。但「天保改革」不到兩年便戛然而止。

　　獲得權力後忠邦在政策上從不妥協，強硬推動自己的改革路線。然而正因為「天保改革」不與庶民及幕府內部的反對勢力協調，最後以失敗告終。

　　兩次失勢後，忠邦被幕府命令隱居（譯註：強制現任家主辭官、退位的刑

罰）、謹慎（譯註：約束大名行動，禁止外出的刑罰），水野家也受命轉移封地至山形。直到58歲病逝前，忠邦的謹慎處分始終沒有撤除。嫡子忠精雖然繼承父親遺志爬到老中之位，但幕府的衰落已無力回天。

## 德川家齊 ◆1773～1841

### 耗盡幕府國庫的大御所

御三卿一橋治濟的長子，9歲時成為十代將軍家治的養子。雖然家治原有家基這個後繼者，但因家基病死，家齊順理成章成為下一任將軍。

有說法指出家基是被老中田沼意次毒殺的，不過若是被毒殺的話，應該是一橋家的相關人士下的毒手。不知是否真是如此，家齊畢生都苦於家基怨靈的騷擾。

14歲就任將軍後，由老中松平定信輔佐這個少年將軍，同時推動「寬政改革」。定信退任老中後家齊雖然繼承這個改革路線，但到了45歲之後，幕閣幾乎可說是放縱他恣意行事。

65歲隱居後雖將職位讓給家慶，但到死去的這四年他仍以大御所身分掌握政治實權。雖然家齊聰穎過人，但對政治冷感，因而導致了可說史上最糟糕的政治形態「大御所政治」，對於日本的內憂外患視而不見。

## 島津齊彬 ◆1809～1858

### 被薩摩隼人們推崇的名君

薩摩藩主島津齊興的嫡長子。受到曾祖父島津重豪的影響，青年時代便對洋學深感興趣。世子時代已被世間稱做名君而備受矚目，也與阿部正弘、德川齊昭、松平春嶽等人交情甚篤。但父親齊興其實想傳位給齊彬同父異母的弟弟久光，所以並沒有把藩主之位讓給齊彬。因此齊彬擁立派與齊興支持派相對立而遭到鎮壓。

到了43歲，在阿部正弘等人的努力下終於當上藩主。然而他並沒有對久光擁立派進行報復或處罰，只是適才適所任命人事，更令他擁有極高評價。

之後齊彬雖是外樣大名，但仍透過正弘影響幕政。直到發生將軍繼嗣問題時，雖然他擁立德川慶喜，但卻由南紀派的井伊直弼就任大老。齊彬原打算率軍上京挽回頹勢，但卻在發兵前夕驟逝，享年50歲。

# 幕府財政困窘的原因

十一代將軍家齊比起國家更重視個人享樂，使得幕府財政面臨破產危機。

## 為了成為55個人的父親？

十一代將軍德川家齊帶來了日本史上最糟糕的政治體制：幕閣完全順從家齊的意向，毫無自主性，說幕政實權掌握在大奧手中也不為過。家齊有40位側室，而其中17位共生下55個孩子。這些側室當中又以於美代之方（專行院）集家齊寵愛於一身。

於美代之方的養父中野碩翁權勢甚至大過老中，雖然身分不過是一介旗本（譯註：即石高未滿一萬石，有資格觀見將軍的武士階級），生活卻過得比大名豪奢。譬如想升官的大名只要賄賂碩翁，碩翁就會透過於美代之方傳達給家齊，就能順利升官。

另外碩翁也是決定家齊的子女將送養或婚配與誰的掮客。55個孩子中25人順利長大成人，次子家慶（長子早夭）以外多送去給御三家、御三卿等各大名當養子或正室。

家齊本人是御三卿之一，一橋家的孩子。田安、一橋、清水這御三卿，是為了避免將軍家血統斷絕，在八代將軍吉宗與九代將軍家重的時代創立的家族。十代將軍家治失去嫡長子家基後，從吉宗而來的血統便斷絕了，只好迎來吉宗旁系的孫子一橋治濟的四子家齊來當養子。家齊之弟（治濟之子）也送去給田安家當養子，可說一橋家的血統是由全國大名所扶植的。平氏家族全盛時期，有「非平家者非人也」的俗語；而在家齊時代的日本，也有「非一橋家血統者，非大名也」的感覺。

然而到了幕末動亂時代，擁有一橋家血統的大名們雖然活躍，但卻是各自為政、步調不一，整個德川天下就此崩潰。

---

**歷史筆記**　**御三家**　以德川家康九子義直設立尾張藩為始，第十子賴宣設立紀州藩，十一子賴房設立水戶藩，成立了德川御三家。

## 大御所政治造成的階級社會

家齊65歲讓出將軍職位成為「大御所」，而史上被稱呼過大御所的將軍只有家康與家齊。初代將軍家康為了讓後繼者秀忠得到權威與實力，所以引退後繼續掌握政治實權。然而，家齊的大御所政治卻未將實權讓給十二代將軍家慶，只是把煩人的將軍政務丟給他處理，並非像家康那樣是為了培育後繼者才建立大御所政治。

家齊的大御所政治並未進行徹底的改革，只是不斷改鑄貨幣來應付窮困的幕府財政。獨占貨幣發行權的幕府透過減少貨幣中的金銀含有率，省下幾十萬兩的利益。然而貨幣改鑄雖然能暫時解決幕府的財政危機，但就如同格雷欣法則（Gresham's Law）所說「劣幣驅逐良幣」，改鑄最終造成通貨膨脹，使內憂進一步擴大。

## ●德川御三卿與幕末動亂

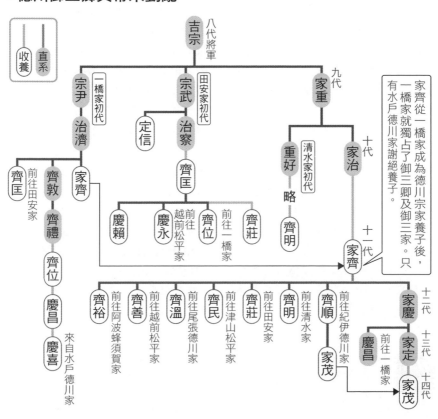

# 水野忠邦被所有階層疏遠，失勢

雖然想重建搖搖欲墜的幕府組織，卻敗給改革反抗勢力，從老中之座被趕下來！

### 水野忠邦雖然堅決實行天保改革……

天保12年（1841年）5月15日，十二代將軍家慶命令老中水野忠邦實行幕政改革。這一年的閏一月，大御所家齊68歲病逝，結束了大御所政治，並揭開天保改革的序幕。水野忠邦認為幕政改革需要他自己成為老中，進入幕府權力中樞才行；而後真的成為老中，卻又再等了七年，直到大御所家齊病逝後才得以實行。

若要為天保改革設計一個標語，那就是「豪奢為敵」。忠邦相信社會多餘的生產，也就是人類生活最低限度以外的事物都是浪費，應將這些用在饑荒的儲備、新田地的開發以及軍事費用等社會資本上。

因此忠邦將豪奢視為社會的萬惡根源，命令食衣住行一切都要儉約。儉約令的對象不只武士，連庶民也必須遵從。也因此，庶民多反對忠邦的改革。

### 上知令導致水野政權垮台

忠邦為了對付西洋列強侵略，意圖充實西式軍備並強化江戶灣的防禦。做為軍備強化政策的一環，忠邦在天保14年（1843年）發布了「上知令」。所謂上知令，就是把江戶與大坂周邊的土地全上繳幕府的命令。江戶與大坂周遭有旗本領地、幕府領地、大名的飛地等，統治結構相當複雜。忠邦想藉由徵收兩大都市附近的領地，以便江戶或大坂遭遇外敵時可以快速統整防守體制。

不過兩大都市近郊的領地生產能力強，受到影響的大名及旗本當然不願意服從上知令，而對忠邦強硬手段的反感也迅速擴展到其他幕臣與各地大名之間。也就是說不只庶民，連統治階級也開始疏遠忠邦。

---

**歷史筆記**　**老中**　統領幕府政務的最高官職。雖然沒有固定名額，但一般會任命四到五名，而最先任命的人則成為老中主座主持閣議。

將軍家慶是個懂得中庸之道的人，在這樣的情況下只好在天保14年閏9月罷免忠邦，放棄改革。此後，雖然忠邦一度恢復原職，但隨即再度失勢，結果天保改革在幾乎沒有成效的情況下結束。

爬上權力高位後就捨棄原本的政治理念，死皮賴臉緊抓著位子不放的政治家古今中外多不勝數。

然而忠邦卻是為了實現自身的政治理念才坐上老中主座，實行天保改革。

對忠邦而言，權力只是手段，實現政治理念才是目的。忠邦內政上的政治理念雖然已過時，但做為政治家的態度或許能得到好評價也說不定。

● 「天保改革」的重挫

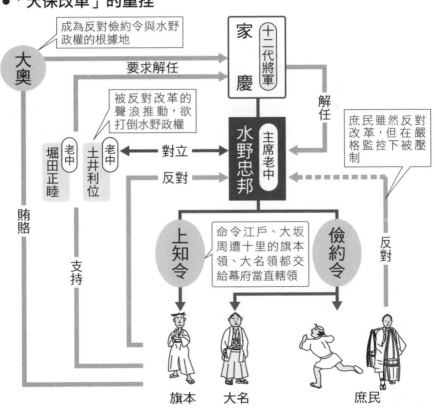

# 被鎮壓的蘭學者們

鎖國體制下蘭學是日本了解世界資訊的唯一窗口。但是為何幕府要鎮壓蘭學者們？

## 鎮壓蘭學者起因於他們對體制的批判

江戶幕府曾強硬打壓基督教，並打算斬草除根。所以在當時研究西洋文明、文化，甚至傳播到社會都是被嚴格管制的。

雖然八代將軍吉宗對蘭學頗有了解，也重用蘭學者青木昆陽，推進了蘭學的研究，但蘭學等於邪教基督教的偏見依舊深植人心，仍處於幕府的嚴格管制之下。

此外，在江戶時代，荷蘭是與西方接觸的唯一窗口，所以西洋文明的研究統稱為「蘭學」。

天保10年（1839年），幕府以批判幕政的名義，逮捕渡邊華山、高野長英等蘭學者。

蘭學者透過荷蘭語翻譯了解世界情勢，開始認知到日本鎖國政策已到了極限，於是向社會提出自己的想法；以「莫里森號事件」為契機，發表對於幕政的意見。對蘭學者們而言不過是理所當然的主張，但對幕府而言，懷疑鎖國政策就是在質疑幕府，所以進行了鎮壓。

主導這場稱為「蠻社之獄」的蘭學者鎮壓事件的主使者，是目付（譯註：家臣監視官）鳥居耀藏。由於鳥居熱衷於鎮壓對幕府稍有微詞的人，被世人諷之為「妖怪YOU KAI」（以耀藏的名字YOU ZOU與官名甲斐守KAI NOKAMI的首字結合而成的綽號），避之唯恐不及。鳥居是個傳統的漢學者，不僅把蘭學者當成敵人，甚至說動老中水野忠邦，進行鎮壓蘭學者的暴行。

## 高野長英的前瞻思想與慘烈的末路

蘭學者中高野長英的歷史功績特別顯赫。長英做為翻譯家的才能相當出眾，不僅是對蘭學的讀解能力，也有將荷蘭語熟練地轉換成日語的能力。因此除了本業的醫學書

**歷史筆記**　**莫里森號事件（Morrison Incident）**　天保8年（1837年）為了開通貿易來到浦賀的美國商船莫里森號，被幕府砲擊趕走的事件。

之外，舉凡西洋先進科學、工業革命後的世界局勢等譯書，都是日本近代化改革中不可或缺的資料。其中西洋兵學的譯書價值甚高，各藩都當做改革軍制的聖經偷偷進行研究。

長英在蠻社之獄中雖然被判處永牢（無期徒刑），但他以火燒牢房這樣的非常手段逃獄後，逃亡到日本各地，帶著使命感繼續研究蘭學。宇和島藩主伊達宗城曾經窩藏長英，命其從事西式軍艦和砲台的設計。

雖然長英用藥劑自我毀容後才回到江戶，但在嘉永3年（1850年）10月30日還是被捕快所擒，以自刎結束生命。在黑船來航的三年前，幕府就這樣逼死了一名可能對日本將來大有貢獻的人才。

## ● 蘭學盛衰的變遷

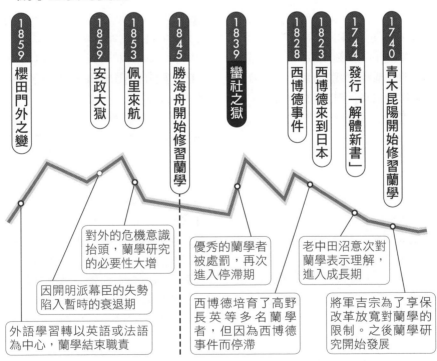

| | | |
|---|---|---|
| 1859 櫻田門外之變 | | |
| 1859 安政大獄 | | |
| 1853 佩里來航 | | |
| 1845 勝海舟開始修習蘭學 | | |
| 1839 蠻社之獄 | | |
| 1828 西博德事件 | | |
| 1823 西博德來到日本 | | |
| 1744 發行「解體新書」 | | |
| 1740 青木昆陽開始修習蘭學 | | |

對外的危機意識抬頭，蘭學研究的必要性大增

優秀的蘭學者被處罰，再次進入停滯期

老中田沼意次對蘭學表示理解，進入成長期

因開明派幕臣的失勢陷入暫時的衰退期

西博德培育了高野長英等多名蘭學者，但因為西博德事件而停滯

將軍吉宗為了享保改革放寬對蘭學的限制。之後蘭學研究開始發展

外語學習轉以英語或法語為中心，蘭學結束職責

# 幕末維新的志士
# 多為天保年生的原因

年輕人之所以活躍於亂世，是因為原本應該全心投入工作的壯年世代，卻充滿著無力感也沒有幹勁！

## 明治維新的領頭羊是天保世代

　　幕末動亂期的活躍勢力多為20歲後半到30歲前半的年輕「志士」。在黑船來臨的時候，坂本龍馬時年19歲、高山晉作則是15歲；若沒有這些年輕人後來的奔走，明治維新也就不可能成功。不只是志士，世代交替的浪潮在統治階級也很顯著，十五代將軍慶喜就比龍馬年輕兩歲，跟京都守護職松平容保同年。

　　從別的觀點看，正因35歲以後的世代對時代變遷較為遲鈍，所以年輕人才有活躍的機會。以天保6年（1853年）誕生的龍馬為首，將活躍於亂世的人用年號分類，就會得出令人意外的事實。

　　若列舉幕末的名人，生於文化（1804～1817）、文政（1818～1829）、天保（1830～1843）這三

個時代的人占壓倒性多數。雖有享和（文化前一代）出生的江川太郎左衛門、弘化（天保後一代）出生的德川家茂等例外，但除了這三個世代以外的老人或少年，能完成的事實在有限。

## 為何「大人們」採取保身的態度？

　　文化文政世代在幕末前半戰中，有不少病死於壯年期（阿部正弘、島津齊彬）或失勢（岩瀨忠震、堀田正睦）或死於非命（井伊直弼、長井雅樂）等，沒能完全發揮實力就從歷史舞台消失的人。30歲以上的世代，在取得一定地位的同時也比較「明事理」，所以不會刻意如飛蛾撲火般投身於動亂中，有明哲保身的傾向。所以天保世代的年輕人才會賭上性命奔馳在動盪

**岩瀨忠震（1818～1861）**　受阿部正弘提拔的開明派幕臣。致力於跟美國交涉，締結通商條約，並升到外國奉行之位，但最後與井伊直弼交惡而遭到免職。

時代，完成明治維新這一大變革。

但文政世代裡生於中後期的人，對天保世代來說就像兄長一般，引領著年輕人前進。最具代表性的就是薩摩的西鄉隆盛、土佐的武市半平太、公家的岩倉具視等。

明治維新完成後，倖存的志士們成為新政府要人，走向人生的高峰。以山縣有朋為例，他進入松下村塾成為吉田松陰的弟子時21歲。

30歲迎接明治維新後，成為長州派系的巨頭還登上總理大臣之位，直到85歲逝世前都沒有放掉維新元老的權力。

明治維新在年輕人手上完成，不過因為有眾多像山縣這樣不願放棄權力的人，使之後的政界幾乎沒有世代的交替。

● 幕末重要人物　生歿年對照表

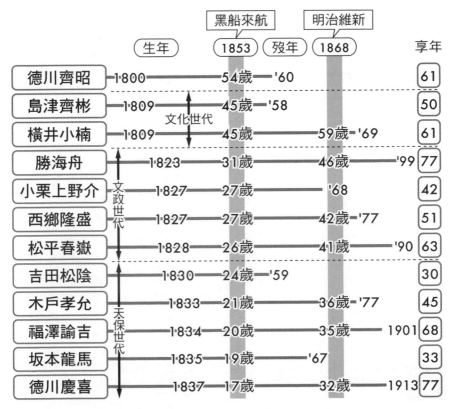

# 為何水戶家會成為
# 尊攘主義的源頭？

德川齊昭在控訴西方列強侵略危機的同時，也提倡「尊王攘夷主義」。在大時代中取得活躍之機！

## 水戶家的尊王思想源自德川家康的深謀遠慮？

據說初代將軍家康在思索德川家的未來後，令德川御三家之一的水戶家信奉尊王思想，以期在天下被迫轉為以天皇為中心的體制時，還能留下德川的血脈。

考量到水戶家第九代藩主德川齊昭和其子慶喜的活躍，這個說法聽起來很有說服力。但這不過是從這兩人及水戶藩在幕末動亂期的作為得來的推論，沒有辦法驗證。

水戶藩的尊王攘夷思想可追溯至家康之孫，德川光圀的時代。光圀傾心於中國的朱子學，也勤於收集研究日本史的資料。之後水戶藩以編纂《大日本史》為歷史研究的核心，並創立了主張尊王攘夷論的水戶學，對研究的熱心程度甚至到讓藩的財政吃緊的地步。

## 被認為是杞人憂天的警鐘

文政12年（1829年），德川齊昭就任九代藩主後便積極推動藩制改革，主張面對外國的侵略必須要有因應措施。因此齊昭率領的水戶藩成為全國注目的焦點。

江戶時代後期到幕末動亂，政局的運作以德川齊昭為中心。齊昭起用心腹藤田東湖為藩政中樞，勵行儉約以改革財政。另外，他也不斷宣揚西方列強可能造成的侵略危機，並進行軍制改革。

藤田東湖也以實踐型學者受到矚目，其思想與性格大大影響了後來成為時代中心的人們，如橫井小楠、佐久間象山、橋本左內、西鄉隆盛等。

天保10年（1839年），齊昭向幕府提出建白書（建議書），內容是他的一貫主張：「現在未受西方

**歷史筆記**　**軍制改革**　幕府與各藩以西方列強的兵器與戰法為模範進行的軍備強化稱為軍制改革。讓軍事力近代化也能從而提升在政治上的發言權。

「列強侵略者僅存東亞，魔手早晚將至，我國應增強軍備。」

但之後就算齊昭多次提出建白書，幕閣也對齊昭的主張充耳不聞。不僅如此，到了弘化元年（1844年），齊昭甚至被驅離水戶藩主之位，遭受謹慎處分。幕府以軍制與藩政改革過度為由將齊昭入罪，打算牽制干預幕政的齊昭。

此外，齊昭在兄長過世準備繼任藩主時，藩內為了加深與德川宗家的關係，有迎接宗家的孩子當做養子的打算。因此即便齊昭已成為藩主，但主張迎接養子的派系與齊昭支持派的對立並未消失。之後在水戶藩內，以齊昭為中心的尊王攘夷派與保守派為了搶奪主導權，不斷進行著派系鬥爭（參見240頁）。

## ● 御三家水戶家的族譜

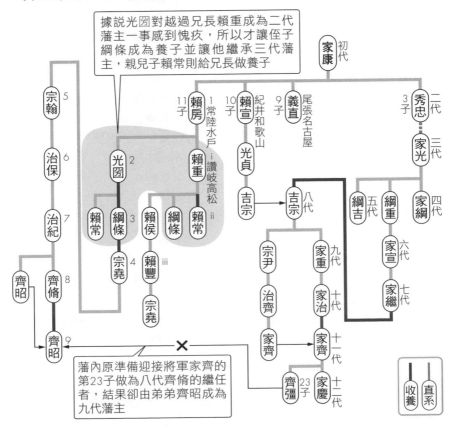

據說光圀對越過兄長賴重成為二代藩主一事感到愧疚，所以才讓侄子綱條成為養子並讓他繼承三代藩主，親兒子賴常則給兄長做養子

藩內原準備迎接將軍家齊的第23子做為八代齊脩的繼任者，結果卻由弟弟齊昭成為九代藩主

# 大奧對幕末政界的影響力有多少？

大奧原則上是禁止干預政治的。但在動亂時代，她們的強大影響力左右了世局。

## 江戶城中的祕密花園

　　德川家康建立了一個以春日局為首，稱為大奧的特殊組織。相對於以大老、老中為中心的幕閣，據說家康想在男人們企圖危害德川天下時，透過只有女人的大奧當緩衝，減輕衝擊。

　　大奧可說是另一個幕府，其總人數從一千人到三千人不等，且隱身於歷史的迷霧之中。

　　握有江戶幕府絕對權力的將軍，在結束政務後，就會踏入大奧這個男性止步的特殊空間直到天亮。大奧原則上不能談論政治，但是汲汲營營於權力的臣子會透過將軍寵愛的側室或掌握大奧實權的奧女中，來求取自己的功名，利用各種手法與花言巧語，嘗試攏絡當代的將軍。

　　雖然八代將軍吉宗是靠大奧才坐上將軍的位子，但他卻討厭大奧介入政治，因而將大奧整頓、縮小

規模。但到了十一代將軍家齊的時代，國家事實上是在大奧政治這個特殊的統治系統下運作的。

## 左右幕末政局的大奧

　　家齊死後就任十二代將軍的家慶，比起父親更能辨清中庸之道，所以大奧有段時期無法直接介入政治。但是推動「天保改革」的水野忠邦會失勢，就是因為背後有反對派在大奧進行遊說，所以可說大奧仍有相當程度影響幕府政治。到了嘉永6年（1853年），在黑船來航的混亂中家慶病逝，家定成為第十三代將軍。然而家定身體孱弱，多半窩在大奧中，使得大奧又再次能夠左右政局。

　　在決定下任將軍的將軍繼嗣問題爆發後，德川慶喜擁立派（一橋派）與德川慶福（之後的家茂）擁立派（南紀派）都在大奧積極遊說，花費大筆財物在大奧的女人上。

---

**歷史筆記** **德川家茂（1846～1866）** 　幕府決定征討長州時，據說家臣曾詢問長州藩獻上的馬該怎麼處分。當時家茂回答馬無罪，命令下屬繼續飼養。

結果是由慶福擁立派得勝，這是因為慶喜之父德川齊昭主張縮減大奧，在大奧女性之間不受歡迎的緣故。慶喜擁立派的島津齊彬雖把自己的養女（篤姬）嫁去給家定當正室，但大奧之壁還是堅不可破。

十四代將軍家茂病逝時，大奧本期待德川御三卿，田安家的龜之助（之後的家達）可成為下任將軍。但這時期政治中心從江戶遷往京都，結果十五代將軍由大奧女人們討厭的慶喜就任。隨著幕府垮台，大奧也從歷史舞台上退場。

大奧在幕末動亂中發揮的影響意外地大，同時是仍有發展空間的研究領域。

## ● 大奧組織圖及歷代御台所

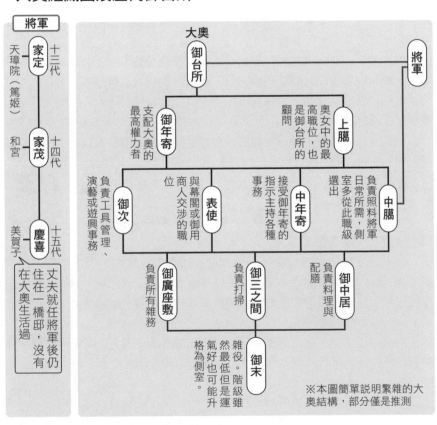

# 點綴幕末維新的 人物群像

## 馬修・卡爾布萊斯・佩里（Matthew Calbraith Perry）◆1794～1858

### 震撼日本的「蒸汽軍艦之父」

出生於美國羅德島州，15歲加入海軍成為候補少尉。父親克里斯多福（Christopherm）也是海軍軍官。

1837年監督、建造美國第一艘蒸汽船，並成為初任艦長。之後經歷墨西哥灣艦隊司令官等要職，在開發近代兵器與蒸汽船實戰運用等領域留下諸多功績，被尊稱為「蒸汽軍艦之父」。

1853年，以東印度艦隊司令官兼遣日特使的身分，搭上薩斯喀那號來到日本，隔年成功締結《神奈川條約》。佩里原本有著當時西方人常見的「基督教文明以外沒有文明」這種偏見，但在遠征日本，與日本人接觸後，多少改變了這種想法。

回國後被視為是帶領日本開國的英雄受到極高評價，親自著作的《日本遠征記》在西方被當成是研究日本的聖經。

## 堀田正睦 ◆1810～1864

### 最後錯判形勢的蘭癖大名

佐倉藩主堀田正時的次子。16歲就任藩主，24歲開始著手進行藩制改革，尤其致力於振興蘭學。而後因處理藩政的手段受到好評，以奏者番為起點慢慢爬上幕閣，32歲在水野忠邦的推舉下升為老中。雖然推動了「天保改革」，但與忠邦一同失勢。

46歲再任老中。在將軍繼嗣問題上起初隸屬南紀派，但在關鍵時刻卻臨時轉為支持一橋派。井伊直弼就任大老、確定南紀派勝利後，隨即被免去老中之位。

有「蘭癖大名」之異稱的正睦在為政者中是少數精通西方事物的人。不過做為政治家，因不擅長處世保身之術，在最後一刻錯判情勢，結束了他的政治生涯。

免職四年後，因被幕府追討老中在職時的失政責任，而遭到謹慎處分，在失意中病逝，享年55歲。

## 阿部正弘 ◆1819～1857

### 早逝的協調型政治家

福山藩主阿部正精的第六個兒子。16歲時代替隱居的兄長正寧就任藩主。兩年後被任命為奏者番，之後仕途可說平步青雲，年僅25歲便升任為老中。

水野忠邦第二次失勢後升格為主席老中，受到十二代將軍家慶全面的信賴，成為幕政核心人物。他雖對海防問題抱持危機意識，但未能徹底改革便面臨佩里來航。

雖然大眾期待他在動盪的政治局勢裡能引領國家，卻可惜39歲就英年早逝。死後失去了正弘這個協調型政治家的幕府，以將軍繼嗣問題為導火線，爆發德川齊昭與井伊直弼之間激烈的政治鬥爭。

一般認為正弘了解幕府獨裁體制的極限，打算將日本轉型成全國一致的公議政體。可是在實行途中就溘然長逝，不完全的改革反而讓時局更加混亂。

## 德川齊昭 ◆1800～1860

### 引領幕府走向滅亡的水戶雄主

水戶藩主德川治紀的第三個兒子。因為長兄齊脩沒有子嗣，所以齊昭成為了兄長的繼位者。30歲當上水戶藩主，提拔藤田東湖等下級藩士推動藩政改革。他也對將軍提出許多改革意見書，期望能參與幕政。

齊昭可說是尊王攘夷思想的精神領袖，對維新志士造成莫大影響。但他雖是幕末史上最大的「巨人」，卻苦於保守派的反抗，始終不能完全統治水戶藩。

45歲時雖被幕府以藩政改革過甚的罪名處以隱居、謹慎的懲罰，但佩里來航後受命參與幕政，做為海防顧問影響中央政界。將軍繼嗣問題爆發時，雖為擁立自己排行第七的兒子德川慶喜而四處奔走，但最後將軍還是決定由家茂出任。

政爭失敗的齊昭最後受到謹慎處分，在政敵井伊直弼因「櫻田門外之變」被暗殺的五個月後病逝，享壽61歲。

# 為何江戶時代的
# 日本人識字率這麼高？

　　「武士身為支配者應該比庶民更會寫字讀書」，這個常識有時也不太管用。江戶時代，商家需要記帳、農民需要計算繳稅額度，日常生活有很多必須懂得讀寫或打算盤才能做的工作，可説是生活的必要知識。因此許多庶民會到寺小屋（譯註：私塾）接受初等教育。

　　另一方面，生於武士之家原則上就有基本生活保障，因此沒有庶民那種危機意識。雖然有些藩會命令全藩士都必須進入藩校就讀，然而在幕府，即使開辦了「昌平黌」這種高等學校，但對幕臣的基本教育還是落後一大截。

　　一般來説，本來武士這種生活寬裕的階級識字率才會高，但江戶時代的庶民識字率卻直逼武士，甚至有超過武士的情況。

　　如旗本階級的武士因為直接侍奉將軍，所以自尊心極高，然而也就僅此而已，這種可説是目不識丁的「米蟲」在當時並不少。因此黑船來航時就算高呼不平不滿，面對危機也無法做出什麼大事。

　　幕末維新的亂世中，有統計指出當時男性的識字率超過五成，就算估計得再保守一點，想必還是世界首屈一指的程度。

　　識字率是以清楚的數值顯示教育的水平。那個時候的日本人雖在自然科學領域落後西方，但從識字率來看，其實擁有能立刻追回差距的基礎能力。

第2章

黑船來航──
進入動亂的時代

# 佩里來航，日本停滯250年的歷史終於重新開始轉動！

## 為何佩里會來到日本？

　　黑船一名源自船體木材上塗的防腐用黑色塗料，在英語中也表記為「Black ship」，是蒸汽式軍艦的通稱。蒸汽引擎是工業革命的推手，而在巨大的蒸汽式軍艦出現後，也成為西方列強在世界搶占殖民地時的必備武器。

　　那為何黑船會來到日本呢？

　　十九世紀前半，黑船來航的時期，美國是世界第一的捕鯨大國，每年濫捕超過一萬頭鯨魚。鯨骨、鯨鬚是工藝品的原料，搾出來的鯨油則用來照明。比菜葉類植物油還便宜的鯨油，在瓦斯燈普及以前，一直都做為二十四小時運作的工廠等地方室內外燈火燃料大量使用。

　　因此當疆界達到美洲西岸後，美國人為了捕鯨爭相航向太平洋。但廣闊的太平洋上能停靠的港口過少這件事，卻是與捕鯨船生死攸關的問題。船員很清楚，就算因事故或洋流漂流到了日本，別說得到救援，說不定還會遭到攻擊。

　　佩里之所以來叩關，主要目的之一便是為了確保捕鯨船在遇難時可以停靠日本並得到保護。

## 內憂外患一次到齊

對佩里和美國政府來說，就算派遣大艦隊到遠東地區，只要以保護本國國民安全的名義，就很容易能得到認同。但其實「無須通過英國領地就可以進出遠東」才是美國的根本目的，保護捕鯨船只是讓議會同意的表面理由罷了。

若分析十九世紀中期的世界局勢，日本在西方列強中只對荷蘭開放的體制，很明顯不可能再繼續維持。

幕府從荷蘭那邊收到佩里艦隊即將到來的情報後，已有不可能再拒絕開國的認知。因此做為統治日本的唯一政權，幕府理當決意開國並開始與西方國家進行通商。

然而等到佩里艦隊真的來了，幕府卻上至大名下至庶民向各階級尋求對策；即便想得到締結通商條約的敕許（天皇的批准），卻又遭到朝廷拒絕。這幾件事讓幕府聲望急墜，也令國內政局一下產生極大變化。

最後結果便是幕府垮台，催生了明治新政府。但在黑船來航的此時，還沒有人想到這一步。

# 四艘黑船的戰力有多高？

佩里艦隊的戰力，其實只是幕府迎戰就能獲勝的程度。但恐懼未知力量的幕府，因此放棄鎖國政策！

### 美國艦隊開進浦賀！

　　嘉永6年（1853年）6月3日，美利堅合眾國的佩里率領四艘軍艦來到浦賀灣。艦隊旗艦薩斯喀那號是排水量約三千三百噸的巨大蒸汽船；若跟現代的自衛艦相比，排水量約等同小型的護衛艦。話雖如此，這時代日本船之中最大型的千石船也不過才薩斯喀那號的十分之一大。黑船的大小已足夠讓當時的日本人嚇得魂飛魄散。

　　黑船來航的十六年前，美國商船莫里森號也到過浦賀，俄羅斯船也曾來尋求開國、進入過長崎港。但佩里不只單艦，而是帶了艦隊來，且還以備戰態勢大舉入侵江戶灣。可說日本的太平美夢，就這樣被這四艘軍艦給驚醒。

### 佩里艦隊的戰力不足為懼？

　　若日本與黑船開戰，事情會怎麼發展呢？

　　幕府雖屈服在美國砲艦外交之下，但倘若幕府也拿出魄力準備開戰，那佩里會有什麼反應呢？其實若真是如此，最有可能的結果會是就此知難而退。因為佩里艦隊不過四艘船，而且最新型的蒸汽軍

### ● 佩里艦隊的航跡（年月日為陽曆）

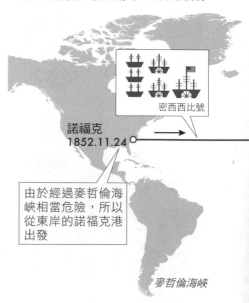

密西西比號

諾福克
1852.11.24

由於經過麥哲倫海峽相當危險，所以從東岸的諾福克港出發

麥哲倫海峽

---

**歷史筆記** **砲艦外交** 西方列強對亞洲或中南美各國，以軍艦（砲艦）威力威逼對方簽訂有利於本國的條約或協定的外交政策。

艦僅旗艦薩斯喀那號及密西西比號兩艘，剩下的兩艘為一千噸以下的中型帆船。全艦隊的船員總數也才一千人左右，其戰力不可能令總人口兩千七百萬的日本屈服。

此外針對戰鬥行為這點，佩里也受到美國政府嚴格的限制。因此若幕府強硬進逼，應能推測佩里勢必得暫時撤退。

佩里曾考慮過若幕府態度強硬，會先展示自己的力量向陸地發射二至三發砲彈後再撤退。另外他也有從船員中編組三百人左右的陸戰隊（裝備小槍的部隊），透過艦砲射擊並讓陸戰隊登陸，暫時占領東海道沿線宿場町（如神奈川、藤澤、平塚等地）後再撤退這樣展現實力的手段。

美方的弱點在於兵力短少，若陸戰隊出現死傷就會影響艦隊行動，因此無法強行攻堅。幕閣中有不少人高估黑船威力，認為一旦開戰就無勝機。在此狀況下，最後還是接受了美方的要求，選擇開國之路。

東印度艦隊

# 佩里與日本人溝通的方法

為了與日本人交涉而僱用荷蘭人翻譯。英語→荷蘭語→日語，以這種方式進行首次日美交涉。

## 日本人對佩里艦隊說的第一句話是？

在全世界都有殖民地的大英帝國很早就開始研究世界各地的語言，在日本開國前也早就已經在進行日語研究。但新興國家美國卻幾乎無人會說日語。

因此佩里在上海僱用了熟習中文的美國傳教士，成為將外交文書譯成漢文的重要成員。此外，他也僱用了荷語流利的美國人當翻譯。佩里知道即使是鎖國下的日本，只要藉由荷語將日語譯成英語的話就能進行溝通。

佩里艦隊開進浦賀時，浦賀奉行所的與力（譯註：輔佐町奉行的一種官職）中島三郎助就帶著荷語翻譯，接近旗艦薩斯喀那號。而荷語翻譯所說的第一句話是：「I can speak Dutch」。

之後日美進行交涉時，先將美方說的英語翻成荷語，再由日方的荷蘭通詞（荷語翻譯）翻成日語，於是對話成立。據說，以往日本荷蘭通詞的荷語簡直就像百年前海盜所說的黑話一樣糟糕、粗鄙而飽受惡評，但在黑船來航的這個時期已經改善許多。

## 萬次郎未站上外交舞台的理由是？

日方其實有幾位熟悉英語的人，其中一人就是約翰（中濱）萬次郎。他年少時從故鄉土佐出海捕魚，結果因暴風雨而遇難。之後被美國捕鯨船所救，在美國生活九年後回國。佩里來航時，做為翻譯仕於幕府。幕府官員雖然讚賞萬次郎的語言學習能力，但因他在美國長期生活過，所以始終無法排除其為間諜的嫌疑。

森山多吉郎雖是在長崎工作的荷蘭通詞，但受幕府命令，向偷渡到日本、名為麥當勞（Ranald

**中島三郎助（1820～1869）** 黑船來航時在浦賀奉行所擔任與力，協助兩國交涉。而後在箱館戰爭中做為榎本軍幹部參戰後戰死，一生可說是曲折離奇。

MacDonald）的青年修習英語。佩里來航時他正在江戶進行外交文書的翻譯工作。

這時期幕府深感只學荷語，難以和不斷進逼的西方列強交涉，且恐有誤譯之險。在這層意義上，黑船來航可說是促使日本人加快學習外語及國際知識的契機。

據說蘭學者福澤諭吉，曾有在開港後的橫濱因看不懂英語招牌，而一時間感到絕望的軼事。不過在歐洲諸語裡，荷語跟英語關係較為相近，所以福澤之後憑自學就學會了英語。像福澤這樣的蘭學者後來都轉戰英語，於是在安政2年（1855年）開辦了「蠻書調所」（譯註：教授西方語言、知識的學校），日本的語學研究不再像過去那樣受到打壓，終於可以正式開始。

## ● 日文、荷文、中文、英文的比較

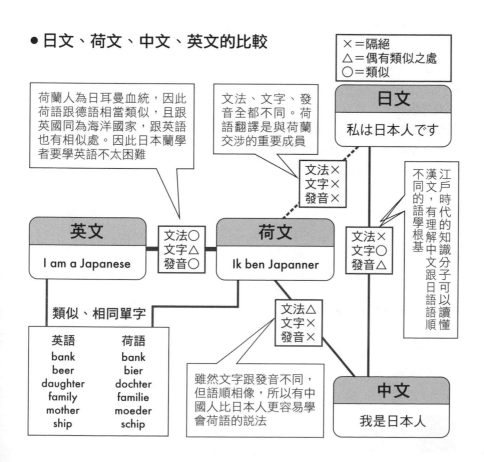

×＝隔絕
△＝偶有類似之處
○＝類似

**日文**
私は日本人です

荷蘭人為日耳曼血統，因此荷語跟德語相當類似，且跟英國同為海洋國家，跟英語也有相似處。因此日本蘭學者要學英語不太困難

文法、文字、發音全都不同。荷語翻譯是與荷蘭交涉的重要成員

文法×
文字×
發音×

**英文**
I am a Japanese

文法○
文字△
發音○

**荷文**
Ik ben Japanner

文法×
文字○
發音△

江戶時代的知識分子可以讀懂漢文，有理解中文跟日語語順不同的語學根基

**類似、相同單字**

| 英語 | 荷語 |
|---|---|
| bank | bank |
| beer | bier |
| daughter | dochter |
| family | familie |
| mother | moeder |
| ship | schip |

文法△
文字×
發音×

雖然文字跟發音不同，但語順相像，所以有中國人比日本人更容易學會荷語的説法

**中文**
我是日本人

# 生於無知的兩份超不平等條約

承認治外法權，甚至連關稅都不能自己決定！導致之後50年一直背負著名為「條約改正」的重要課題。

## 由無知官員造成的兩份不平等條約

　　幕府屈於黑船壓力，在安政元年（1854年）締結《日美和親條約》（神奈川條約），其中簽訂下田及箱館開港、外交官進駐下田、片面最惠國待遇等十二項條款。關於通商雖約定在下田繼續交涉，此時先暫緩實行，但總算是破了日本的鎖國體制。隔年，同樣內容的條約陸續與俄、英、荷等國簽訂。

　　和親條約締結四年後，幕府又再次屈於砲艦外交，締結《日美修好通商條約》，並在同一年與荷、俄、英、法簽訂同樣的條約。

　　修好通商條約的內容對日本而言極其屈辱。當日本人發現其中的不平等性時已經太遲，西方列強不可能放掉到手的利益。在這通商條約中，日本人的無知遭到利用，喪失了「關稅自主權」；從此之後，日本無法自行決定輸入品的關稅。

## 甚至承認了治外法權！

　　更嚴重的是接續前年的《下田條約》，承認了「領事裁判權」。所謂領事裁判權指的是外國人在此地犯罪，有只接受原本國家法律審判的權利。簡單來說，就是承認了治外法權。

　　據說進行交涉的幕府官員抱著「外國人在日本犯罪還要叫日本審判很麻煩」的膚淺想法，於是輕易答應了治外法權。由於日本從未有與他國締結條約的經驗，缺乏法律、外交、刑責等相關知識，所以不小心承認了治外法權也是無可厚非的事。

　　但是國際情報可以透過荷蘭得知，幕府應有充分時間了解西方列強才是。且對付「外患」的方法中，增強軍備雖然需要巨額預算，但從荷蘭輸入西方書籍並翻譯的費用卻不高。

　　然而在水野忠邦的時代，渡邊

**歷史筆記**　　**荷蘭風說書**　從荷蘭透過長崎奉行，向幕府提出的海外情報。這是鎖國體制下唯一的海外情報書，原則上每年提出一次。

華山與高野長英等優秀的蘭學者卻遭到鎮壓，無疑是幕府自己關上了解世界的大門。

荷蘭其實曾定期輸入收錄世界局勢，稱為「荷蘭風說書」的書籍，但也遭到扭曲，認為是荷蘭為了擴大貿易而誇大宣傳西方人的實力。結果這些資訊始終未能受到重視與活用。

明治政府長年透過岩倉使節團，在鹿鳴館（1883年落成）舉辦舞會等等強調日本也是文明國的做法，才終於在四十五年後的明治32年（1899年）成功廢除領事裁判權。關稅自主權則更晚，直到明治44年（1911年）才收復。

## ● 締結不平等條約的過程

**1853年6月3日**
佩里來航
佩里展示軍艦威力逼迫開國

**1854年1月16日**
佩里再次來航

**1854年3月3日**
締結日美和親條約
1 開始通商條約的交涉
2 在下田、箱館提供外國船補給
3 保護遇難的外國船
當日本與其他國家締結條件更優於日美條約的條約時，美國自動獲得締結同等條約的權利

**1856年8月**
哈里斯來到日本
哈里斯在下田設立領事館，與江戶幕府進行交涉纏鬥

**1857年5月**
締結下田條約
1 日美貨幣同類同量交換

**1858年1月**
通商條約準備完畢
條約內容雖已定，但因國內問題延期簽訂
2 治外法權
在日本犯罪的外國人不可進行拘捕與審判

**1858年6月19日**
締結日美修好通商條約
1 駐日公使進駐江戶
2 橫濱、長崎、箱館開港
3 兵庫、新潟、江戶、大坂限時開港
4 喪失關稅自主權
日本不能在沒有與外國協議的情況下決定進口關稅
片面最惠國待遇

**不平等條約**

# 攘夷主義者吉田松陰
# 計劃偷渡的本意

吉田松陰為了了解西方列強的實際情況，曾企圖登上黑船想偷渡海外，但卻被佩里拒絕。

## 止不住想視察海外的熱誠

安政元年（1854年），長州藩士吉田松陰曾在下田灣偷偷登上停泊於此地的美國軍艦，企圖偷渡到國外。但為了與日本進行開國交涉而再次來航的美國，判斷此事會造成外交上的損害，因此婉拒了松陰。

放棄偷渡的松陰到下田奉行所自首後便被逮捕。幕府考量他是自首，酌減其刑責，罰其關押在長州藩內。

以一般思維來看會難以理解為何主張攘夷的松陰會想要偷渡。將西方人視做文明未開的野蠻人，當成玷汙神國日本清淨的野獸而予以驅逐，是攘夷一詞給人的印象。而受這種歧視影響的志士們，日後亦不斷發起名為天誅的無差別殺傷外國人事件。

但另一方面，攘夷派志士中也有將西方人同樣視為人類，讚賞其先進的技術文明，同時了解西方列強爭奪殖民地的鬥爭已延燒到遠東的局勢，打算針對列強的侵略進行國內改革的人。

松陰師從洋學者佐久間象山，是這時代的日本人中最清楚當時世界局勢的人。但不只是從他人處得來的知識，他想要自己實地調查歐美各國強大的祕密，所以計劃偷渡。

## 攘夷這個詞的多元性

說是攘夷，但從單純的排外主義者，到如松陰這樣想守護國家獨立主權的理論派，可說是龍蛇混雜，若全用攘夷派一詞概括，恐怕會難以了解幕末維新的歷史。

此外，之後長州藩為了弱化幕

**歷史筆記** **品川彌二郎（1843～1900）** 長州藩出身的藩閥政治家。在「松下村塾」學習，成了他後來出人頭地的契機。維新後擔任內務大臣等要職。

府，也採用了稱為「攘夷」的高等戰術。

幕府曾向朝廷約定日後定會廢止通商條約。然而長州藩系的志士們認知到攘夷是不可能的，於是表面上逼迫幕府實行攘夷，背地裡卻跟外國勢力進行合作。如此一來既能損耗幕府權威，又能讓攘夷派逐漸掌控國內政治。

再回到被移交到長州藩的松陰。他在自家開辦了「松下村塾」，將自己想透過改革築起一個自信國家的願望傳遞給學生們。松陰在教學中比起傳授學問，更用心在深察每個學生的性格，引導他們發揮各自的優點。直到因「安政大獄」（參見90頁）而被處死前，都過著與學生們切磋琢磨的日子。

## ● 松下村塾與維新志士們

**吉田松陰**
繼承叔叔創設的私塾
培育了眾多優秀人才

因材施教的人才育成

# 松下村塾

桂小五郎 …師從松陰，在松下村塾中為團體領導者

高杉晉作 …組織奇兵隊。在維新之前病死

**明治維新後出人頭地的塾生**

野村靖 …內務大臣

山田顯義 …司法卿 等

品川彌二郎 …內務大臣

山縣有朋 …第三任總理大臣

伊藤博文 …首任總理大臣

**死於非命的塾生**

前原一誠 …在「萩之亂」中戰敗被處死

吉田稔麿 …死於「池田屋事件」

入江九一 …在「禁門之變」戰死

久坂玄端 …在「禁門之變」戰死

總計92名

# 薩長為何會成為維新的原動力？

薩摩藩與長州藩都擁有特殊的教育系統。由優秀指導者培育的志士們引領了動亂時代。

## 志士輩出的「鄉中」指的是？

在幕末動亂時代相當活躍的薩摩藩，有一個名為鄉中的地區組織。日後引領動亂時代的西鄉隆盛與大久保利通，同樣都是出身於位在鹿兒島城下町中央，下加治屋鄉中。在這下加治屋鄉中還出過海軍元帥東鄉平八郎、陸軍元帥大山巖等眾多優秀人才。

鄉中是以青年指導少年的形式進行的初等教育組織，對於地位高的長輩必須絕對服從。可以說下加治屋鄉中出身的志士，正因為在地位最高的西鄉與大久保的指導下，年輕的薩摩隼人（譯註：薩摩藩士的美稱）們才能在實現維新的路上奮力前進。

## 重視性格的教育方法

吉田松陰因企圖偷渡美國，於是被罰在他的故鄉——萩度過牢獄生活。安政2年（1855年）12月，以生病療養為藉口回到老家的松陰，繼承了叔叔玉木文之進開辦的私塾「松下村塾」，開始教導長州藩的子弟們。

松陰不僅掌握了學生們的個性，也貫徹了使每個人發揮各自優點的教育方針。

譬如與久坂玄瑞合稱「松陰門下雙璧」的高杉晉作，松陰就花費許多心思想改善他那過於直率的性格。

過去曾向松陰學習兵學的桂小五郎（木戶孝允）曾對學弟高杉做出「雖是腦筋靈活的少年，可惜個性有些頑固，將來恐怕不會接受他人忠告」的評語。對此松陰則說「若想矯正高杉那頑固性格的話，將使他日後無法成大器」。

雖然高杉的個性至死都未曾變過，但卻將老師松陰的教誨銘記在心，總算能稍微聽從別人的建議。

不僅高杉、久坂，許多松陰的

 **歷史筆記**　**東鄉平八郎（1847～1934）**　17歲參加薩英戰爭。在戊辰戰爭中乘上軍艦「春日」轉戰各地。之後對日本海軍的發展多有貢獻，晉升為海軍元帥。

學生都死於明治維新之前。但像首任內閣總理大臣伊藤博文，或是山縣有朋、品川彌二郎等人，都成為明治政府的高官，在近代國家建設的最前線大展長才。死於非命者、成為高官出人頭地者，可以說正因為有這段跟隨松陰在松下村塾學習的日子，才有後來闖蕩亂世的基礎。

亂世即將到來的此時，日本各地對未來感到不安的年輕人們，都開始過起鑽研學問的日子。

## ● 志士們的故鄉　鹿兒島加治木町

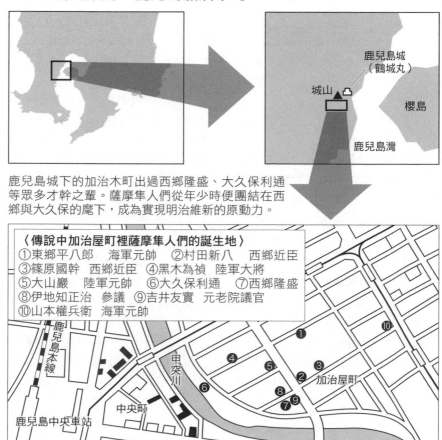

鹿兒島城下的加治木町出過西鄉隆盛、大久保利通等眾多才幹之輩。薩摩隼人們從年少時便團結在西鄉與大久保的麾下，成為實現明治維新的原動力。

〈傳說中加治屋町裡薩摩隼人們的誕生地〉
①東鄉平八郎　海軍元帥　②村田新八　西鄉近臣
③篠原國幹　西鄉近臣　④黑木為禎　陸軍大將
⑤大山巖　陸軍元帥　⑥大久保利通　⑦西鄉隆盛
⑧伊地知正治　參議　⑨吉井友實　元老院議官
⑩山本權兵衛　海軍元帥

# 因繁務過勞死？
# 黑船來航時的老中阿部正弘

阿部老中本想透過舉國一致體制來應對黑船來航的危機，結果卻因過勞驟逝！

## 策劃舉國一致體制

黑船來航時，擁有幕閣最高權位的是主席老中阿部正弘（福山藩主）。他不採前任水野忠邦那種專斷獨行的作風，而是盡量以平和穩定的方式施行幕政。但從結果來看，他未能在老中在任時找到有效解決對外問題的對策。

25歲便坐上老中之位的正弘，與薩摩藩主島津齊彬、越前藩主松平春嶽（慶永）、宇和島藩主伊達宗城等有見識的大名都有交情，並曾策劃舉國一致的政治體系。

江戶幕府的運作一直都以將軍任命的老中或大老為中心。外樣大名理所當然的被排除在幕政外；即便是御三家或御家門，不直接干涉幕政也是當時的不成文規定。

若在天下太平時代，政權僅靠幕閣的正規成員就可以運作。但正弘認為為了對付內憂外患，沒有必要被傳統的政治框架給束縛住。

正弘並不是懷抱著政治理念，利用老中主座強勢領導的政治家，所以他透過引進有力大名到政權中心的方式，想分散政治上的責任與工作。

## 還未發揮領導能力就過勞死

阿部無法決定要開國還是拒絕，只好寄託於「拖延戰術」上。拖延戰術就是靠「我一個人無法決定」、「協議需要時間」、「負責人生病」等藉口延長交涉時間，讓對方喪失戰意的外交戰術。

幕府的拖延戰術對於不倚恃軍力來交涉的荷蘭或俄羅斯來說雖然有效，但對以「砲艦外交」為主的佩里而言卻是無用的。阿部屈服於可說是工業革命的最大成果——蒸

**歷史筆記** **伊達宗城（1818～1892）** 宇和島藩主。積極推行藩政改革。在將軍繼嗣問題歸屬一橋派以來，一直都活躍於幕末政局的中心。

汽推進式軍艦的壓力之下，在安政元年（1854年）3月締結《日美和親條約》，不得不放棄鎖國政策。

　　阿部本想負起責任下台卻不被接受，因而在安政2年10月再次任命堀田正睦（佐倉藩主）為老中時，阿部旋即將老中主座之位讓渡給正睦。安政4年（1857年）6月17日，阿部以39歲壯年病逝，死因一般認為是壓力造成的消化系統癌症。他

過早的死讓許多人惋惜不已，簡單來說就是不眠不休的身體操勞加上精神負擔，造成了他過勞死。

　　阿部若是在和平時代就任主席老中，說不定能留下豐功偉業，成為受後世稱頌的名宰相。但在名為黑船的外患迫近，需要強硬領導態勢的時局中，他卻沒有背負一切的責任感，沒能成為「亂世英雄」。

## ● 調整型政治家　阿部正弘

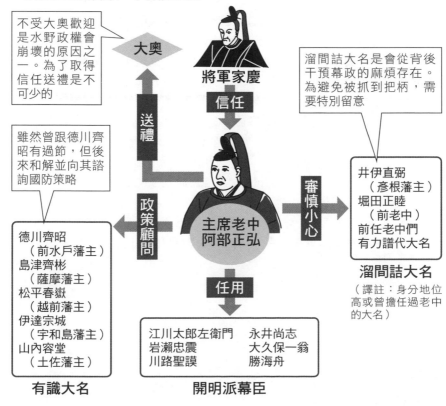

不受大奧歡迎是水野政權會崩壞的原因之一。為了取得信任送禮是不可少的

溜間詰大名是會從背後干預幕政的麻煩存在。為避免被抓到把柄，需要特別留意

雖然曾跟德川齊昭有過節，但後來和解並向其諮詢國防策略

大奧

將軍家慶

信任

送禮

政策顧問

主席老中
阿部正弘

審慎小心

任用

德川齊昭
（前水戶藩主）
島津齊彬
（薩摩藩主）
松平春嶽
（越前藩主）
伊達宗城
（宇和島藩主）
山內容堂
（土佐藩主）

**有識大名**

江川太郎左衛門　　永井尚志
岩瀨忠震　　　　　大久保一翁
川路聖謨　　　　　勝海舟

**開明派幕臣**

井伊直弼
（彥根藩主）
堀田正睦
（前老中）
前任老中們
有力譜代大名

**溜間詰大名**

（譯註：身分地位高或曾擔任過老中的大名）

# 志士們的活動資金從哪來？

　　尊王攘夷派的志士大致分成還保持藩士身分的人，與因各種理由不屬於任何藩的浪人兩類。

　　長州藩藉由財政改革與特產公賣，相較其他藩而言資金相當豐厚，可以在背後支撐藩士們的行動。伊藤博文、井上馨等人就常用長州藩的公款鬧事，之後惡習難改，到了明治仍戒不掉將公家資金挪為私用的壞習慣。

　　下關首屈一指的大商人白石正一郎也以贊助者的身分支持長州的尊攘派志士，尤其對於高杉晉作更是從物質精神兩方面都予以支持，是晉作之後發展不可或缺的存在。長州藩的尊攘派也在保守派掌握政權（參見129頁），無法使用公家資金時，不斷得到來自白石的援助。

　　清河八郎生於庄內的富農之家，依靠老家援助的資金繼續精進學問，後來做為尊攘派志士進行活動。坂本龍馬雖然只是土佐藩中身分較低的鄉士，但本家才谷屋是高知城下數一數二的商家，一樣也是憑藉家族的援助才能自由活動。也就是說，志士們多從經濟寬裕的特權階級或原生家庭處取得活動資金。

　　但並非所有志士都過著舒適的生活。不少生活困頓的志士，會不斷使用近似強盜的手段勒索與外國貿易賺錢的商人，成為不法之徒。

亂世的社會與文化③　　　專│欄

# 毫無關連的
# 唐人阿吉與哈里斯

　　安政3年（1856年）7月21日，哈里斯（Townsend Harris）做為首任駐日美國總領事到達下田。直到文久2年（1862年）回國以前，他在日本留下諸如締結《日美修好通商條約》等事跡。

　　說到哈里斯，多數人可能會先想到「唐人阿吉」的風流韻事。兩人的關係常被寫成小說角色，現在在下田還有相關的觀光古蹟。但其實哈里斯與阿吉，似乎並沒有發展成男女關係。

　　阿吉與哈里斯的第一次見面，是在安政4年5月22日。當時美國總領事館暫設於下田的玉泉寺，幕府考量到周圍多為男性，缺乏女人或有不便，所以用護士的名義徵招兩名女性。其中一人名叫阿福，負責哈里斯的書記官兼翻譯的赫斯肯（Henry Heusken），而另一人阿吉則侍奉哈里斯。

　　相較於阿福得到赫斯肯的寵愛，阿吉不過三天就被趕了出去。哈里斯是虔誠的基督徒，不菸也不酒，所以對阿吉的態度相當吃驚，立刻就將其解僱。

　　可憐的阿吉，被社會用好奇的眼光打量，並被冠上唐人阿吉的小名。此後阿吉輾轉流落各地，過著自暴自棄的生活，據傳最後在明治23年（1890年），投水自盡。

T・哈里斯

唐人阿吉

# 十三代將軍家定有判斷能力嗎？

黑船剛到日本，將軍家慶便旋即病逝。隨著身體孱弱的新將軍上台，更加深政局的混亂。

## 自幼體弱多病的將軍登場

　　十三代將軍家定在安政2年（1855年）12月，從島津家（見右圖）迎來第三位正室敬子（篤姬）。然而家定本人自年幼患了大病以後，健康狀態始終不穩定，產下繼承人的希望可說極為渺茫。

　　此外，家定做為將軍的判斷力也不足，無法將自身意見表現在政治上。也就是說，自十二代將軍家慶在黑船來航時病逝之後，等同無人肩負起幕府最高權力者——將軍這個職位。

　　此外，據聞家定由於父親家慶曾想廢除自己世子身分，讓慶喜繼任十三代將軍，而相當憎恨慶喜。

　　2008年的大河劇《篤姬》中，將家定演成一位刻意裝出無能模樣，且跟政治結婚的篤姬彼此交心，有著深厚夫妻關係的將軍。雖說不能完全否定這樣戲劇性的愛情故事發生在江戶城內的可能性，但基本上還是當成小說家與腳本家的幻想比較好。

## 十三代將軍是被暗殺的？

　　安政4年（1857年）10月21日，美國公使哈里斯前往江戶城謁見家定。「謁見」本身不過是場禮貌性的會面，但幕臣們卻擔心得坐立不安、食不下嚥。

　　會這麼說，是因為將軍家定平時連話都無法說清楚，若在面見哈里斯時驚慌失措的話，日本可能會淪為全世界的笑柄，所以幕臣才會如此焦慮。

　　「自遠方異邦派遣使節、致上書簡之事，我很滿意。今後冀望雙方能繼續交流。請代我向總統傳達以上話語。」

　　當家定像這樣把話完整地說完後，席上的日本人全都放下心中大石。不曉得是不是家定這天的狀況極佳，才可以把幕閣準備的台詞

**歷史筆記** **德川家慶（1793～1853）**　江戶幕府第十二代將軍。把擁有多名側室、恣意妄為的父親家齊當做負面教材，以勢力均衡的政權為施政目標。

給好好地說出來。

　如同這場會面插曲所示，可看出家定其實在政治的判斷能力上是有問題的。

　安政5年（1858年）7月6日，家定在江戶城內病逝。由於前一個月才剛發表紀州和歌山藩的藩主慶福（家茂）為下任將軍繼承人，所以無法否定他被當做棄子遭到暗殺的可能性。

## ●十三代將軍家定與篤姬結婚的背景

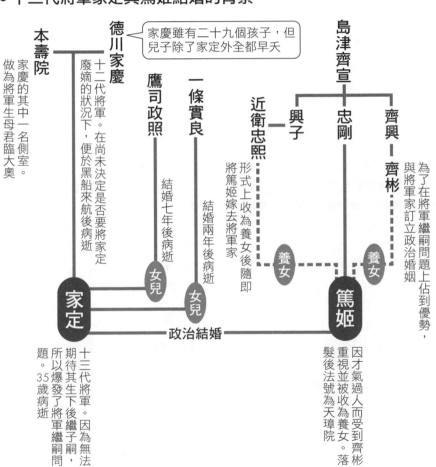

# 慶喜無法成為十四代將軍的背後成因

下任將軍要擁護誰呢……。決定日本未來命運的,其實是大奧的女人們。

## 發生將軍繼嗣問題的原因是?

當德川本家的血脈快要斷絕時,從「御三卿」(田安、一橋、清水)或是「御三家」(尾張、紀州、水戶)中選擇繼嗣並迎接到本家是德川家的不成文規定。健康堪憂的十三代將軍家定的繼任者,從血統上來說身為堂兄弟的紀州(南紀)家慶福(之後的十四代將軍家茂)是最適合的人選。若在太平時期,慶福成為將軍應該無人會有怨言。

然而慶福在將軍繼嗣問題爆發的安政4年(1857年),還只是12歲少年,而且同樣有健康上的疑慮。因此為了將德川(一橋)慶喜拱為將軍繼承人,以其父親德川齊昭(前水戶藩主)為首,與島津齊彬(薩摩藩主)、松平春嶽(慶永。越前藩主)、山內容堂(豐信。土佐藩主)等人開始合作謀劃。當時

慶喜比慶福大九歲,時年21歲,且手腕極為幹練精明,甚至被政敵稱做「家康再世」,是當代最有實力稱王的人。

「為了抵禦國難,有能的慶喜應當成為將軍」,這種思考方式或許太過於現代了點。在將軍繼嗣問題上,推崇慶喜的「一橋派」跟支持慶福的「南紀派」雖彼此鬥爭不下,但實際上一橋派是壓倒性的少數派。這是因為當時大名全都仰仗血統才有大名地位,所以在將軍繼嗣問題,也就理所當然地以血統選人,而非以能力判斷。

## 握有繼嗣問題關鍵的大奧風向

南紀派中,最積極活動擁立慶福的就是井伊直弼。之後就任大老的井伊在這個時期,雖還只有譜代大名領袖──井伊家家主這個身分,但做

---

**歷史筆記** **譜代大名** 與外樣大名沒有明確分別。基本上一般是指在轉封關東前就臣服於德川家的大名。

為德川家內部守舊派（保守派）代表，已成為南紀派的核心人物。

兩派皆以大奧為舞台，進行檯面下的暗鬥。能決定將軍繼任者的只有現任將軍家定，但多病的家定時常窩在大奧裡閉門不出。為了打動家定的心，向大奧的掌權者賄賂是最有效的方式。

御局（譯註：大奧女官的敬稱）雖然可能會對美男子慶喜留下好印象，但對於主張徹底裁縮大奧的慶喜之父齊昭可說是深惡痛絕；因為擔心慶喜成為將軍會威脅到自身地位，所以大奧傾向支持南紀派。

南紀派為了一口氣取得優勢，透過大奧向將軍家定進行關說，最後成功在安政5年4月23日把井伊推上大老一職，成功壓制幕閣中央（參見55頁）。

大老非常設職位，且職權高於老中，擁有掌控整體幕政的強大權限。井伊就任大老後，同年6月便決定由慶福繼任將軍，為將軍繼嗣問題劃下休止符。

## ● 徹底比較，家茂VS慶喜

**慶喜**
生於1837年

**兩者關係**
家茂提防慶喜，認為他是想坐上將軍之位的野心家。後來雖逐漸卸下心防，但沒有指定慶喜為下任將軍。

**家茂**
生於1846年

| | | |
|---|:---:|---|
| △德川家旁系水戶家出身 | 血統 | ◎父齊順為十一代將軍家齊的第七子 |
| ◎長壽，享壽77歲 | 健康 | ×體弱多病，21歲病逝 |
| △除了近臣外沒有其他理解者，疑心病重無法信任他人 | 性格 | ○對年長家臣懷有謙卑之心，個性穩重 |
| △能信賴的家臣少，不信任多數幕臣 | 統率力 | △基本上都交給家臣 |
| ◎具有俯瞰整體政局的眼力，在會議上雄辯滔滔 | 政治力 | △未知，看不出是否有獨特的政治理念 |
| ◎對西洋文物抱有好奇心，也理解西方國家體制 | 先見之明 | △以當時來說算是平均 |
| △品行在其父德昭之上 | 海舟評 | ○年紀尚幼但聰明伶俐 |

## 1858年〉朝廷與幕府的關係

# 朝廷登上幕末舞台的原因

堀田老中希望能藉由獲得天皇許可，趁早解決條約簽訂問題。但結果卻事與願違！

### 雖不能避免開放貿易……

　　安政元年（1854年）日本屈於黑船壓力，締結《神奈川條約》，但卻延緩了開放貿易的日期。

　　時勢所趨，日本無法再繼續維持鎖國體制，面臨不得不與荷蘭以外的西方國家締結通商條約的處境。

　　安政3年（1856年）7月，哈里斯做為駐日美國公使抵達下田，之後便向幕府針對貿易一事進行通商條約的交涉。最終雖接受了哈里斯的要求準備簽訂條約，但在過程中為了得到朝廷許可進行多次政治攻防，而種下日後幕府垮台的禍根。

### 堀田老中想到的「苦肉計」是？

　　由於反對締結條約的聲浪相當強，於是老中堀田正睦施行了一條「苦肉計」：向朝廷取得許可，以彌平反對聲浪及輿論。

　　正睦以為向身分尊貴但生活困苦的公家們進行賄賂攻勢，就可以輕易取得朝廷敕許。然而孝明天皇認為西方人與野獸無異，若締結通商條約等於放野獸進來玷汙日本，因此並不承認條約。此外，也嚴令公家不得收受賄賂。

　　朝廷至今為止都遵從幕府的意向行動，可說是透明無色的存在，所以正睦才會覺得只要前往京都就能輕鬆取得敕許，但這回卻讓幕府踢到了鐵板。

### 通商條約的締結將京都推上了政治舞台

　　堀田老中因條約敕許問題失勢後，安政5年（1858年）4月井伊直弼就任大老，不顧朝廷反對簽訂了通商條約，引起尊王攘夷派與一橋派的激烈反彈。可以說既然都要罔顧朝廷意見簽訂條約的話，不如一開始就不要去請命，由幕府獨斷決

 **歷史筆記** **禁中並公家諸法度**　元和元年（1615年），由德川幕府訂立的天皇與公家們日常生活規定，同時也是箝制其政治活動的法令。

定還比較好。

正睦的苦肉計不但沒有任何成果，還削弱幕府權威，將公家勢力逼出檯面。

天皇與公家此前都與政治無緣，但這時在政界卻得到主角一般的地位，讓京都市街成為幕末政界的舞台。

## ● 朝廷的政治介入

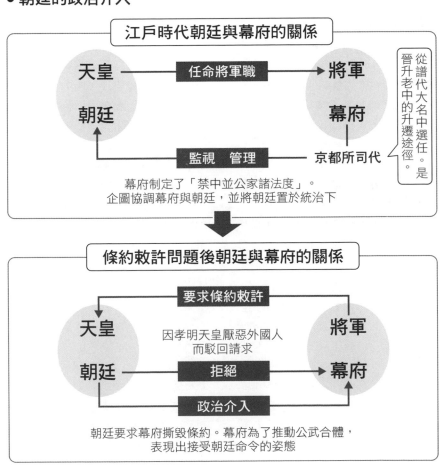

江戶時代朝廷與幕府的關係

天皇　朝廷　──任命將軍職──→　將軍　幕府

從譜代大名中選任。是晉升老中的升遷途徑。

監視　管理　←──　京都所司代

幕府制定了「禁中並公家諸法度」。
企圖協調幕府與朝廷，並將朝廷置於統治下

條約敕許問題後朝廷與幕府的關係

要求條約敕許

天皇　朝廷　　將軍　幕府

因孝明天皇厭惡外國人而駁回請求

拒絕

政治介入

朝廷要求幕府撕毀條約。幕府為了推動公武合體，
表現出接受朝廷命令的姿態

# 赤鬼，井伊直弼是開國恩人？

就任大老的井伊直弼壓制反對派勢力、締結通商條約並果斷決定橫濱開港。

## 傳統保守政治家的登場

彥根藩主井伊直弼在安政5年（1858年）4月23日就任大老。雖然直弼此前並非幕閣的正式成員，但做為「南紀派」（參見78頁）的地下領導者，在檯面下與「一橋派」（參見78頁）互相爭奪主導權。直弼就任大老後，從南紀派的影子中登上政治舞台，以大老身分強硬實行各項政策。

一如直弼曾公開表示「不論內外政治，幕府都有獨斷實權」，他打算透過大老的權力，建立幕府獨裁的體制。直弼對於黑船來航時老中阿部正弘向大名們諮詢開國與否（參見72頁），或是堀田正睦向天皇請求許可（參見80頁）等各種事態感到非常憤慨。

直弼以大老身分代行將軍權限，立於幕政巔峰，不論將軍繼嗣問題還是通商條約簽訂，皆自行獨斷決定。

6月19日，在美國軍艦「波哈坦號」上締結了《日美修好通商條約》。直弼認為若再繼續拒絕美國公使哈里斯的要求，西方各國就會訴諸武力，因此在未取得敕許的情況下，便決心進行簽訂。

## 井伊大老是開港恩人？

世人因為井伊強硬的作風而稱其為「赤鬼」，這個稱呼是由於井伊家軍隊皆穿著以紅色為基調的盔甲「赤備」而得名。

直弼做為政治家的評價雖不太好，但攬起一切政治責任的姿態值得讚賞。然而，破壞阿部老中與諸大名共同建立的合議體系，意圖回歸幕府專制，無疑是將時鐘指針往回推般的退步行為。

隔年安政6年（1859年）6月2日，橫濱港依照《日美修好通商條約》開港。現在做為開港紀念日，在五十週年、一百週年、一百五十

**歷史筆記** **大老** 以幕閣內的最高權力者的身分輔佐將軍。譜代大名中，只有土井、酒井、堀田、井伊四家的家主曾擔任過大老一職。

週年（2009年）時都舉辦了盛大的紀念會。

明治42年（1909年）開港五十週年時，在可以俯瞰橫濱港的小丘上建立「開港恩人」井伊直弼的銅像。當時一般認為直弼為鎮壓尊王志士的惡人，所以遭到很多人反對，但支持立像的人則認為是直弼的「英明決斷」才使橫濱開港並發展得如此繁榮，所以應該讚揚其功績。然而這終究只是結果；井伊之所以決意開港並非自主判斷，而是受到外國壓力所致。開港這件事或許哈里斯的功績還比較大一些。

## ● 井伊直弼的大老就任之路

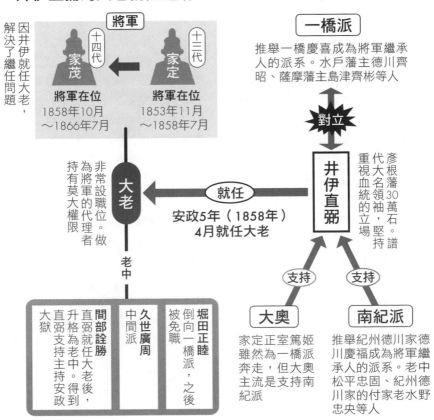

# 島津齊彬是被敵對派系暗殺的嗎？

為了拯救陷入危機的日本，決定奮起的島津齊彬，卻在此時死於重重謎團之中！

## 反對派暗殺說的真相

對明治維新功臣之一的西鄉隆盛來說，薩摩藩主島津齊彬是神一樣的存在。

西鄉受到島津重用，做為近臣非常活躍，兩個人的關係與其說是主僕更像是師徒。齊彬對西方文明造詣頗深，是那時洞察到西方列強侵略危機的少數日本人之一，而他也透過阿部正弘及德川齊昭等友人干涉幕政，政治手腕高明，可說是動亂時代中最受推崇與期待的「賢侯」。

但安政5年（1858年）7月16日，齊彬僅50歲便驟逝。由於將軍繼嗣問題中自身推舉的德川慶喜居於劣勢，所以齊彬原打算率領約三千名的精銳部隊進京，卻在鹿兒島城下指揮演習時突然發病。即使眾臣拚命急救，齊彬仍在八天後逝世。由於死得過於突然，所以他其實是遭到薩摩藩內保守派「由羅派」暗殺的說法甚囂塵上。

齊彬之父齊興非常寵愛側室由羅。由羅為了把自己的孩子久光推為藩主，而接近拉攏藩內的保守派。保守派對於齊彬一邊進行富國強兵，一邊積極參與中央政界的政策，湧起了對藩內財政的危機感，於是開始擁立久光。若暗殺為真，他們應該是判斷齊彬舉兵進京是打算與幕府正面開戰，而將使薩摩藩迎來滅亡危機，所以才暗殺齊彬的吧。

## 率兵進京未遂的齊彬

戰國亂世裡，戰國武將多把率兵進京，奪取天下霸權視為終極目標。時過境遷，到了幕末動亂時代，各大名或幕府仍透過派遣精銳部隊至京都來施加軍事壓力，將政局主導權掌握在自己手上，這種手法稱做「率兵上洛」。齊彬的率兵上洛是最早的未遂例子，而後也有

**歷史筆記** **島津久光（1817～1887）** 兄長齊彬死後，兒子忠義就任薩摩藩主，自己則做為監護者掌握實權。久光身處幕末政局中心相當活躍。

幾次率兵上洛的計畫。

西鄉當時為了擁立慶喜正在京都四處奔走。突然接到主君齊彬驟逝的消息，失去精神支柱的西鄉陷入絕望，對於齊彬被由羅派暗殺的疑心也始終揮之不去。

依照齊彬遺言，久光之子忠義繼任薩摩藩主，久光則以監護人的身分掌握藩政實權。久光做為「薩摩第一惡女」由羅之子還算是有為，繼承兄長齊彬遺志，努力使薩摩藩打入中央政界。但是跟齊彬比起來不過是凡人之才，西鄉也始終輕蔑久光，視他為「鄉下人」。

## ● 島津齊彬的相關人脈圖

═══ 表示信賴關係、盟友關係

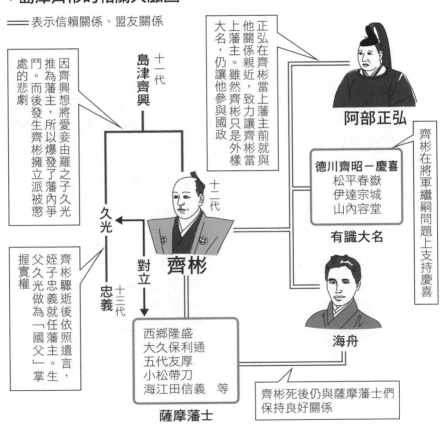

因齊興想將愛妾由羅之子久光推為藩主，所以爆發了藩內鬥爭。而後發生齊彬擁立派被懲處的悲劇

十一代
島津齊興

正弘在齊彬當上藩主前就與他關係親近，致力讓齊彬當上藩主。雖然齊彬只是外樣大名，仍讓他參與國政

阿部正弘

齊彬在將軍繼嗣問題上支持慶喜

德川齊昭—慶喜
松平春嶽
伊達宗城
山內容堂

有識大名

十二代
齊彬

久光

齊彬驟逝後依照遺言，姪子忠義就任藩主。父久光做為「國父」掌握實權

十三代
忠義

對立

西鄉隆盛
大久保利通
五代友厚
小松帶刀
海江田信義　等

薩摩藩士

海舟

齊彬死後仍與薩摩藩士們保持良好關係

# 點綴幕末維新的  人物群像

## 〔 山內容堂 ◆1827～1872

### 引領土佐藩成為雄藩的醉鬼大名

　　諱為豐信，容堂為隱居後的名號。為山內豐著的長子。雖生於土佐藩主山內家的分家，但由於前任藩主山內豐惇未誕下子嗣便病逝，所以22歲時繼任為藩主。

　　拔擢吉田東洋、推動藩制改革，成功使土佐藩成長為西國雄藩之一。在混亂的幕末政局裡，為擁立德川慶喜成為下任將軍而奔走。在將軍繼嗣問題上失敗後，33歲就隱居，自號容堂。隱居後以藩主監護者的身分掌握藩政。

　　在江戶時代的大名中，容堂稱得上是意志堅定，有決斷力的人。但是左右手吉田東洋被藩內尊攘派暗殺後，他無法統理紛擾的土佐藩，因此到了最後土佐藩竟違反容堂自身的意向，傾向了倒幕派。

　　以公武合體論、公議政體論為政治方針，慶應3年（1867年）向將軍慶喜提出「大政奉還」的策略。維新後，在東京過著悠然自適的生活。

## 〔 松平春嶽 ◆1828～1890

### 漂泊於動亂中的將軍候補

　　諱為慶永，春嶽為隱居後的名號，為田安齊匡的第八子。11歲成為松平齊善的養子，進而當上越前福井藩主。父親齊匡是十一代將軍家齊的弟弟，因此若運氣好的話，春嶽是具有成為將軍的資格的。他也聘用洋學者橫井小楠為顧問，果斷提拔人才。

　　春嶽與德川齊昭、島津齊彬、山內容堂等幕政改革派大名親交甚篤，在將軍繼嗣問題上支持德川慶喜。但在「安政大獄」中不僅失去心腹橋本左內，他本人也受到隱居、謹慎的處分。

　　春嶽之後做為政事總裁職回歸政界。他雖支持由諸侯會議決定國策基本方針的公議政體論，但可惜多數大名不如春嶽般耿直聰敏。當時大名多為「傻瓜殿下」或凡事交給家臣的「就這樣做藩主」，最終春嶽未能成功推動

公議政體論。

維新後雖擔任過多種新政府要職，但43歲就退休，積極從事文筆活動。

# 橋本左內 ◆1834～1859

## 在安政大獄中犧牲的俊傑

左內為通稱，諱為綱紀。為越前福井藩的御醫橋本長綱的長子。16歲遊學大坂，在緒方洪庵的「適適齋塾」學習蘭學。不只醫學，他同時也修習政治、經濟、文化等廣泛的西方知識，使他抱有「日本應當推行富國強兵積極進出海外」的信念。

22歲時得到藩主松平春嶽拔擢，成為春嶽近臣。在將軍繼嗣問題中為擁立德川慶喜而在朝廷積極活動。但井伊直弼就任大老後，便放棄擁立慶喜的希望。「安政大獄」時，左內因干涉將軍繼嗣問題的罪名而被處以死刑，得年26歲。

左內懷有聯合俄羅斯對抗英國侵略的外交戰略，但這等卓越見識無法活用在建設新國家上，令後世惋惜不已。

# 德川慶喜 ◆1837～1913

## 不受家臣眷顧的「末代將軍」

水戶藩主德川齊昭的第七子。自11歲成為一橋家家主以來，做為下任將軍候補而備受期待。但是十四代將軍卻由大老井伊直弼推舉的德川家茂出任。在將軍繼嗣問題中敗北的慶喜受到了隱居、謹慎的處分。

「櫻田門外之變」後，回歸一橋家家主的身分。26歲擔任將軍後見職，積極促成幕府與朝廷的結合。家茂死後，31歲繼任為「末代將軍」。「大政奉還」後雖仍表現出想引導政局的意志，但在鳥羽伏見之戰中大敗，只能逃回江戶。

慶喜常被評為家康再世，但跟家康不同的是，慶喜沒有可稱為左右手的優秀家臣，自己本身也缺乏做為王者的德行與關懷。

維新後隱居在靜岡，熱中於攝影、狩獵等興趣。66歲冊封為公爵，最後在東京小石川的自宅病逝，享壽77歲。

## 1859年 ▶ 橫濱開港

# 橫濱開港帶來的悲喜劇

貿易一開始,就連軍艦水手也忙著兌換金與銀。日本的黃金就這樣大量流出到海外。

### 遠超過幕府想像的經濟混亂

安政5年(1858年)6月,締結《日美修好通商條約》。然後在一年後,橫濱開港,開始進行貿易。

無法預測通商開始後對經濟造成的正面與負面影響,是幕府對締結條約如此消極的原因之一。

實際上,除了已成荷蘭貿易窗口的長崎以及日本北端的箱館外,連鄰近江戶的橫濱也接著成為國際貿易港,為日本經濟帶來了遠超過政府想像的巨大衝擊。

幕府官員與商人們原先期待纖維織品、漆器、陶瓷器等工藝品可以成為輸出品,但是橫濱開港後七成以上的輸出全都是蠶絲。隨著蠶絲需求的大幅增加,以蠶絲為原料的絹布業者受到沉重打擊,整體物價也隨之上漲。

### 金與銀的匯兌是安全又確實的生意?

橫濱剛開港的時候,對外國人而言有一種可說是不勞而獲的生意。

幕府開放貿易的同時,與外國約定一年內彼此兌換同種同量的貨幣。因此外國人可先用洋銀兌換日本的一分銀(銀幣),接著用一分銀兌換一兩小判(金幣),再把一兩小判帶回本國進行兌換,就能得到將近原來三倍的洋銀。

之所以能靠匯兌就得到利益,是因為當時金銀兌換比率的差距。

江戶時代日本國內的金銀兌換比率,雖然視市場波動而有些許差異,但大概都在金1:銀5左右。江戶時代初期世界各地的比率雖然也都差不多,但墨西哥大量產銀後,銀的價格跌落,世界的金銀兌換比率慢慢變化成金1:銀15。

結果日本大量流入洋銀,相對的,大量小判(金幣)則流出國外。後世推測,此時流出去的黃金

**歷史筆記**　**橫濱開港**　條約原定神奈川為開港地,但幕府想避開神奈川這個東海道的宿場町(譯註:即為了傳驛系統而設立的町場),而改在橫濱村建造港灣設施當成貿易港口。

總額恐高達五十萬兩。

　　萬延元年（1860年）4月，幕府改鑄小判，降低含金率，才終於抑制住黃金向海外流出的情形。但如同「劣幣驅逐良幣」這個經濟學法則，含金率低的小判大量在市場流通，使日本經濟更加混亂。

## ● 開國與開港──進入世界市場

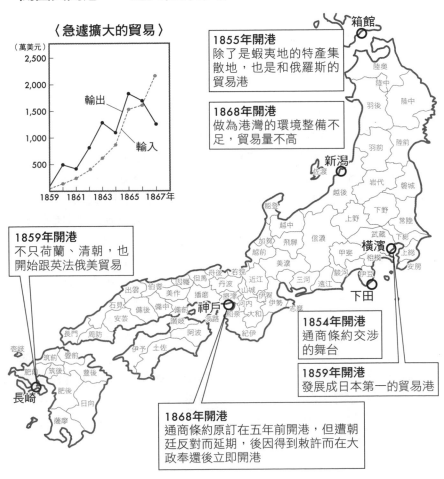

〈急遽擴大的貿易〉

（萬美元）

2,500
2,000
1,500
1,000
500

輸出
輸入

1859　1861　1863　1865　1867年

1855年開港
除了是蝦夷地的特產集散地，也是和俄羅斯的貿易港

1868年開港
做為港灣的環境整備不足，貿易量不高

1859年開港
不只荷蘭、清朝，也開始跟英法俄美貿易

1854年開港
通商條約交涉的舞台

1859年開港
發展成日本第一的貿易港

1868年開港
通商條約原訂在五年前開港，但遭朝廷反對而延期，後因得到敕許而在大政奉還後立即開港

箱館　新潟　橫濱　下田　神戶　長崎

陸奧　陸中　羽後　陸中　羽前　陸前　岩代　磐城　越後　上野　下野　常陸　武藏　下總　能登　越中　飛驒　信濃　甲斐　上總　加賀　越前　美濃　駿河　相模　安房　伊豆　但馬　丹波　山城　近江　三河　遠江　伊勢　志摩　出雲　因幡　美作　丹後　若狹　播磨　攝津　伊賀　大和　石見　伯耆　備中　備前　河內　和泉　安藝　備後　長門　周防　阿波　紀伊　壹岐　筑前　豐前　伊予　土佐　肥前　筑後　豐後　肥後　日向　薩摩

# 吉田松陰、橋本左內被斬首而死

大老井伊本想藉由恐怖統治處決反對派，穩定幕府的獨裁政權⋯⋯

## 備受期待的年輕志士之死

越前藩士橋本左內於安政5年（1858年）10月22日，在江戶町奉行所接受第一次審問。之後一年間，他共接受了七次審問。

大老井伊直弼對於身分低微的志士、藩士出入公家四處遊說的行為，以「僭越太甚」的罪名施行逮捕；對幕府而言，藩士們在公家進行遊說等於是反叛以幕府為頂點的政治體系。而在京都為擁立德川慶喜而積極活動的左內也因此再次入監。

相信自身清白的左內每次審問都回答：「我當然是為吾主松平春嶽而行動，而吾主也當然是為將軍家而行動」。左內始終認為自己問心無愧。

尊攘派志士中確實有希望將國家體制轉向朝廷中心的人。但左內之所以為了擁立慶喜而奔波，是因為他判斷為了改變現況、整頓幕府，應讓慶喜成為將軍，站在改革的最前線。所以就算他對直弼本人抱有敵意，也絕無反抗幕府的想法。

左內的主張論點清晰、有條有理，因此包含他自身在內，主君松平春嶽等越前藩相關人士都認為，就算不能無罪釋放，頂多就是流放外島而已。然而安政6年10月7日，左內卻在江戶小塚原的刑場被斬首，得年26歲。他的早逝令許多人為之惋惜。

大老井伊直弼原本已決定將左內流放外島，但後來又擅自變更為斬首極刑。站在直弼的角度，或許是無法原諒一介藩士竟敢背離自己的方針，在朝廷進行遊說吧。

## 為反抗恐怖統治而誕生的恐怖攻擊

長州藩士吉田松陰也同樣，在左內被處刑二十天後的10月27日，

**歷史筆記** **小傳馬町監獄** 慶長18年（1613年）從常盤橋搬遷以來，一直都是關押江戶周邊犯罪者的拘禁設施，直到明治維新。

在小傳馬町的監獄內遭到斬首，得年29歲。

開辦松下村塾的松陰（參見69頁）在前一年的6月，曾由長州藩發交幕府，接受幕府官員審訊。當時松陰自白曾想直接找老中間部詮勝控訴，因而被幕府以不敬罪判刑。刑罰原本與左內相同都只是流放，

但井伊直弼都擅自改成了死刑。

直弼企圖用嚴懲敵對者的方式鞏固權力，重整以幕府為中心的政治體制，但是幕府的獨裁只是激起知識分子的反抗。這場「安政大獄」便是後來引發「櫻田門外之變」的最大原因。

## ●「安政大獄」大劇場

| 序幕　將軍繼嗣抗爭 | 第1幕　譴責、處分一橋派大名 | 第2幕　調查、處決志士們 | 終幕　櫻田門外之變 |
|---|---|---|---|
| 一橋派與南紀派激烈對立。最後以井伊直弼就任大老做結，南紀派勝利。 | **1858年7月**<br>井伊大老從政界強勢流放一橋派大名<br>德川齊昭（前水戶藩主）謹慎<br>德川慶勝（尾張藩主）隱居、謹慎<br>德川慶喜（一橋家家主）隱居、謹慎<br>松平春嶽（越前藩主）隱居、謹慎 | **9月**<br>京都所司代受井伊大老命令，逮捕在京都活動的志士們<br>梅田雲濱（尊攘派志士）死於獄中<br>**1859年1月～**<br>江戶的反井伊派也遭到逮捕並受到嚴厲懲處<br>橋本左內（越前藩士）斬首<br>吉田松陰（長州藩士）斬首<br>安島帶刀（水戶藩士）切腹<br>追加處分<br>德川慶喜（一橋家家主）隱居、謹慎<br>鷹司政通（前關白）謹慎<br>山內容堂（前土佐藩主）謹慎 | **1860年3月**<br>為反抗暴政，水戶脫藩浪士實行大老襲擊計畫 |

# 咸臨丸橫越太平洋
# 算得上是偉大的事蹟嗎？

雖說有船上美國海軍官兵的幫助，但橫越太平洋仍是一項壯舉。

## 咸臨丸只比普通漁船大一點！

　　大老井伊直弼壓制反對派意見，強勢簽訂《日美修好通商條約》後，就必須要派遣使節前往美國。正使新見正興雖決定搭乘美國軍艦，但有人提出不妨讓幕府艦隊其中一艘船隨行，橫越太平洋看看的想法。

　　雖然多數的幕府大人物都消極地認為，要是船沉在暴風雨中的話國家可就顏面盡失了，但最後還是決定要實行這項壯舉。

　　橫越太平洋的蒸汽船咸臨丸，排水量約六百三十噸。用現代的船來比喻，只是一艘稍大的漁船，大小只有佩里艦隊旗艦薩斯喀那號的四分之一。

　　咸臨丸在萬延元年（安政7年、1860年）1月22日，從浦賀港出發前往舊金山。

## 多管閒事的幕府高層

　　咸臨丸上也載有美國海軍的官兵，這些官兵在日本近海測量時因觸礁失去了自己的船，所以為了回國而搭便船。

　　咸臨丸艦長勝海舟等人都只把這些美國官兵當成客人，但其實他們曾受幕府官員所託，希望能指導航海技術還不甚熟練的日本人。雖然對海舟而言是多管閒事，但美國人認為日本人的開船技術不可能會很好，所以凡事都會指點一下，這些海上男兒最後還是打成了一片，彼此合作、協助。

　　不論如何，咸臨丸平安在2月22日抵達舊金山。雖說多少借助了美國人的力量，但還是成功完成橫越太平洋的壯舉。

---

**蒸汽船**　幕末當時的蒸汽船跟帆船一樣利用風力推動。蒸汽機只在戰鬥、逆風或出入港時才啟動。

## 為何日本人能在短時間內橫越太平洋？

在黑船來航時，絕大多數日本人都只能瞠目結舌、驚慌失措。然而在六年半後，咸臨丸雖只有黑船四分之一大，但日本人還是搭上西洋蒸汽船，成功橫越太平洋。在這短短的六年半間，日本人就購入蒸汽船，從荷蘭人身上學會操縱，建立起近代海軍。

海舟在黑船到來前，就已經從荷蘭書上得知蒸汽式船艦的存在；正因為一些有志之士早就知道黑船的存在與船體基本結構，所以才能在六年半內就創設好海軍的雛形。蘭學者們一邊忍受打壓，一邊追求西方先進科學技術，因為有他們默默努力，才讓咸臨丸能破浪而出，完成橫越太平洋的壯舉。

## ● 咸臨丸的性能與歷史

```
1856  在荷蘭國內的造船廠開工
1857  完工，回航日本
1860  橫越太平洋
1861  開拓小笠原
1868  雖然加入榎本艦隊但在常陸地區的海
      面遇難，於清水港被新政府軍扣押
1870  在北海道遇難沉沒
```

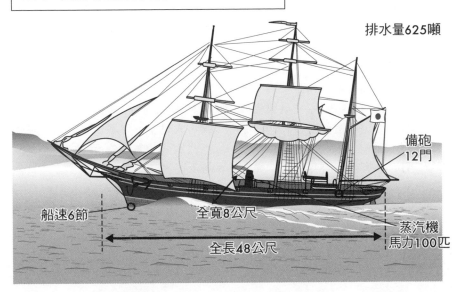

排水量625噸

備砲12門

蒸汽機馬力100匹

船速6節

全寬8公尺

全長48公尺

# 福澤諭吉討厭勝海舟的理由

諭吉始終很討厭蘭學前輩勝海舟，到了明治時期還繼續著述批判海舟！

## 福澤狠批勝是暈船水手！

福澤諭吉雖然也同樣搭上咸臨丸橫越太平洋，但在自傳《福翁自傳》裡批評勝海舟「極易暈船，在航行時等同病患，連自己房門都踏不出去」。然而海舟雖被福澤說暈船暈到無法動彈，但其不論遇到幾次暴風雨，都有負起做為掌舵者的職責，絕不是個會暈船的人。

福澤與海舟同樣都是有志於蘭學的前後輩，理當意氣相投，但事實上福澤一直都很討厭海舟，而海舟也同樣嫌棄福澤。

福澤之所以討厭海舟是有原因的。

慶應3年（1867年），福澤前往美國，當時他用幕府的公費購入大量自己想要的書籍。原先就與福澤不合的海舟知道這件事後，便對福澤抱有「貪錢的男人」這種印象。

明治11年（1878年），福澤主辦的慶應義塾經營不善，遂前往拜訪握有德川家資金的海舟，希望他提供融資。但海舟卻以「我才不會借錢給不賣自己房子（三田），沒有衣不蔽體覺悟的男人」的說詞拒絕了福澤。

此事之後，兩人關係已不可能修復，福澤徹底地厭惡海舟。

## 福澤用《含淚逞強之說》攻擊海舟

福澤在明治24年（1891年）撰寫了《含淚逞強之說》這份評論，並送到海舟那要他反駁。內容大意如下：

「德川家面對薩長不戰而降有違武士道精神。就算明知不敵，也應該貫徹三河武士視死如歸的信念，不能不含淚逞強。而榎本武揚、大鳥圭介等舊幕臣，竟仕於明治政府，成為顯貴高官，這也同樣違反逞強精神」

海舟本不想理會，但福澤卻

**歷史筆記** 　**《福翁自傳》**　福澤諭吉64歲時以口述記下的自傳。文體簡單清晰，是了解福澤個性與他波瀾壯闊人生不可或缺的重要資料。

又來信催促，只好回覆：「仕隱進退雖由我自己決定，但批評與否亦是你的自由」（出入世間由我，毀譽皆他人主張）。信的內容雖然簡潔，但字裡行間無不透露出海舟對福澤「學者懂什麼」的嫌惡感。

福澤之後即使收到新政府的邀請，也始終「含淚逞強」，一生都未再出仕。然而雖說福澤在幕府垮台時是隸屬外國奉行的幕臣，但論責任輕重，與海舟可說是天差地遠。

若試著推測海舟的心情，想必會是「福澤你一介學者哪懂我的辛勞」吧。

## ● 福澤諭吉年表──以與海舟的對立事件為主軸

| 年份 | 事件 | 備註 |
|---|---|---|
| 1834年 | 於大坂誕生，父親為中津藩士。 | 比海舟小11歲 |
| 1855年 | 在緒方洪庵的「適適齋塾」學習 | 學習蘭學、開設私塾而受到幕府任用的官場之路與海舟類似 |
| 1859年 | 在江戶築地開設蘭學塾 | |
| 1860年 | 搭乘咸臨丸渡美。從中津藩轉而出仕幕府 | |
| 1861年 | 與遣歐使節同行 | 因屬幕府再建派，厭惡凡事聽從新政府的海舟 |
| 1864年 | 正式成為幕臣 | |
| 1866年 | 出版《西洋事情》，成為熱銷書 | |
| 1867年 | 第二次渡美　挪用公款？ | |
| 1868年 | 將自身開辦的私塾命名為「慶應義塾」 | |
| 1878年 | 借錢遭拒，對海舟懷恨在心 | |
| 1879年 | 在松平春嶽宅邸與海舟起口角 | 一般認為海舟沒把他當一回事 |
| 1885年 | 在蘭學者會議上與海舟吵架 | |
| 1892年 | 把《含淚逞強之說》寄去給海舟，希望他批評但海舟默不作聲 | 用「海舟易暈船」的謊言削弱他的聲望？ |
| 1899年 | 海舟病逝，出版《福翁自傳》 | |
| 1901年 | 公開發行《含淚逞強之說》，病逝 | 批判海舟的最後一招？ |

# 水戶家脫藩浪士
# 襲擊井伊大老的真正原因

「安政大獄」招來志士們的仇恨，井伊雖已感到將被暗殺的危機，卻仍守不住自己的性命。

## 為何井伊不加強警備？

「安政大獄」裡，水戶藩家老安島帶刀等四名藩士都被處死，德川齊昭了解他在政爭中已敗給井伊直弼，因此向水戶藩內的激進派喊話，希望他們能自重。然而激進派卻覺得「主公也已垂老」，並未改變對井伊的敵對態度。

以關鐵之助為首的十七名水戶藩士，決意暗殺井伊大老而脫藩。萬延元年（安政7年，1860年）3月3日，他們與脫離薩摩藩的有村次左衛門一同埋伏在櫻田門外，準備暗殺將在桃子節進城的直弼。

直弼其實也收到有人要行刺的情報。但是保守的直弼以「應當遵從幕法規定的隊伍排序」為理由，並未加強周遭警備。

因此，早春大雪還未落盡，直弼的隊伍就被總計十八人的暗殺集團給擊潰。

直弼被襲擊時，其實可以盡早下轎逃開或是拔刀抵抗，但直弼仍然貫徹自我信念，認為事關幕府威信，大老豈能顯露慌亂之姿，因而未發揮他擅長的居合術，就在轎內被有村次左衛門斬殺。

## 德川齊昭是受到報復而被暗殺的嗎？

直弼在櫻田門外被斬殺的情況，不只水戶浪士、彥根藩士等當事者，附近住家內的武士與經過的民眾都目擊了直弼被梟首的過程。

縱使如此，官方仍將事件粉飾成直弼是負傷後病逝的；首先找到頭顱，緊急帶往藩邸內請醫師把頭跟身體縫合，隱瞞直弼被斬首的事實。幕府派遣的驗屍官雖然一看就知道死因，但仍聽從彥根藩的請求

**歷史筆記** **關鐵之助（1824～1862）** 水戶藩尊攘激進派的核心人物。櫻田門外之變後雖潛伏各地，最終仍在江戶被逮捕並於小傳馬町監獄處刑。

通報為病死。失去直弼這個獨裁者的幕府高層認為，若承認大老是被殺害的，可能會引起彥根藩跟水戶藩的全面戰爭，所以隱瞞直弼被暗殺的事實，謊稱其病死。

水戶浪士們雖沒有攻擊幕府的意願，但大老遭到暗殺，間接使幕府的權威暴跌。這場「櫻田門外之變」，把日本帶向動亂的時代。

直弼的政敵齊昭，也隨即在五個月後的8月15日，於水戶城內驟逝。死因似乎是心肌梗塞，但也傳出是遭到彥根藩刺客暗殺的謠言。

## ● 櫻田門外之變的對立構圖

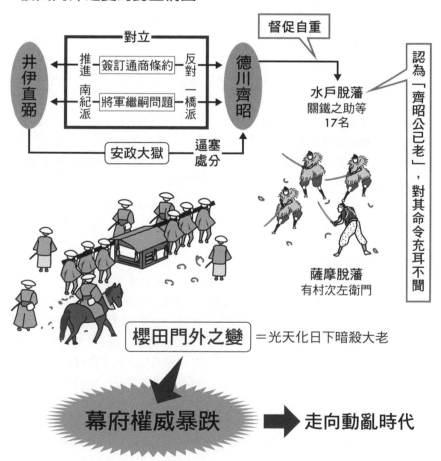

# 點綴幕末維新的 人物群像

## 【 井伊直弼 ◆1815～1860

### 誤判時勢的赤鬼

　　為彥根藩主井伊直中的第十四子。青年時代過著日日鑽研禪、居合術、茶道、國學的生活。雖然他所研究的國學跟尊王攘夷論有密切關係，但在現實政策面上，看不出來直弼身為國學家的姿態。36歲成為兄長直亮的繼任者，就任藩主。

　　佩里來航時，他曾有過「為迴避與西方列強的戰爭，不得已必須開國」的開國論主張。在將軍繼嗣問題上擁立紀州藩主德川慶福，與德川齊昭展開激烈的權力鬥爭。

　　44歲就任大老後，憑恃強大的權力扳倒反對勢力，亦未經天皇許可擅自締結《日美修好通商條約》。雖為了強化幕府權力而盡心盡力，卻在櫻田門外遭水戶浪士暗殺，享年46歲。死後彥根藩因被追究其大老在任中的錯誤政策，遭到減封10萬石的處分。

## 【 湯森‧哈里斯（Townsend Harris） ◆1804～1878

### 引領日本開國的外交官

　　生於美國紐約州的農家。小學畢業後就立志成為商人而前往紐約市。歷經教育家、牧師、地方政治家等各種職業，最後以貿易商身分往來亞洲各地。

　　45歲後開始有想成為外交官的想法，在51歲時受皮爾斯總統之令，成為首任駐日美國公使。安政3年（1856年）7月抵達下田，之後便不斷與幕府進行通商條約的交涉。最後成功於隔年6月簽訂《日美修好通商條約》。

　　幕府官員為了攏絡哈里斯，曾派遣年輕女性到領事館，聲稱要幫他打理生活。不過哈里斯是虔誠基督徒，所以並未中計。

　　後來，美國的政權從皮爾斯的民主黨轉移到林肯的共和黨，哈里斯本人也因為身體不適，所以在57歲時歸國。之後將餘生奉獻給慈善事業，於73歲病逝。

# 孝明天皇 ◆1831～1866

## 厭惡外國人與倒幕運動的天子

名為統仁，是仁孝天皇的第四子。4歲成為皇太子，15歲時因父親過世而即位為第121代天皇。幕府本想利用朝廷權威實行開國，但厭惡外國人的天皇並未給予幕府開國敕許。

之後尊王攘夷的志士們皆以攘夷為天皇意志的名義，逼迫幕府進行攘夷。然而天皇本身並不希望改革，而是希望保持幕府為頂點的體制。他支持公武合體政策，也為此把妹妹和宮下嫁給十四代將軍家茂，力求強化與幕府的關係。

天皇私底下非常信任京都守護職松平容保。雖然基本上還是討厭外國人，但他後期也理解到正是因為自己強烈主張攘夷，才會把幕府逼到窮途末路。

孝明天皇在德川慶喜就任十五代將軍後隨即病逝，享年36歲。有傳言是因天皇為慶喜的強大後盾，而被討幕派的岩倉具視等人毒殺。

# 安藤信正 ◆1819～1871

## 公武合體運動的領頭羊

平藩主安藤信由的嫡長子。29歲就任藩主，40歲受命成為若年寄，為大老井伊直弼的支持者。42歲被提拔成為老中，「櫻田門外之變」後與久世廣周共同建立聯合政權。

為了實現直弼生前想推動的將軍家與天皇家的政治婚姻而努力。在成功促成孝明天皇之妹和宮與十四代將軍家茂的婚姻後，卻在坂下門外之變中負傷，不得不辭去老中職務。

信正為了重建因櫻田門外之變而聲望墜地的幕府權威，大力推動「公武合體政策」。由於信正政治手段強硬，遭致尊王攘夷派的反感，因此受到襲擊而斷送他的政治生命。

之後因老中在職時的弊政而被處以謹慎之罰。雖然一度獲得赦免，但因為戊辰戰爭時隸屬「奧羽越列藩同盟」，所以再度受到新政府的謹慎處分。

# 幕末的「化政文化」很頹廢？

　　文化到文政年間（1804～1830年）通稱為化政期。這個時代興起的「化政文化」對照江戶時代前期的「元祿文化」，有著極為不同的特色。

　　江戶時代後期，文化的發源地從上方地區（京阪地區）轉移到江戶。相較於豪壯華麗的元祿文化，化政文化雖被認為頹廢，但其實產出了許多充滿創造力的藝術作品。

　　化政文化的中心是商人與一般大眾。如歌舞伎便是由市川團十郎、尾上菊五郎等名號一直沿用至今日的名演員們確立其做為娛樂難以撼動的地位。

　　在演藝世界中，觀劇席位裡有臨時工也付得起的位置，因而普及到庶民生活中；文學上，山東京傳、式亭三馬、曲亭（瀧澤）馬琴等人發表許多作品，得到庶民支持。這件事也證明了日本人的識字率相當高。

　　太田南畝、小林一茶、良寬等寫出優秀的和歌及俳句作品；浮世繪界則有葛飾北齋及歌川（安藤）廣重的活躍與推廣。以上都是化政時代的燦爛創舉。

　　化政文化的發展幾乎沒有受到海外的影響，不過開國後西方文物大量湧入，為日本的文化史帶來新的發展；到了明治維新，文明開化時代來臨，如同和服配上枴杖與洋風帽子的穿搭風格，誕生了和洋折衷的嶄新文化。

# 第3章

尊王攘夷的風暴——志士們的活躍與挫折

坂本龍馬　板垣退助

中岡慎太郎　高杉晋作

# 幕末動亂時代
# 並不只是思想上的對立！？

## 僅憑佐幕開國與尊王攘夷無法說明清楚

幕末的動亂常以「佐幕開國」與「尊王攘夷」兩個對立的政治思想來解說其時代流變。

佐幕的「佐」為輔佐、幫助的意思，幕府支持派推崇幕府決定的開國路線，所以稱為佐幕開國派。相對地，反對幕府開國路線的反幕府派，主張拒絕與外國接觸的攘夷（驅逐外國人）論，希望國家能改革成以天皇為中心的國家體制（尊王），所以稱做尊王攘夷派。

然而雖然統稱為攘夷，但其中卻包含了把外國人視為野獸的盲目排外主義者，以及了解西方文明的先進，為了解決被列強殖民危機而主張攘夷的志士，可說是龍蛇混雜。此外說是開國，但幕府高層也多是想繼續維持鎖國體制，屈於壓力才不得不開國的保守主義者。

針對尊王與佐幕，當時知識分子普遍認為「以天皇為中心統合國家，並改革由幕府支配的體制」才是最佳辦法。

此外亦有想透過強化、協調朝廷（公）與將軍（武）關係來對應國難的「公武合體派」；不論是尊王對佐幕，還是開國對攘夷，都並非可以單純分為兩極的政治思想。尊王攘夷跟佐幕開國，與其說是純粹的思想或哲學，理解成表面說辭或行動名義的話，就能清楚了解幕末動亂的演變。

## 時代的主角瞬息萬變

由於黑船來航與櫻田門外之變，使得磐石般穩固的幕府統治也因此動搖。以薩摩藩和長州藩為首，尊攘志士們開始想取得世局的主導權。

從結果來看，在坂本龍馬的斡旋下，由薩摩與長州攜手成立的「薩長同盟」最後扳倒了幕府。

但文久3年（1863年）的「八月十八日政變」，發生了薩摩藩與幕府支持派的會津藩聯手將尊攘派的長州藩從京都政界驅逐出去的事件。

薩摩的大久保利通察覺到京都政界的實權將被長州藩掌握的危機，為了把主導權奪回自己手中，所以策劃了政變並實行。

在這之後，又因為判斷與暫且退出政治舞台的長州藩合作，對擊敗幕府比較有利，所以締結了薩長同盟。幕末動亂的演變，若以現實主義者大久保為中心來思考，應能從中看出事件的本質。

# 公主和宮與將軍家茂的夫妻關係？

和宮雖被迫放棄跟有栖川宮的婚約，為了政治婚姻下嫁將軍家茂……

## 為恢復幕權而打出的公武合體政策

「櫻田門外之變」（參見96頁）後，久世廣周與安藤信正兩名老中領導幕府建立了聯合政權。久世為偏向一橋派的鴿派，而安藤則是尊崇井伊大老的鷹派。雖然主席老中是由久世擔任，但幕政實權卻掌握在安藤手上。

安藤為了恢復因櫻田門外之變而暴跌的幕府信譽，推動了公武合體政策。

公武合體政策著眼於消解國內動亂，其支持者稱為公武合體派。「公」指的是朝廷，「武」指的是幕府，但雖說要彼此融合，有人認為該由幕府併吞朝廷，也有人持相反意見。

安藤的公武合體具體來說就是透過婚姻關係結合天皇家與將軍家，目的是讓幕府能重建權力。而將軍家茂的正室候補人選為孝明天皇的妹妹和宮。井伊大老生前原就有公武合體的想法，繼任的安藤承接並完成了井伊的遺志。

和宮與家茂同年，皆為15歲。因為和宮已和皇族有栖川宮熾仁親王訂有婚約，所以孝明天皇原是反對將妹妹送去江戶，但因幕府向天皇保證一定會努力實行攘夷，所以在萬延元年（1860年）10月，正式訂立天皇家與將軍家的婚約。

## 政治婚姻中誕生的夫妻情誼

和宮本身對於與將軍家茂結婚這件事是表示反對的。

然而孝明天皇雖有前年剛生下來的女兒，可實在太過年幼，只能拼命說服和宮。最後和宮因不願再造成兄長困擾，只好答應下嫁到關東。

文久元年（1861年）10月20日，和宮的出嫁陣仗從京都出發，11月15日抵達江戶，婚禮則在隔年2

**歷史筆記** **有栖川宮熾仁親王（1835～1895）** 戊辰戰爭中做為東征軍總督指揮新政府軍。維新後以皇族重要人士的身分擔任內閣及軍部要職。

月舉行。

　　天皇在和宮下嫁時，要幕府擔保和宮就算身處江戶大奧，也必須有和京都一樣的生活環境。然而即使幕閣同意，大奧的「御局」們仍想用自己的方式重新管教和宮，使得和宮每天鬱鬱寡歡。不過由於丈夫家茂非常關心從都城嫁來的和宮，所以就算是政治婚姻，兩人的夫妻關係仍然和睦恩愛。

　　家茂死後（參見138頁），和宮活到明治10年（1877年）32歲病逝。據考證她曾命人把亡夫家茂的照片埋在自己的墓中。

## ● 公武合體運動的架構

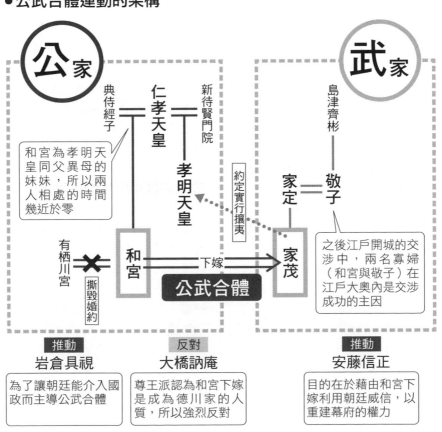

公家　　　　　　　　　　　　　　武家

典侍經子　仁孝天皇　新待賢門院　　　島津齊彬

和宮為孝明天皇同父異母的妹妹，所以兩人相處的時間幾近於零

孝明天皇　　　約定實行攘夷

家定　敬子

有栖川宮　✕　和宮　下嫁　家茂

撕毀婚約

公武合體

之後江戶開城的交涉中，兩名寡婦（和宮與敬子）在江戶大奧內是交涉成功的主因

| 推動 | 反對 | 推動 |
|---|---|---|
| 岩倉具視 | 大橋訥庵 | 安藤信正 |
| 為了讓朝廷能介入國政而主導公武合體 | 尊王派認為和宮下嫁是成為德川家的人質，所以強烈反對 | 目的在於藉由和宮下嫁利用朝廷威信，以重建幕府的權力 |

# 因幕閣襲擊事件幕府威信再度暴跌！

幕府原想透過「公武合體」重建已經搖搖欲墜的結構體系，
然而卻再次發生老中襲擊事件，重挫威信！

## 和宮下嫁引發的慘劇

老中安藤信正努力修補因櫻田門外之變而失墜的幕府權威，藉由促成和宮下嫁一事取得了初步成效。但信正卻在文久2年（1862年）1月15日，於坂下門外被六名浪士襲擊受傷（坂下門外之變）。

櫻田門外之變後，安藤等其他幕府要人都加強了周遭的警備體制，因此六名襲擊者全被斬殺，然而過程中卻還是讓其中一人接近轎子並將刀刺入轎中，使閃躲不及的安藤手部負傷。雖然傷勢沒有大礙，但他仍在四月被罷免，結束了政治生命。

從襲擊者懷中搜出寫有以下內容的斬奸狀（記有斬除惡人理由的狀書）：「安藤以和宮為質，不僅意圖得到通商條約敕許，還策劃逼宮孝明天皇」

然而安藤老中並未有那種企圖，和宮下嫁也是在孝明天皇的允許下進行，即使如此尊攘派志士還是深信和宮下嫁是幕府強逼、違反天皇意志的結果。

天皇是憑自己意志讓和宮下嫁的，而志士不了解背後成因就反對和宮下嫁可說相當的不合情理。不只此事件，尊攘派志士大多都不願理解孝明天皇的真正想法，只是扭曲他的說詞以符合自己的政治理念。

## 失墜的幕府權威

起草斬奸狀的人最有可能是事件首謀大橋訥庵。大橋本身在事件的三天前被逮捕、審訊。坂下門外之變後大橋雖被釋放，但縱觀來看就是幕府逮捕了首謀，也知道會有襲擊，不僅無法防範於未然，甚至在警備森嚴的情況下，仍讓保護對象負傷。可說幕府整個組織已經完全腐鏽，各個環節的螺絲全都鬆脫了。

---

**歷史筆記** **久世廣周（1819～1864）** 關宿藩主。相對幕府內部的強硬派，久世就任老中後，做為穩健派代表人物牽動幕末政界。老中辭職後病逝。

　　坂下門外之變再次造成幕府權威暴跌。而且連續兩位掌權者受到襲擊，若是懂得判讀情勢的人，都會認為進入幕閣中心是件愚蠢的事。在這之後，擔任老中這個要職的人，不是徒有野心的無能者，就是優點只有個性好的傻瓜，或是有政治手腕卻沒有責任感的政客，盡是沒有領導能力的人。幕府的威信就這樣直墜，再也無人能挽回。

## ●幕閣首領的變遷與幕權失墜

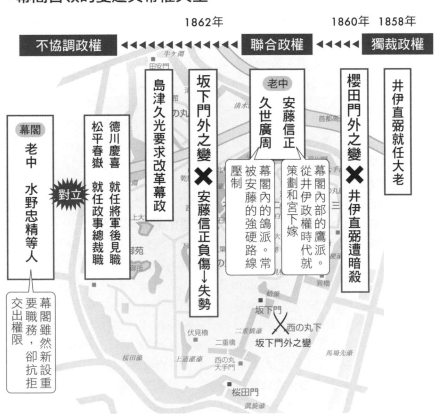

# 外國人殺傷事件造成的反效果

攘夷派志士們雖積極進行「斬殺外人」的行動，但這反而令幕府必須支付高額賠償金而更加衰弱！

## 威脅外國人的鋒利日本刀

西方人因日本開國而留駐後，攘夷派志士對這些外國人發動了名為「天誅」的恐怖攻擊。安政6年（1859年）7月，兩名俄國士兵遭到斬殺之後，外國人殺傷事件便開始頻頻發生。

英國公使阿禮國曾在自己的見聞錄記下「斬殺外人」的恐怖：「所有武士都帶著名為katana（武士刀）的可怕武器，從腰帶突出衣服外」

日本武士憑藉階級特權，在腰上可配戴一大一小兩把武士刀，走在路上隨時都能變成暗殺者。此外日本刀的鋒利可謂世界之最，所以留駐日本的外國人對武士及武士刀都抱著莫大恐懼。

文久元年（1861年）5月28日，位於江戶高輪東禪寺的英國公使館被水戶脫藩浪士突襲，兩名英國人負傷。阿禮國親眼目睹浪士與警備武士之間的亂鬥，在著作《大君之都》中記下感想：「遠望著被砍得破碎不堪的可怖屍體，我感受到恐懼與厭惡交織的顫慄感」。

## 為何幕府答應支付賠償金？

每當外國人殺傷事件發生，幕府不僅要向各國公使賠罪，還得支付賠償金。攘夷志士指責幕府的態度太過怯弱的同時，並未停下斬殺外國人的行為。

站在幕府立場，既與外國簽訂條約，便有保護在日外國人安全的義務，因此外國人遭到殺傷當然必須負責賠償。而且也能想像列強公使們為了保護自身安全，會要求能常駐軍隊或確保駐紮地；一旦列強的駐紮地擴大，日本變成殖民地的危機就會更加嚴重。

一部分攘夷志士雖有透過斬殺外國人弱化幕府的算計，但多數人只是單純厭惡外國人才進行恐怖攻

---

**歷史筆記** 《大君之都》 英國公使阿禮國的日本見聞錄。透過他身為外交官的敏銳洞察力記下了當時日本的國情。

擊，未能理解到自己的行為不僅給幕府，也給日本帶來莫大的危機。

同樣都稱作攘夷，厭惡外國人而斬殺是攘夷，為了能跟外國勢力平起平坐而尋求改革也是攘夷。

就結果而言，盲目的攘夷活動最後漸趨平息，而重視改革的攘夷思想，則由明治政府接手繼續努力。

## ●1860年代發生的外人斬殺事件

| 發生時間 | 事件名 | 犯人 | 賠償金 |
|---|---|---|---|
| 1859年7月 | 俄羅斯士兵殺傷⋯⋯⋯⋯⋯⋯⋯⋯ | 水戶藩士 | |
| 1860年12月 | 赫斯肯暗殺事件⋯⋯⋯⋯⋯⋯⋯ | 薩摩藩士 | 1萬美元 |
| | 駐日美國公使館翻譯赫斯肯在傍晚騎馬時被斬殺 | | |
| 1861年5月 | 第一次東禪寺事件⋯⋯⋯⋯⋯⋯ | 水戶脫藩浪士 | 1萬美元 |
| | 兩名外國傷者。負責警備的日本人中多人傷亡。 | | |
| 1862年5月 | 第二次東禪寺事件⋯⋯⋯⋯⋯⋯ | 松本藩士 | 4萬美元 |
| | 在公使館擔任警備的松本藩士引起的內部犯案 | | |
| 1862年8月 | 生麥事件⋯⋯⋯⋯⋯⋯⋯⋯⋯⋯ | 薩摩藩士 | 44萬美元 |
| 1862年12月 | 御殿山縱火事件⋯⋯⋯⋯⋯⋯⋯ | 長州藩士 | |
| | 高杉晉作等人用火藥燒毀動工中的英國公使館 | | |
| 1867年7月 | 長崎水兵殺害事件⋯⋯⋯⋯⋯⋯ | 福岡藩士 | |
| | 海援隊隊士一度被認為是兇手，但在一年後找到真兇 | | |
| 1868年1月 | 神戶事件⋯⋯⋯⋯⋯⋯⋯⋯⋯⋯ | 岡山藩士 | |
| | 岡山藩兵與暫駐神戶的外國部隊的衝突事件。最後以岡山藩負責人切腹做結 | | |
| 1868年2月 | 堺事件⋯⋯⋯⋯⋯⋯⋯⋯⋯⋯⋯ | 土佐藩士 | 15萬美元 |
| | 土佐藩兵與法國海軍的衝突事件。法國死者共十一人，最後同人數的土佐藩士切腹做結 | | |
| | 洛中巴夏禮襲擊事件⋯⋯⋯⋯⋯ | 僧侶等 | |
| | 在現場陪同的後藤象二郎等人奮鬥下成功保護英國公使巴夏禮，護送他回到住處 | | |

# 催生新選組的時代背景

隨著幕府喪失權威，京都市街上也開始盛行尊攘派的恐怖攻擊。幕府為了與之對抗成立了「新選組」。

## 為何京都會盛行名為天誅的恐怖攻擊？

自幕府要求朝廷承認通商條約卻遭拒以來（參見80頁），以天皇為中心的朝廷愈加受到矚目，政治中心漸漸從江戶移往京都。

於是提倡尊王攘夷的志士們暗地裡與公家接觸，試圖將自己的主張獻給朝廷。從諸藩下級武士、富農、商家子弟，到平日生活難以為繼的浪人都自稱志士四處橫行。對此大老井伊直弼以「僭越之舉」的名義進行鎮壓，逮捕志士並處以斬首、切腹等重刑。

雖然這場稱為「安政大獄」的政治鎮壓逼得志士們不得不潛伏躲藏，但之後隨「櫻田門外之變」大老井伊被斬首，時勢又再度起變化，尊攘派志士重新在京都活躍。

尊攘派志士對於與自己思想主張不同的人或外國人，常高呼「天誅」名義進行恐怖攻擊。所謂天誅指的是代替上天予以討伐的意思，但他們其實只是假托天意實行自己的主張，不斷引發血腥的慘劇。

## 成立新選組的過程

幕府為了維護京都治安，命會津藩主松平容保擔任新設官職「京都守護職」。容保於文久2年（1862年）12月前往京都，做為京都守護職開始工作。

起初容保打算與志士對話，企圖打開當下的局面，但即使容保呼籲停止天誅，志士們的活動也未見止息。因此，他命令旗下的會津藩兵巡邏洛中（京都市內），逮捕進行恐怖攻擊的志士。與此同時，他也允許士兵若遭遇反抗，可逕行斬殺。

然而即便會津藩兵一再巡邏，志士們還是可以穿過警戒網進行天誅。容保不得不改變方針，成立專門取締志士的新組織，最後誕生的

> **歷史筆記** 近藤勇（1834～1868） 新選組局長，與副長土方歲三合作成立新選組，取締尊攘派志士。

便是「新選組」（新撰組）。

尊攘派的清河八郎為了實現攘夷，曾組成浪士組，但近藤勇與土方歲三等人因不認同清河的方針而脫離，最後組成新選組。幕府與會津藩原本的取締活動無法應對以打遊擊戰為主的恐怖攻擊，所以為了維護京都治安，需要另外成立特別組織來與之相抗。

此後新選組與尊攘派志士間便展開一連串壯烈的纏鬥，然而其嚴酷的取締方針也引起許多反抗與糾紛。

## ●新選組的組織圖

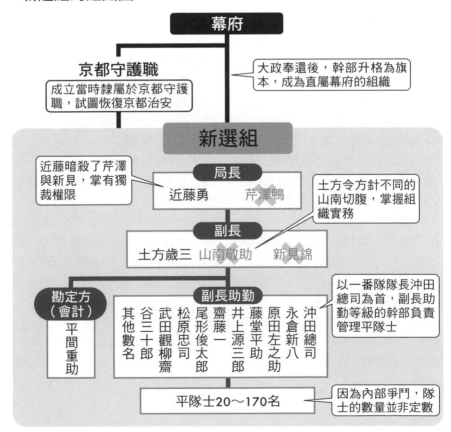

# 尊攘志士登上政治舞台！

信奉尊王攘夷思想的志士們隨著幕府衰敗，走上時代的舞台。

## 要求攘夷是欺負幕府？

尊攘志士雖然批判幕府對列強的態度軟弱，但原本並沒有要打倒幕府的意圖，只是期待幕府能為了日本的未來徹底改革體制。然而發生櫻田門外之變與坂下門外之變後，使志士們開始懷疑幕府政權的絕對性。

文久2年（1862年）4月，薩摩的島津久光舉兵進京，隨後與敕使一同前往江戶，要求幕府實行幕政改革。幕府不得不在人事面上讓步、新建體制，如令德川慶喜擔任將軍後見職。同時幕府也反省之前未經朝廷許可就擅自締結通商條約之事，承諾之後將不再與各國進行交易。

站在幕府立場，斷絕交易實不可能，此舉只是為了爭取時間以說服朝廷，然而對尊攘志士而言，這個攘夷承諾卻是逼迫幕府的絕佳題材。

長州藩的久坂玄瑞、土佐藩的武市半平太、浪士平野國臣等人各懷想法，在京都暗自活躍並接觸公家，以期能一展自己的抱負。

## 多數尊攘派志士都是無根浪人

尊攘派志士大多沒有思考到倒幕這一步，但平野國臣卻認為應由天皇親政，必須打倒德川家。話雖如此，他的計謀跟由比正雪的反叛計畫（1651年擬定的倒幕活動，但隨即被平定）沒什麼差異，只是個妄想。

此時的尊攘派對未來政權沒有任何構思，也沒有負起政權的能力，但他們仍透過公家站上政治舞台。然而逼迫幕府實行不可能的攘夷，也只是想藉由削弱幕府權威沉浸在施虐的快感中而已。

尊攘志士中有些人以藩為靠山進行活動，有些則像出羽庄內富農出身的清河八郎、平野國臣般，用

**歷史筆記** 由比正雪（1605～1651）　因幕府欲壓制大名的政策而決意造反，卻東窗事發遭到圍捕，最後自戕身亡。

自己的力量與三寸不爛之舌推動時代。無法否定幕府權威衰落跟尊攘志士的活動有密切關係。但話說回來，「八月十八日政變」（參見120頁）的爆發，也讓人了解志士們的團結始終有其極限。

## ●尊攘派志士的活躍與悲劇結尾

①生歿年　②出身　③職業　④革命戰略　⑤死因

| 清河八郎 | ①1830～1863<br>②出羽<br>③富農<br>④借用幕府力量設立浪士組襲擊橫濱港，成為攘夷先驅<br>⑤在江戶被幕臣佐佐木只三郎暗殺 | 平野國臣 | ①1828～1864<br>②筑前<br>③福岡藩足輕<br>④利用大和行幸政策崛起，奉孝明天皇之命實行攘夷<br>⑤在生野之變中戰敗被捕，禁門之變時被斬於獄中 |
| --- | --- | --- | --- |
| 宮部鼎藏 | ①1820～1864<br>②肥後<br>③醫師<br>④襲擊京都御所。挾天皇發起討幕軍<br>⑤在京都池田屋開會中被新選組突襲，自殺身亡 | 真木和泉 | ①1813～1864<br>②筑前<br>③神官<br>④從幕府手上奪取大坂城，結集全國志士打倒幕府<br>⑤敗於禁門之變，撤退到天王山後自殺 |
| 久坂玄瑞 | ①1840～1864<br>②長門<br>③長州藩醫<br>④奉天皇之命實行攘夷，將日本統治權從幕府移交到朝廷<br>⑤敗於禁門之變而自殺 | 武市半平太 | ①1829～1865<br>②土佐<br>③土佐藩士<br>④掌握土佐藩實權，藉土佐藩之力實行攘夷<br>⑤因藩內反對勢力而失勢，受命切腹 |

## 1863年 設立神戶海軍操練所

# 培育西日本精銳的神戶海軍操練所

雖因情勢變化開辦不久便關閉，但仍然培育出如首任聯合艦隊司令等眾多頂尖人才。

### 直接與將軍家茂談判獲得許可

　　文久3年（1863年）4月23日，前往京都途中的十四代將軍德川家茂，為了巡視大坂灣周邊的防衛體制而登上幕府海軍的「順動丸」。當時勝海舟向少年將軍請求設立全新的海軍士官培育所，並得到家茂允許。

　　海舟計劃將海軍士官的培育所設在上方地區，而即將開港的神戶就被選為候補地。

　　江戶築地雖已有軍艦操練所在培育士官，但幕府海軍色彩濃厚。海舟想設立的全新組織不只是允許各藩藩士入學，甚至也開放給尊攘浪士，意在發展「日本海軍」這個遠大目標。

　　海舟命弟子坂本龍馬擔任神戶海軍操練所的塾頭（譯註：學生的指導、監督者），師徒兩人四處奔走，總算實現設立神戶海軍操練所的夢想。

### 比起學業更重視激辯！？

　　勝海舟還在長崎海軍傳習所時，聘用的是荷蘭人教師，但元治元年（1864年）5月設立的神戶海軍操練所，則是由日本人教師進行海軍士官的教育。

　　根據設立時的公告，入所資格僅有「居住在上方地區的幕臣、西國諸藩的家臣及其子弟」，因此湧入了西日本各藩的人才。其中由於坂本龍馬帶領眾多同志一起入學，所以土佐出身的人佔多數。

　　派遣到長崎或江戶操練所的都是幕府及各藩選拔出來的秀才，但神戶操練所則有許多早前還是尊攘志士、血氣方剛的年輕人。

　　薩摩藩也曾派遣許多藩士到操練所，其中一人伊東祐亨就曾回顧：「下課後同學彼此間會對時勢開始辯論交鋒，時常討論的太過激烈反而影響到上課」。

　　由於操練所被懷疑是尊攘派

**歷史筆記**　**築地軍艦操練所（1857～1868）**　幕府創設的海軍士官培育設施。維新後設施與組織被新政府接收，成為後來海軍兵學校的基礎。

志士的基地，所以遭幕府保守派施壓，僅設立一年便被廢止。

而伊東後來成為海軍將官出人頭地，就任聯合艦隊首任司令長官。甲午戰爭中率領聯合艦隊大破清朝海軍。為了日本將來培育海軍是操練所的設立目的，也在伊東的活躍中得以達成實現。

## ●「神戶海軍操練所」組織圖

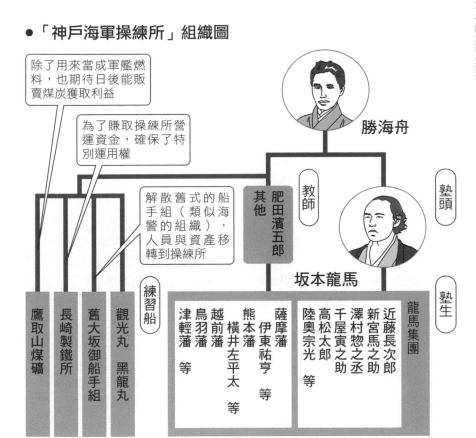

除了用來當成軍艦燃料，也期待日後能販賣煤炭獲取利益

為了賺取操練所營運資金，確保了特別運用權

解散舊式的船手組（類似海警的組織），人員與資產移轉到操練所

勝海舟

教師

塾頭

肥田濱五郎 其他

坂本龍馬

塾生

練習船

鷹取山煤礦

長崎製鐵所

舊大坂御船手組

觀光丸　黑龍丸

薩摩藩　伊東祐亨　等
熊本藩　橫井左平太　等
越前藩
鳥羽藩
津輕藩　等

近藤長次郎
新宮馬之助
澤村惣之丞
千屋寅之助
高松太郎
陸奧宗光　等

龍馬集團

# 薩英兩軍兩敗俱傷造成的意外結果

薩摩藩迎擊英國艦隊，結果兩方平手。之後英國支持薩摩藩，間接促成幕府垮台。

## 優先於國內法的不平等條約

島津久光要求改革幕政並達到目的後（參見112頁），文久2年（1862年）8月21日從江戶出發回京都。

隊伍經過川崎宿，即將抵達生麥村（現橫濱市鶴見區）時，四名英國人乘著馬打算直接與隊伍交錯而過，被護衛的薩摩藩士拔刀砍殺，一人遭到殺害，兩人重傷（生麥事件）。

英國領事館將這起事件視做野蠻的脫序行為，不惜動用武力，要求薩摩藩與幕府謝罪賠償。另一方面，日本國內的尊攘志士則把生麥事件當成實行攘夷的先聲，強硬主張幕府應抱持與英國一戰的覺悟拒絕其要求。

生麥事件使日本國內輿論分成兩派。松平春嶽的政治顧問，也實際參與幕政的橫井小楠向幕府提出應該接受賠償要求的建議書。尊攘派抱著不切實際的幻想，認為只要開戰就能戰勝西方列強，但橫井主張從世界潮流來看已不可能再行鎖國。

薩摩藩以「無禮攪亂大名隊列理當討伐」的國內法為後盾，並未應英國要求交出犯人。日本的這種習慣法不僅野蠻，且當時日本也已簽訂修好通商條約，承認列強的治外法權，即使外國人觸犯日本法，日本自己也已放棄了處罰權（參見66頁）。因此薩摩藩沒有對英國人執行「無禮討伐」的權力。

## 薩英戰爭帶來的意外影響

幕府依照橫井的主張支付了賠償金。另一方面，薩摩藩態度仍然強硬，因此在隔年爆發了「薩英戰爭」。

文久3年（1863年）6月22日，東印度艦隊司令庫柏（Augustus Kuper）率領七艘英國軍艦從橫濱出

**歷史筆記** **無禮討伐** 武士斬殺無禮庶民的行為。無禮討伐原則上視做無罪，但倘若遭族上訴，武士也可能因防衛過當遭受處罰。

發，27日抵達鹿兒島灣，薩英兩方開始交涉。然而薩摩方使出拖延戰術，交涉於是破裂。

7月2日正午，英國艦隊對鹿兒島灣內的薩摩藩砲台進行砲擊。英國雖透過砲擊摧毀鹿兒島城下附近的多數砲台，但也受到來自薩摩砲台的反擊，七艘內有六艘損傷。4

日，英國艦隊為修理與更換砲身，不得已撤退回橫濱。

大久保利通等薩摩藩高層在跟英軍交戰中深感其強大軍事實力，雙方簽署停戰協定。薩英透過交戰認同彼此實力，急速拉近雙方關係。

## ●薩英戰爭爆發的過程

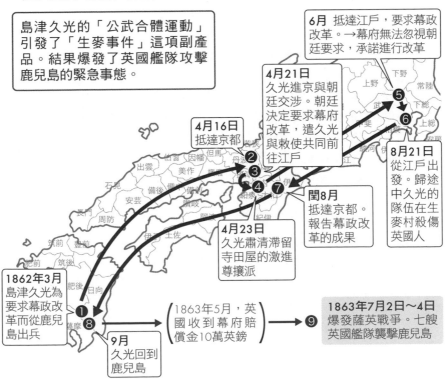

島津久光的「公武合體運動」引發了「生麥事件」這項副產品。結果爆發了英國艦隊攻擊鹿兒島的緊急事態。

6月 抵達江戶，要求幕政改革。→幕府無法忽視朝廷要求，承諾進行改革

4月21日
久光進京與朝廷交涉。朝廷決定要求幕府改革，遣久光與敕使共同前往江戶

4月16日
抵達京都

8月21日
從江戶出發。歸途中久光的隊伍在生麥村殺傷英國人

閏8月
抵達京都。報告幕政改革的成果

4月23日
久光肅清滯留寺田屋的激進尊攘派

1862年3月
島津久光為要求幕政改革而從鹿兒島出兵

9月
久光回到鹿兒島

1863年5月，英國收到幕府賠償金10萬英鎊

1863年7月2日～4日
爆發薩英戰爭。七艘英國艦隊襲擊鹿兒島

# 日本人與外國人生的孩子
# 是什麼國籍？

　　即使在鎖國時代，荷蘭人或中國人跟日本遊女之間偶爾也會產下混血兒。這些孩子被強制判為日本國籍，禁止引渡給父親的祖國。也就是說，父親就算知道自己有孩子，但收到祖國的回國命令，就不得不跟子女分開。

　　在當時的混血兒中最受到矚目的就是「楠本伊篤」。

　　伊篤是荷蘭商館醫師西博德（Philipp Siebold）跟遊女之間的孩子。父親回國後，伊篤跟隨父親徒弟學習醫學，成為日本第一位女醫名留青史。

　　安政6年（1859年）6月正式解除鎖國，開始對外貿易，此時混血兒的數目也快速增長。幕府在橫濱港設立外國人專用的遊廓；在沒有避孕器的時代，會產下混血兒是理所當然的事。但針對相關的處理方法卻引發糾紛，後沿伸成外交問題。

　　幕府放棄鎖國時代將混血兒一律視為日本人的慣例，打算讓他們歸化父親國籍，但各國皆避談將混血兒視做本國國民的問題，得不到同意的幕府在問題未決的情況下便垮台了。

　　明治政府大力整頓戶籍，也收編了混血兒。在民法上規定，若私生子未受父親認親，則冠母姓接受養育。由於混血兒往往得不到父親指認，因此這項政策使大部分混血兒歸化母親國籍，也就是日本國籍，暫且解決了這個問題。

亂世的社會與文化⑥　　　　　　　　　　　　　專　欄

# 龍馬擺POSE那時的照相機

　　日本第一張人像照是拍攝於安政4年（1857年），被拍攝的是薩摩藩主島津齊彬。反覆重拍的結果，終於拍出一張有些模糊的銀版照片，這張照片目前收藏於鹿兒島的尚古集成館。

　　普遍使用數位相機的現代，連用底片顯像沖洗照片的方式都略顯古老了。但昭和40年以前，由於快門反應速度慢，在寫真館照相的人都必須保持幾秒鐘靜止；愈古老的相機快門就愈慢，回溯到幕末時代，當時的人可能必須靜止十幾秒不能動作。

　　雖然從拍攝照片到顯像都需要複雜的化學知識與高度技術，但日本人透過翻譯西方的技術書籍，成功普及了攝影。

　　文久2年（1862年），下岡蓮杖在橫濱的野毛設立戶外攝影棚，同時期上野彥馬則在長崎創設上野攝影局。兩者並稱「東之下岡，西之上野」，開創了日本攝影界的黎明期。

　　坂本龍馬有張手插進懷裡的著名照片，這是在慶應3年（1867年）正月，於長崎由上野彥馬拍攝的。「西之上野」這位名士除了龍馬外，跟勝海舟、西鄉隆盛、伊藤博文等人也都有過交流。

# 為什麼薩摩會與會津聯手？

當尊攘派掌握京都政界的權柄時，檯面下正策劃著驚人的政變計畫！

### 因皇族中川宮的暗中活躍成立的祕密協定！

　　文久3年（1863年）8月13日，在尊攘派的公家與志士們策劃下，決定了孝明天皇前往大和行幸（天皇出巡）的計畫。

　　尊攘派公家與長州派系的志士，想將天皇從幕府監視下的京都遷到大和，並趁此掌握權力；挾持天子後便可命令諸侯，直接由天皇指揮進行攘夷。若幕府不從，就將其討伐。

　　尊攘派雖以此為目標策劃了大和行幸一事，卻隨著後來發生的「八月十八日政變」而破滅。

　　天皇雖然的確想前往神武天皇陵參拜，但沒有實行攘夷或討幕的想法。公武合體派的皇族中川宮了解天皇的意思後，開始謀劃肅清尊攘派的政變。

　　首先，他為了跟時任京都守護職的會津藩，還有始終與激進尊攘派保持距離的薩摩藩合作，與兩藩的要人暗中會面。薩摩藩高層原先就對長州主導的大和行幸抱持危機意識，於是同意了中川宮的提案。最後，兩藩決定祕密發動政變，將負責護衛御所的長州藩兵驅逐出京都。

### 曇花一現的尊攘派天下

　　8月18日凌晨，薩摩、會津兩藩士兵開始行動，受到突襲的長州藩兵未能即時做出反擊，就被趕出御所。尊攘派公家發現事情有異，隨即前往宮中覲見，但御所已大門緊閉，士兵們拒絕他們入內。之後朝廷就在尊攘派公家未出席朝議的情況下，決定終止大和行幸。

　　長州藩這邊雖意圖挾持天皇而進攻御所，但薩摩、會津早有萬全準備，長州只好黯然離開京都。

　　以三條實美為首，三條西季知、澤宣嘉、東久世通禧、四條隆

---

**歷史筆記** 　**三條實美（1837～1891）** 　尊攘派公家的代表人物，活躍於京都。維新後歷任新政府內最高職位太政大臣等要職。

諰、錦小路賴德、壬生基修共七名公家由長州藩兵護衛，從京都逃難到長州藩。薩摩、會津兩藩的政變因發生日期而名為「八月十八日政變」，而七名公卿逃出京都的事件則稱「七卿落難」。

這場政變後尊攘派失去權勢，及後改由公武合體派與幕府復權派爭奪主導權。

## ● 幕末京都政界的勢力盛衰圖

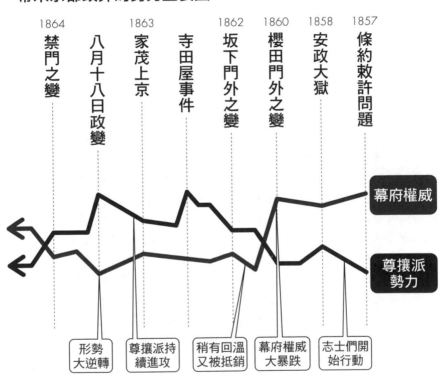

1864 禁門之變
八月十八日政變
1863 家茂上京
寺田屋事件
1862 坂下門外之變
1860 櫻田門外之變
1858 安政大獄
1857 條約敕許問題

幕府權威

尊攘派勢力

形勢大逆轉
尊攘派持續進攻
稍有回溫又被抵銷
幕府權威大暴跌
志士們開始行動

# 掌控京都的「一會桑政權」誕生祕密

一橋德川家家主慶喜主導的一會桑政權，拉攏孝明天皇為盟友，支配整個京都政界。

## 政治主導權回歸幕府

從幕府崩解到明治新政府誕生的過程，並不是一條康莊大道。

「八月十八日政變」後，京都政界裡激進尊攘派勢力被一掃而空，隔年元治元年（文久4年、1864年）2月15日起，在薩摩島津久光的主導下開啟「參與會議」。

受朝廷任命「參與」一職的，有將軍後見職德川慶喜、前越前藩主松平春嶽、京都守護職松平容保、前宇和島藩主伊達宗城、前土佐藩主山內容堂、薩摩藩島津久光（現任藩主之父）等六人，他們各懷想法，出席參與會議。代表幕府參加的慶喜，不能阻止政治主導權被從幕府移交給參與會議。

慶喜以他的能言善道，磨耗與會者的幹勁，因此參與會議設立不到一個月，幾乎就已是解散狀態。

此後，京都政界掌握在「一會桑」政權的手中。

一會桑指的是「一」橋慶喜、「會」津藩主松平容保、容保胞弟「桑」名（伊勢）藩主松平定敬這三人。慶喜在參與會議解散前後辭掉將軍後見職，由朝廷任命為禁裏守衛總督。成為與將軍同等級的禁裏守衛總督，並領導京都守護職松平容保、京都所司代松平定敬，慶喜可說是掌握了京都政界。

## 藉孝明天皇之力掌控京都

一會桑政權之所以能穩坐江山，是因為孝明天皇極為信任並將國事全權交付給一會桑政權處理。

某程度上，正因為孝明天皇反對與外國締結通商條約（參見80頁），才撼動了幕府體制，並把朝廷推到幕末政局中心，然而天皇本

---

**歷史筆記** **京都所司代** 江戶幕府的駐外機構，可說是支配日本西方的核心。除了維護京都市內的治安，也監視朝廷與各間神社寺院。

122

人卻完全沒有要倒幕的想法。因此比起主張反幕的尊王志士，孝明天皇更信任容保兄弟，幾乎全按照慶喜意思發布敕命與敕許。

八月十八日政變後，歷經禁門之變、下關砲擊事件，直到長州征討以前，即使身處動亂時局，一會桑政權仍能依靠孝明天皇維持穩定的地位，憑藉天皇旨意度過重重難關。

慶應2年（1866年）12月25日，孝明天皇駕崩。而後慶喜無視容保的反對，決定實行大政奉還，一會桑政權倒台。

原來個性誠懇的容保與手段變幻自如的慶喜，政治性格截然不同。在這之後，曾最受天皇信賴的容保被明治新政府視為朝敵，不得不與政府軍交戰。

## ● 一會桑政權的成立

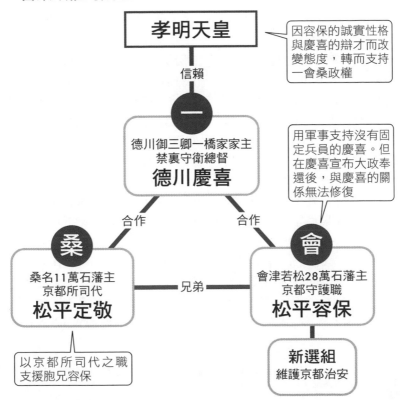

孝明天皇

因容保的誠實性格與慶喜的辯才而改變態度，轉而支持一會桑政權

信賴

一

德川御三卿一橋家家主
禁裏守衛總督
德川慶喜

用軍事支持沒有固定兵員的慶喜。但在慶喜宣布大政奉還後，與慶喜的關係無法修復

合作　　　　合作

桑

桑名11萬石藩主
京都所司代
松平定敬

兄弟

會

會津若松28萬石藩主
京都守護職
松平容保

以京都所司代之職
支援胞兄容保

新選組
維護京都治安

# 被急轉直下的事態耍弄的尊攘派

誤判時代情勢的激進尊攘派在「八月十八日政變」後，開始在四處起義重創社會。

## 天誅組在大和起義

8月13日決定孝明天皇將大和行幸（參見120頁）後，天誅組搶先於文久3年（1863年）8月17日襲擊位於大和五條的幕府代官所。

天誅組是由土佐脫藩浪士吉村虎太郎所籌建的激進尊攘派組織，首領是公卿中山忠光（明治天皇生母之弟）。天誅組起初只有三十多人，但佔領代官所後，農民、浪士、鄉士飛奔而至，鼎盛時人數近一千人。但他們隨後便收到一個糟糕的消息。

襲擊代官所後隔天，京都發生「八月十八日政變」，尊攘派在京都政界失去立足之地。吉村等人雖焦急萬分，但仍照原定計畫攻襲大和高取城。前往高取城的天誅組主力，在8月26日早晨與高取藩兵爆發衝突。相較於天誅組近千名兵力，高取藩兵只有兩百多人，但最後作鳥獸散的，卻是烏合之眾天誅組。

吉村自殺後，天誅組隨即潰散。

其後平野國臣雖也舉起討幕大旗，在生野（兵庫縣朝來市）舉兵造反，但很快地就被鎮壓（生野之亂）。

## 水戶天狗黨的淒慘下場

八月十八日政變的餘波也影響到水戶藩。主張尊王攘夷的「天狗黨」原先想呼應長州藩伺機而動、實行攘夷，但八月十八日政變卻令他們錯失良機。與此同時，保守派也取代天狗黨掌握藩政實權。

藤田小四郎於是在元治元年（1864年）3月，在筑波山舉兵。屬於水戶藩穩健尊攘派的武田耕雲齋雖勸諫小四郎勿衝動行事，卻反而被推舉為天狗黨首領。

天狗黨在水戶內與保守派「諸生黨」有多次武力衝突，然而在幕府把天狗黨視為叛黨編軍討伐後，事態便急轉直下。武田等人為了請

**歷史筆記**　**天狗黨**　水戶藩內的激進尊攘派。對立派指責「像天狗一樣囂張跋扈」，因而得名天狗黨。

求德川慶喜伸出援手，只好前往慶喜所在的京都並進攻中山道。尊攘派原想藉由武力起事奪回在政變中失去的時勢，卻反而跌得更深。

雖然持續一段時間的攻防，但最終武田還是無法抵達京都，於越前的山中投降。元治2年（1865年）2月，武田與藤田等三百五十二名天狗黨人在敦賀被處刑。幕府原想藉由嚴刑峻罰提高威嚴，但這場日本史上罕見的大量處刑卻適得其反，讓社會的不信感更加高漲。

● 尊攘派起義！天誅組～禁門之變～到天狗黨毀滅

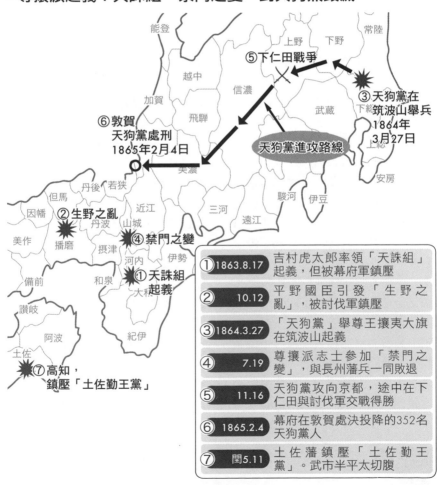

| ① | 1863.8.17 | 吉村虎太郎率領「天誅組」起義，但被幕府軍鎮壓 |
| ② | 10.12 | 平野國臣引發「生野之亂」，被討伐軍鎮壓 |
| ③ | 1864.3.27 | 「天狗黨」舉尊王攘夷大旗在筑波山起義 |
| ④ | 7.19 | 尊攘派志士參加「禁門之變」，與長州藩兵一同敗退 |
| ⑤ | 11.16 | 天狗黨攻向京都，途中在下仁田與討伐軍交戰得勝 |
| ⑥ | 1865.2.4 | 幕府在敦賀處決投降的352名天狗黨人 |
| ⑦ | 閏5.11 | 土佐藩鎮壓「土佐勤王黨」。武市半平太切腹 |

# 突襲事件導致的正面效果與反效果

新選組突襲了在池田屋開會的尊攘志士。不容分說就斬殺的作風讓他們威震天下！

## 防範尊攘派恐攻於未然

新選組（參見110頁）在文久3年（1863年）2月開始取締志士。但那時京都政界尊攘派勢力強大，所以他們無法對志士施行強硬手段。

然而「八月十八日政變」中尊攘派勢力遭到肅清，新選組終能無後顧之憂，可以盡力取締所謂的「不逞浪士」（譯註：即惡質浪士），成為令尊攘志士聞風喪膽的對象。

當時肥後脫藩浪士宮部鼎藏、長州藩士吉田稔麿等人，為了挽回尊攘派勢力而密謀在強風大作之日縱火，並企圖趁亂暗殺公武合體派要人，挾持孝明天皇至長州。

新選組察覺到他們的動向，於元治元年（1864年）6月5日，突襲在三條大橋附近名為池田屋的旅館中開會的宮部等人。屋內一番激鬥後，宮部、吉田等七人被斬殺，二十多名志士被逮捕。新選組局長近藤勇曾在給養父近藤周助的家書中描述過池田屋事件的情景：「池田屋中不僅敵人眾多，且個個都是能以一擋萬的勇士。那時雖命懸一線，但總算活了下來」，可說相當讚賞這些尊攘志士。

近藤的劍術雖歷戰而精，惟此時是與眾多敵人交手，才讓他覺得性命受到威脅吧。

新選組因這場「池田屋事件」名滿天下，可是沒有先行通知也未經任何審問，二話不說就動刀殺人的態度，也讓長州藩內的尊攘派群情激憤。池田屋事件最終導致了一個月後爆發的「禁門之變」（參見128頁）。

## 因弟子遭到殺害而憤怒的勝海舟

池田屋事件被殺的浪士中，有名叫望月龜彌太的土佐脫藩浪士。望月受到坂本龍馬的邀請，曾在神戶海軍操練所學習。回歸志士身分

---

**歷史筆記** **吉田稔麿（1841～1864）** 吉田松陰門下的學生。受到老師高度評價，將來大有可為。松陰死後，與同門的久坂玄瑞一同活動。

後潛伏在京都，最終卻死於非命。

　　幕府一方雖大多數人都稱讚新選組突襲池田屋的壯舉，毫無悼念志士的情緒，但勝海舟卻在日記中寫下「新選組殺了無罪之人」等字句，顯露出他的憤怒。許多人雖對於尊攘志士的暴行抱持否定態度，但本應先逮捕審訊的志士卻被不由分說直接殺害，也引起知識分子們的反彈，可說池田屋事件造成的反效果相當巨大。

## ● 新選組與京都──激鬥的軌跡

京都御所
蛤御門
禁門之變
新選組做為幕府軍參戰

京都守護職屋敷

金戒光明寺
會津藩駐屯地。新選組幹部頻繁來此報到

二條城

池田屋事件
池田屋
從新選組分離的御陵衛士駐紮在此

池田屋事件發生時的據點。箭頭表示據點移動的軌跡

壬生屯所
壬生寺

高台寺

西本願寺

不動堂村屯所
京都站

### 池田屋事件

| 尊攘派志士 | 新選組 |
|---|---|
| 宮部鼎藏　肥後脫藩<br>望月龜彌太　土佐脫藩<br>吉田稔麿　長州藩士<br>共7名戰死　約20名逮捕 | 近藤勇<br>沖田總司<br>永倉新八<br>藤堂平助<br>其他30名 |

# 長州藩的收復失地計畫終告失敗

德川慶喜指揮防衛部隊擊退了攻擊御所的長州藩，然而幕府隨後的長州征討卻是以虎頭蛇尾做結。

## 毫無勝算的京都奪回計畫

長州藩士久坂玄瑞跟高杉晉作並稱為「松下村塾的雙璧」，是長州藩內尊攘派的領導者。在孝明天皇的大和行幸（參見120頁）即將成功之際，因「八月十八日政變」而功虧一簣，久坂失去在京都活動的空間。

後來長州藩內興起武力奪回京都的論調。儘管久坂反對卻無法阻止強硬派的來島又兵衛，最後連自己都不得不參與戰事。

元治元年（1864年）6月下旬，長州藩在京都南郊集結軍隊，展現欲進攻洛中（京都市內）的態度。負責京都防衛的總督德川慶喜原想和平令其退兵，但交涉最終還是失敗。

7月19日凌晨，長州藩兵對御所展開攻擊，以薩摩藩與會津藩為主力的御所防守部隊也開始迎擊。由於御所的九個門統稱為禁門，所以這場戰事得名「禁門之變」；其中尤以御所西側中央的蛤門戰況最是慘烈，因此又被稱為「蛤御門之變」。

長州藩兵雖成功突破蛤御門逼近皇城內部，但因為兵力過少，始終無法衝破最後一道防線。戰鬥中主將來島壯烈戰死，長州漸漸趨於劣勢。久坂則固守在堺町門內的鷹司宅邸，切腹後用刀刺進頸部自殺，此時久坂年僅25歲。

## 雖一口氣攻向長州……

朝御所開砲而嚇暈祐宮（之後的明治天皇），並讓京都居民膽寒的長州藩可說罪刑重大。

23日天皇下詔討伐長州藩，幕府著手準備進攻長州（第一次長州征討）。相對地長州藩內保守派發動了政變，從尊攘派手上奪得實權，藉由三名家老切腹以示謝罪之意。

人數幾近十萬的討伐軍總督

**歷史筆記** **來島又兵衛（1817～1864）** 長州藩數一數二的武鬥派，其名號天下盡知。強硬主張應用武力奪回京都，最後在「禁門之變」中壯烈犧牲。

雖是前尾張藩主德川慶勝，但實權卻在總督府參謀西鄉隆盛（薩摩藩士）手中。西鄉認為與其消滅長州，不如賣長州一個人情才是上策，因此他對長州釋出善意，並早在決定削減俸祿等具體處罰前，於

12月就解散了討伐軍。

由於對第一次長州征討結果感到不滿，所以幕府策劃第二次長州征討。但在開戰前的這一年半，長州藩得到喘息空間，能以萬全準備迎擊幕府軍。

## ● 長州藩的苦戰（八月十八日政變～下關砲擊事件）

| 攘夷戰 | 對幕府戰 |
|---|---|
| **1863年** | |
| ①5月10日 長州藩在下關砲擊航行中的外國船（商船） | |
| | ②8月18日 公武合體派藉由「八月十八日政變」放逐尊攘派 |
| **1864年** | ③6月5日 發生「池田屋事件」。攘夷派志士遭殺害，長州藩決定用武力收復失地 |
| | ④7月19日 爆發「禁門之變」。戰敗的長州藩背上「朝敵」的汙名 |
| ⑤8月4日 四國艦隊（英法荷美）攻擊下關的長州藩砲台，佔領並擊破→締結和談條約 | **第一次長州征討**<br>保守派掌握主導權，順從幕府 |

從此之後，長州輸入歐美知識，整建近代化的軍備、軍制

②八月十八日政變
③池田屋事件
④禁門之變

出雲　美作　播磨　摂津
石見　備中 備前　山城
　　備後　　　　　和泉
安芸
①開始攘夷戰　讚岐
長門　周防
　　　　伊予　土佐
豊前
⑤「四國艦隊」下關砲擊事件

**禁門之變**

| ✕長州藩兵 | | ○幕府軍 |
|---|---|---|
| 指揮官 來島又兵衛 | VS | 指揮官　德川慶喜<br>會津藩兵　薩摩藩兵 |
| 兵力　　1600 | | 兵力　　　15000？ |

# 庶民是為了誰而戰？

高杉晉作為了取得改革時代的力量而著眼於庶民兵。「奇兵隊」的建立成了國民皆兵思想的先驅。

## 高杉晉作的軍隊？

縱觀長州藩「奇兵隊」從成立到解散的歷史，就能了解討幕勢力與民眾之間的距離感。討幕勢力雖然充分理解拉攏民眾的重要性，但是真心站在民眾立場，擔憂他們未來的人卻不多。簡單來說，由庶民兵組成的奇兵隊，不過只是用於明治維新這場革命的工具，一旦派不上用場就會被捨棄。

文久3年（1863年）6月，長州藩在馬關海峽（關門海峽）開始攘夷作戰，但因遭到外國艦隊反擊而陷入苦戰（下關戰爭）。奇兵隊就是在此時創立。

奇兵隊首任總督高杉晉作在先前的下關戰爭中深知西方列強的強大軍事力，了解到武士已經毫無用處。相對於武士正規軍「正兵」，高杉以「奇兵」命名他新建的由庶民志願兵組成的部隊。

在幕末動亂時代，各藩雖然都新設了稱為農兵隊的非武士部隊，但大多數都只是輔助武士部隊的角色，然而高杉卻想把奇兵隊扶植成長州藩的主力。可以說高杉為了取得長州藩主導權，也需要一支能自由操控的軍隊。

## 奇兵隊的榮光與末路

由於長州藩的庶民們也感受到外國侵略的危機，高杉對這些志願加入奇兵隊的人們，試著提高他們守護自己故鄉的意識。此外為了吸引庶民，使他們理解，或說是讓他們有這樣的錯覺，認為奇兵隊是庶民的夥伴，高杉也訂下了「不畏強敵百萬，畏懼弱民一人」等「奇兵隊訓示」，牢牢抓住庶民們的心。之後奇兵隊如同高杉所期待的被訓練成幕末最強軍隊，成為長州藩在動亂時代活躍的原動力。

首先在元治元年（1864年）到隔年的長州內戰中，高杉率領奇兵

**脫隊騷動** 因裁撤奇兵隊而受命離隊的士兵們為了保障身分而起義，但旋即遭到長州正規軍鎮壓，主謀處以斬首之刑。

隊扳倒反對勢力。接著在第二次長州征討裡，僅憑少數精銳的奇兵隊大敗擁有壓倒性兵力的幕府軍，把勝利獻給長州藩。

雖然奇兵隊總督高杉在與幕府軍交戰中因肺結核惡化而病逝，但奇兵隊仍然持續活躍，在戊辰戰爭中從「鳥羽伏見之戰」到「箱館戰爭」等一系列大小戰役裡，站在最前線為新政府軍奪得一次又一次的勝利。

然而，奇兵隊雖是庶民軍隊，卻不是為庶民而存在的軍隊。明治2年（1869年），戊辰戰爭甫一結束，長州藩高層便下達裁撤部隊的命令。一部分奇兵隊士雖反對縮減方針而造反，但不久便被平定。

## ● 奇兵隊激戰年譜

- 1863．6 **成立奇兵隊**
- 1864．8 四國聯合艦隊攻擊下關，奇兵隊應戰卻大敗
- 12 **高杉晉作**率領奇兵隊**起義**
- 1865．1 與長州藩內的佐幕派交戰並取勝
- 1866．1 成立薩長同盟
- 裝備以薩摩藩名義購買的兵器
- 6 **第二次長州征討**
- 8 奇兵隊登陸九州，佔領小倉城
- 1868．1 在**鳥羽伏見之戰**中獲勝
- 1869．5 箱館戰爭結束
- 11 奇兵隊**解散**，一部分士兵編入常備軍
- 1870．1 爆發**脫隊騷動**，未編入常備軍的士兵引起暴動
- 2 暴動受到鎮壓，參加者遭到處刑

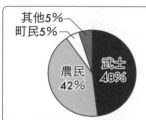

── 奇兵隊　隊士的出身階級 ──

其他5%
町民5%
農民42%
武士48%

武士雖然佔了半數，但也多是陪臣（藩士的家臣）等底層階級。算做武士的人裡面，也有是因為戰功彪炳而從庶民提拔為武士的例子。

# 龍馬想靠「龜山社中」達成的目標

神戶海軍操練所廢除後，龍馬招募眾多出資者，成立新組織「龜山社中」。

## 日本最初的股份公司？

坂本龍馬在神戶海軍操練所廢除後，轉而在江戶尋找合作對象，然事與願違，於是聽從老師勝海舟的指示求助於薩摩藩。

龍馬雖失去操練所這個活動場所但並不氣餒，在慶應元年（1865年）閏5月，於長崎成立了名為「龜山社中」的組織。

龍馬在操練所設立時聽命海舟，負責向越前藩進行交涉，訂下出資契約。此外海舟不在時，龍馬也做為塾頭負責操練所營運，磨練了他的經營手腕。

在這些條件下成立的龜山社中，成為由薩摩等藩及富商共同出資營運的公司，被稱為是日本最早的股份公司。日本正式的股份公司最早成立於明治2年（1869年），而在此之前龜山社中是唯一複數出資者共同營運的組織，所以有著「日本最早」的榮譽。

不過江戶時代的金融機構意外地先進，廣邀出資者的商業型態本身並不新奇，所以要認定龜山社中是日本最早的股份公司其實有難度。

## 龜山社中的理想與現實

龜山社中主要由失去操練所這個立足之地的土佐志士所組成，其業務涉及海上物資運送、新式兵器的買賣仲介、北海道開拓、教育事業等，可說多采多姿。

龍馬眼裡的其中一個目標，就是英國的武裝商船隊。

意在支配「七大洋」的英國明白只有正規海軍的話船艦數必然不足，所以也促進了民間船舶的武裝化。

此時的木造船不論是軍艦還是商船，在結構上都沒有太大分別，因此武裝商船隊是相當值得期待的戰力。武裝商船隊可在沒有海軍護

**歷史筆記** 陸奧宗光（1844～1897） 紀州藩脫藩後師從勝海舟。之後與同門坂本龍馬一同行動。維新後，一生都奉獻在改正不平等條約上。

衛下馳騁七大洋，有時甚至能實行如同海盜般的掠奪行為，成為大英帝國擴展殖民地的急先鋒。

龍馬或許是想建立武裝商船隊這樣可自由裁量的組織，用來與發源地英國進行對抗。

龍馬等人雖打算培育日本從未有過的組織，但慶應2年4月，旗下船隻Wild Wave號在五島列島翻覆，嚴苛現實令經營陷入困難。

## ● 龜山社中的組織與構造

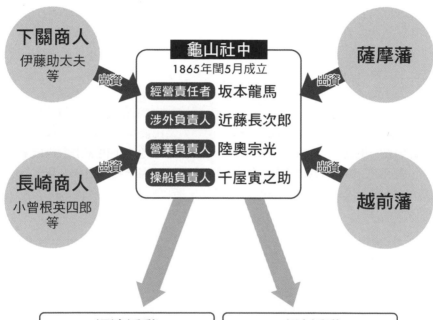

下關商人
伊藤助太夫等
→ 出資

長崎商人
小曾根英四郎等
→ 出資

**龜山社中**
1865年閏5月成立
- 經營責任者 坂本龍馬
- 涉外負責人 近藤長次郎
- 營業負責人 陸奧宗光
- 操船負責人 千屋寅之助

薩摩藩
← 出資

越前藩
← 出資

經濟活動
①海運業　②武器買賣
③金融投資　④北海道開拓

政治活動
①集結倒幕勢力
②為了實現倒幕增強海軍實力

# 點綴幕末維新的人物群像

## 吉田松陰 ◆1830～1859

### 培育眾多志士的熱血老師

松陰為長州藩士杉百合之助的次子，5歲成為叔父、也是山鹿流兵學師範吉田大助的養子，隔年接任家督。11歲在藩主毛利敬親面前講述山鹿流兵學。21歲遊學九州後，探訪日本各地，並在江戶師事佐久間象山學習洋學，引發他對外國的危機意識。

佩里抵達下田時松陰曾偷偷登船想偷渡到美國，但遭到佩里拒絕，後因偷渡未遂之罪於長州入監服刑。刑責減輕為自宅謹慎後，主辦「松下村塾」，深刻影響了門下弟子高杉晉作、伊藤博文日後的思想。

松陰不願妥協的個性不適合從政，然而做為教育家卻極有資質，能看穿學生的人格特質，使他們發揮長才，其教育方針跟現代多有共通處。

因為曾企圖越級向老中間部詮勝控訴，所以在「安政大獄」中被處死，享年30歲。

## 高杉晉作 ◆1839～1867

### 在動亂時代奔馳的志士

名春風，晉作是通稱，為長州藩士高杉小忠太的嫡長子。18歲入松下村塾後，視吉田松陰為生涯之師。

23歲前往上海，體驗老師松陰未能實現的海外留學。在見識清朝現況後，了解到西方列強正侵略亞洲的現實，提高了他的危機意識。松陰曾比喻晉作是頭「沒有鼻環的牛」，意即一旦暴躁起來便無人能阻止。不過晉作也深知自己性格，所以直到起義前都克制自己避免無謂的衝突死傷。

長州藩敗給外國艦隊後，晉作組織了以庶民兵為核心的「奇兵隊」，並擔任首任總督。「禁門之變」後保守派一時掌握藩內實權時，率領奇兵隊成功扳倒保守派。到了第二次長州征討，奇兵隊大膽登陸九州攻下小倉城，挫敗幕府軍。或許是因為過著勞累的生活，僅29歲就病逝。

# 桂小五郎 ◆1833～1877

## 引導維新實現的才子

維新後改名木戶孝允。為長州藩醫和田昌景的次子，9歲成為桂九郎兵衛的養子並繼任家督。17歲在吉田松陰門下學習山鹿流兵學。松陰死後，跟高杉晉作以及久坂玄瑞一同活動。

老師松陰評其為「有才識無膽略」；後來也被同志揶揄為「逃跑的小五郎」，在事前探查危險的能力極高，從未冒險強渡危險場面。

「禁門之變」後潛伏在出石，待晉作舉兵成功，便回到長州掌握藩政實權，在背後支持晉作。

他在此時從桂改姓木戶。慶應2年（1866年），為了實現討幕、保全長州藩，選擇跟仇敵薩摩藩聯手，潛入京都締結薩長同盟。

維新後雖歷任明治政府多個要職，但未能做為政治家大放異彩。為了壓制脫隊騷動曾坐鎮指揮。西南戰爭中病逝，享年43歲。

# 山縣有朋 ◆1838～1922

## 飛黃騰達的不肖徒弟

長州藩士山縣有稔的嫡長子。21歲受藩命派遣至京都，與志士接觸後，開始信奉尊王攘夷主義。進入松下村塾與高杉晉作等成為知己，做為塾生集團的一員一起共同行動。

山縣雖出生於底層士族家庭，但出人頭地後卻完全捨去了庶民思考。會進入松下村塾，據推測可能也只是想獲取人脈而已。

晉作成立「奇兵隊」後成為其中一名幹部。晉作死後升格為長州藩兵的實戰指揮官，在「戊辰戰爭」中轉戰北越戰線等日本各地。視察歐洲後做為大村益次郎的後繼者，盡力實現陸軍的近代化，尤其主導了徵兵制度的實行。

山縣不只是創設期陸軍的首領，也跟伊藤博文共同成為長州派系領袖，稱霸政界。到85歲病逝前，這位維新元勳一直強力影響著政界與軍部的動態。

# 為何彼此交惡的薩長會結成同盟？

坂本龍馬為了一口氣打破混沌的局勢，引導勢同水火的薩摩與長州走上和解之路。

## 使薩長和解的使者

長州藩士們在「八月十八日政變」後，將政爭中擊敗自己的薩摩藩與會津藩稱為「薩賊會奸」，始終抱持著憎惡的態度。

相對地，薩摩藩將長州藩成功驅離京都政界後，因察覺到幕府有死灰復燃的跡象，所以在「第一次長州征討」時故意做出對長州藩有利的行動，試著要接近長州藩。

薩摩藩一度把長州藩驅離政治舞台，然後又伸手助其度過難關，其目的在於想成為反幕府勢力的中心。薩摩的西鄉隆盛等人為了跟長州和解，委託坂本龍馬擔任改善兩藩關係的使者。

龍馬判斷，幕府會趁長州藩萎靡時，恢復以往的獨裁體制；為了阻止幕府進一步增強，必須聯合反幕的兩大勢力薩摩藩與長州藩。因此龍馬為了實現薩長同盟，開始了東奔西走的生活。

## 在脫藩浪人斡旋下
## 締結的同盟

慶應元年（1865年）閏5月20日左右，在龍馬跟土佐脫藩浪士中岡慎太郎的斡旋下，本應在下關舉行薩長同盟的第一次會談。

然而薩摩代表西鄉，原本預定在上洛的途中順道前往下關，然而卻臨時決定取消會面。隆盛基於「應於薩摩藩主導下締結盟約」的政治判斷，一直到最後都無法決定是否該在長州藩領內進行會談。

代表長州的桂小五郎被龍馬說服，本打算把過去一筆勾銷跟薩摩聯手，卻又再度被背叛。若是尋常人早就加倍憎恨薩摩了吧，但小五郎是名政治家，選擇做出冷靜的判斷。

這時候幕府正在籌備第二次長州征討。長州即使想盡快購買新式兵器，但對外貿易港橫濱與長崎都在幕府監視下，幕府不可能讓長州

---

**脫藩** 未呈報藩就擅自移動到其他地區的行為。脫藩不僅會失去武士身分，若遭逮捕還可能被判處死刑。

如願，因此小五郎提議藉薩摩名義
購入武器。在龍馬仲介下，長州藩
從長崎的哥拉巴（Glover）洋行等處
購買大量兵器，準備迎擊幕府軍。

　　慶應2年（1866年）1月22日，
薩長同盟成立，水火不容的薩長兩
藩終於聯手合作。盟約內容是以第
二次長州征討為設想的祕密軍事協
定，龍馬也在盟約背面書記，確認
內容無誤。這件事也彰顯龍馬對於
同盟成立的巨大貢獻。

## ●「薩長同盟」成立的過程

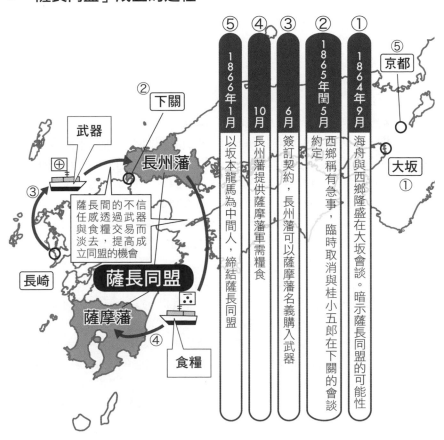

①1864年9月　海舟與西鄉隆盛在大坂會談。暗示薩長同盟的可能性

②1865年閏5月　約定　西鄉稱有急事，臨時取消與桂小五郎在下關的會談

③6月　簽訂契約，長州藩可以薩摩藩名義購入武器

④10月　長州藩提供薩摩藩軍需糧食

⑤1866年1月　以坂本龍馬為中間人，締結薩長同盟

⑤京都
大坂①

武器
下關②
長州藩
③
薩長間的不信任感透過武器與食糧交易而淡去，提高成立同盟的機會
薩長同盟
長崎
薩摩藩
④
食糧

## 1866年 ＞ 第二次長州征討

# 幕府軍贏不了長州藩的原因

裝備最新兵器、徹底強化戰力的長州藩兵將可說是烏合之眾的幕府軍打得落花流水！

### 艦砲射擊點燃長州征討的戰火

富士山丸委託美國建造，在慶應元年（1865年）12月回航日本，是當時最新銳的軍艦。排水量一千噸，卻有當時蒸汽船最高水準的三百五十匹馬力。

慶應2年（1866年）6月7日，以富士山丸為旗艦的幕府海軍砲擊周防大島的長州藩陣地，揭開「第二次長州征討」的序幕。至今為止，幕府艦隊雖曾在演習中發射砲彈，但未曾對敵人發射過實彈。也就是說，幕府艦隊對周防大島的砲擊，是日本軍艦首次應用在實戰中的瞬間。

### 輸給不可能輸的戰役

長州雖曾在第一次征討時向幕府表達謝罪之意，但高杉晉作後來在下關舉兵打敗保守派，掌握了主導權。藩內意見傾向倒幕，開始強化軍備。

相較之下，幕府高層抱持不可能輸給區區長州、馬上就能命其就範的想法，開始了第二次長州征討。然而送到大坂城高層手上的盡是敗戰消息。

第二次長州征討因在藝州口、石州口、大島口、小倉口等四個方向展開戰鬥，所以又稱「四境戰爭」。四條戰線中，藝州口與大島口方面戰情膠著，但石州口與小倉口方面，本應靠人數優勢取勝的幕府軍卻連戰連敗；這是因為長州早已透過薩摩買進新型槍枝，而且軍隊編制也經過了改革整頓之故。

### 無法隱瞞的總帥之死

此時，幕府又接到可說是雪上加霜的緊急報告；7月20日，將軍家茂病逝於大坂城內，得年21歲。死因為腳氣病惡化導致全身衰竭。

幕府高層們領悟到無法再用武力逼迫長州藩，於是想藉由交涉

**井上馨**（1835～1915） 長州藩出身的藩閥政治家。與高杉晉作等人進行尊攘活動後，前往英國留學。維新後歷任明治政府要職。

停戰，結束第二次長州征討。而勝海舟被指派為停戰交涉使者；因為海舟跟桂小五郎等眾多長州藩士相熟，所以被迫接下這件困難的任務。

慶應2年9月2日在宮島大願寺，長州藩代表廣澤真臣、井上聞太（馨）開始與海舟進行交涉。長州雖然在對幕府的戰事上取得優勢，但也已沒有追擊的餘裕，即使如此廣澤在交涉時還是動用心機，對幕府虛張聲勢：「我們不會趁幕府不幸時進行追擊的」，擺出從容不迫的態度。第二次長州征討以失敗收場，幕府權威竟墮落到得接受敵人憐憫的地步。

## ● 第二次長州征討的戰況

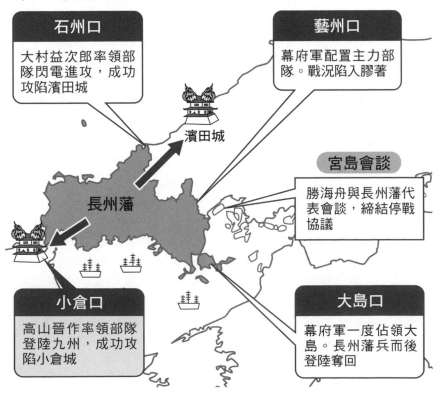

**石州口**
大村益次郎率領部隊閃電進攻，成功攻陷濱田城

**藝州口**
幕府軍配置主力部隊。戰況陷入膠著

濱田城

**宮島會談**
勝海舟與長州藩代表會談，締結停戰協議

長州藩

**小倉口**
高山晉作率領部隊登陸九州，成功攻陷小倉城

**大島口**
幕府軍一度佔領大島。長州藩兵而後登陸奪回

# 就任將軍時的慶喜幹勁十足!?

慶喜雖承諾要大政奉還，當上將軍後卻推翻前言，積極強化幕權。

## 為何慶喜被稱為二心殿？

德川慶喜說好聽一點叫做思考靈活，說難聽一點就是沒有政治節操，因此眾人稱其「二心殿」，始終提防警戒。

而且慶喜認為家臣為自己鞠躬盡瘁是理所當然的，所以違背家臣期待、甚至背叛部下，幾乎不會感到愧疚。

慶喜原打算親率幕府精銳出征長州，嘗試挽回劣勢，憑藉戰功以登上第十五代將軍之位。然而慶應2年（1866年）8月，小倉城陷落，慶喜只好放棄出陣，改派和談使節勝海舟前去。

海舟在出發宮島前曾跟慶喜會談，要慶喜承諾會「徹底」改建幕府體制。這裡所謂的「徹底」，意味著幕府把政權還給朝廷的「大政奉還」。雖然一年後慶喜真的實行了大政奉還，但這時候還只是口頭答應敷衍過去而已。

## 作廢國政改革的承諾

海舟在宮島會談時對長州代表廣澤真臣表示，日後將憑大政奉還，把國政實權從幕府轉交到諸侯會議手上，所以長州才答應停戰。

在送出海舟時，慶喜原本擔憂長州會趁勢攻進上方地區，可一旦冷靜下來觀察，便了解單憑長州藩已無積極進攻的餘力。所以慶喜認為不需多做讓步，而打消了大政奉還的念頭。

之後他又向孝明天皇哭訴，請求天皇下詔，才結束了第二次長州征討。

雖然慶喜始終推辭幕閣與孝明天皇的請求，拒絕就任將軍，但心底早就決定要成為將軍復興幕府權力。維新後慶喜曾說：「就任將軍時已打算實行大政奉還」，但這終究只是保身的表面說辭，實際上慶喜就任將軍時，可說是幹勁十足。

慶應2年（1866）12月5日，慶

---

**歷史筆記** **廣澤真臣**（1833～1871）　長州藩士，受到藩主信任擔任藩內要職。維新後也備受期待，但卻遭到暗殺。暗殺事件的真相至今仍是疑雲重重。

喜就任第十五代將軍。

　　若慶喜成功當上第十四代將軍，回應周遭期待發揮領袖才能，幕府說不定已順利走上復興之路。但現實中慶喜當上將軍時，幕府權威已因為第二次長州征討戰敗而跌落谷底，憑慶喜個人之力無力回天。從結果來看，他選擇成為日本史上「最後一位將軍」。

## ● 幕閣內強硬派的幕府重建計畫

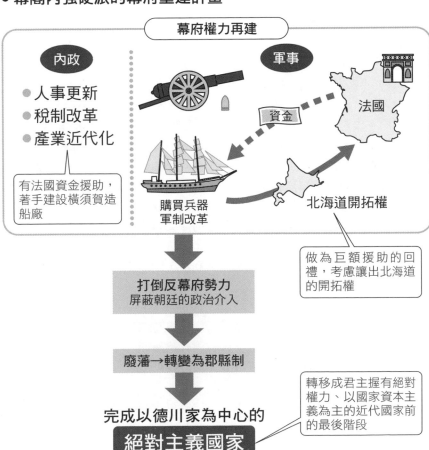

幕府權力再建

**內政**
● 人事更新
● 稅制改革
● 產業近代化

有法國資金援助，著手建設橫須賀造船廠

**軍事**

資金 → 法國

購買兵器
軍制改革

北海道開拓權

做為巨額援助的回禮，考慮讓出北海道的開拓權

**打倒反幕府勢力**
屏蔽朝廷的政治介入

廢藩→轉變為郡縣制

完成以德川家為中心的
**絕對主義國家**

轉移成君主握有絕對權力、以國家資本主義為主的近代國家前的最後階段

# 龍馬托付給海援隊的夢想

平時做為商船活動，戰爭時搖身一變成為軍艦。龍馬為了實現這個夢想而成立了海援隊。

## 和仇敵和解並成立新組織

坂本龍馬在慶應3年（1867年）4月組成了「海援隊」。

海援隊的前身是龜山社中（參見132頁）。龜山社中當時由於旗下的船隻沉沒，使經營陷入困難，因此除了原本出資的薩摩藩與越前藩外，龍馬被迫尋找其他能提供高額資金的贊助者。

龍馬為新組織海援隊找到的主要金主，就是自己的故鄉土佐藩。原本以後藤象二郎為中心的土佐藩高層們與龍馬彼此敵對，但決定和解後立刻就成為同志，龍馬的脫藩之罪也得到赦免。海援隊轉屬土佐藩後，龍馬受命為海援隊隊長。

「海援隊約規」中，關於入隊資格僅寫上：「曾脫離土佐藩者、脫離其他藩者、志於闖蕩海外者，全都允許進入海援隊」。龍馬不受藩這等組織束縛，想跟胸懷鴻鵠之志的人一起創建嶄新的組織。

## 龍馬心中對未來的構思——世界的海援隊

龍馬希望所屬海援隊的船舶（實際上是借用船）平時進行商業活動，情況有異時可化為軍艦，發揮雙重機能。他意圖透過居中幹旋長州、土佐購買武器的業務，確保商業利益以擴充旗下船隊。

不論龜山社中還是海援隊都在進行軍火買賣，所以龍馬常被稱為「死之商人」。的確，龍馬從長崎荷蘭人處購買步槍，轉賣土佐獲取了部分利益，然而龍馬的目的不在利益，而是土佐藩的軍事強化。因此稱呼他是死之商人，或許並不恰當。

這時期的龍馬，比起經濟更重視政治層面，在變換無常的政局中積極展開行動。

比起直屬中央政府的海軍，龍馬更想創建擁有自由裁量權力的航運組織，而他跨出的第一步，就

**歷史筆記** **海援隊約規** 1867年制定的海援隊基本方針與規定，全五條，其中包含入隊資格、隊長的絕對權限、廣泛吸收知識、經濟自立等內容。

是成立海援隊。在龍馬對未來的構想中，摧毀受限於過往、被無能官員支配的幕府不過是實現夢想的過程；在那之後率領海援隊縱橫七大洋，發揮自己真正本領才是他最終的目的。

可海援隊並未踏上夢想中的舞台，在失去隊長龍馬（參見154頁）後便消失在歷史洪流中。

## ● 從龜山社中到海援隊

### ━━ 龜山社中 ━━

| | |
|---|---|
| 設立 | 1865年閏5月 |
| 所在地 | 肥前長崎 |
| 所屬船 | Wild Wave號等 |
| 月薪 | 3兩2分 |
| 身分 | 脫藩浪人 |
| 出資者 | 薩摩藩等 |
| 成果 | 締結薩長同盟 |
| 業務 | 斡旋軍火買賣<br>代替運用船隻<br>商業交易等 |
| 經營型態 | 憑龍馬自由裁量以維持組織運作 |

經營惡化

● 所屬船沉沒
● 船舶租賃契約訂立不順

### ━━ 海援隊 ━━

| | |
|---|---|
| 設立 | 1867年4月 |
| 所在地 | 肥前長崎 |
| 所屬船 | 伊呂波丸等 |
| 月薪 | 5兩 |
| 身分 | 土佐藩士 |
| 隊員數 | 約50名 |
| 出資者 | 土佐藩、薩摩藩等 |
| 成果 | 實現大政奉還<br>締結薩土同盟 |
| 業務 | 斡旋軍火買賣<br>代替運用船隻<br>商業交易<br>支援土佐軍事等 |
| 經營型態 | 成為土佐藩外圍團體，在金錢收支上受到監視 |

# 因孝明天皇駕崩而震盪的政局

跟將軍慶喜保持良好關係的孝明天皇突然辭世；在天皇駕崩的背後，倒幕派的計謀隱約可見。

## 攘夷主義者轉投佐幕派

慶應2年（1866年）12月25日深夜，孝明天皇突然駕崩。官方公布的死因為痘瘡（天花），然而遭到毒殺的傳言在宮內外不脛而走。

江戶時代的天皇按慣例不問政事，以鑽研學問與藝能為本職，但弘化3年（1846年）即位的孝明天皇，可說是特例。

嘉永6年（1853年）黑船來航，幕末迎來動亂期，天皇的存在感也跟著水漲船高。

孝明天皇抱持神國日本不應受異人（外國人）凌辱的思想，拒絕承認通商條約（參見80頁）。結果幕府為天皇的外人排斥大傷腦筋，被迫承諾不可能實現的攘夷，最後重挫自己的權威。相對地天皇從未想過要打倒幕府，始終期待以幕府為中心重建政權的做法，為此還將妹妹和宮下嫁給將軍家茂（參見104頁），支持公武合體政策。

元治元年（1864年），天皇任命德川慶喜為禁裏守衛總督，漸漸強化與慶喜的關係，並從背後支持「一會桑政權」（參見122頁），照慶喜的希望發布詔令。在與慶喜接觸的過程中，他也慢慢控制住自己討厭外國人的心情。

## 無法證實的駕崩之謎

孝明天皇驟逝，雖謠傳是幕府暗殺的，但對於才剛就任第十五代將軍的慶喜而言，天皇駕崩實是沉重打擊。關於暗殺黑幕，最有嫌疑的其實是公家岩倉具視。

岩倉有犯案的理由。他具備公家難得的政治手腕，兼有超群的行動力，但他與孝明天皇不投合，因而被排擠到京都政界的中樞之外，天皇駕崩時他甚至還是謹慎之身。

此後岩倉解除謹慎之罰，回歸政界暗中支持反幕府勢力。就結果來說，孝明天皇駕崩他是受益者，

---

**禁裏守衛總督** 1864年新設的職位，統理京都防衛諸事，由德川慶喜奉命擔任。禁門之變中慶喜便是做為禁裏守衛總督擊退了長州藩兵。

有充分動機跟嫌疑暗殺天皇。

　孝明天皇駕崩，明治天皇即位，15歲的新天皇在此時還沒有任何政治色彩。不過岩倉跟明治天皇外祖父中山忠能保持著良好關係，所以明治天皇對他來說比起孝明天皇更好處理。總結以上，暗殺說雖有充足的情況證據，但至今已不可能找到決定性的證據。

● 孝明天皇駕崩前後的政局

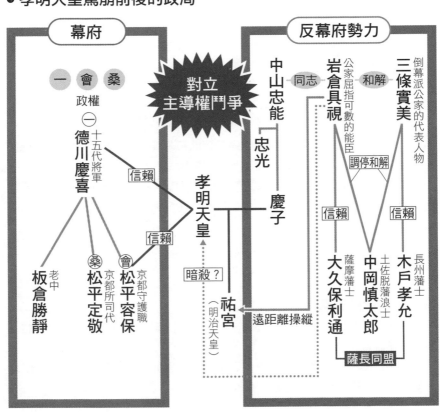

# 點綴幕末維新的人物群像

## 坂本龍馬 ◆1835～1867

### 時代與歷史的導演

土佐藩鄉士坂本八平的次子。19歲時為了修行劍術前往江戶，增廣見聞。27歲加入兒時玩伴武市半平太（瑞山）發起的「土佐勤王黨」，隔年脫藩，開始他的志士之路。

想了解龍馬個性與政治思想，閱讀他遺留至今的書信是最直接的方式。尤其是寫給姐姐乙女的家書參雜了方言，饒富趣味。

而後龍馬成為勝海舟門生，為開設神戶海軍操練所而努力。「禁門之變」後操練所遭廢，他接著組織航運公司兼私設海軍的「龜山社中」（海援隊前身），亦在為薩長同盟牽線上居功甚偉。

龍馬向土佐藩士後藤象二郎提出「船中八策」，透過土佐藩向十五代將軍建議實行大政奉還。然而大政奉還後，在莫測難辨的局勢中遭見迴組暗殺，享年33歲。

## 後藤象二郎 ◆1838～1897

### 龍馬也賞識的豪膽政治家

土佐藩士後藤助右衛門的長子。以姨丈吉田東洋為後盾擔任藩內要職，但在東洋遭暗殺後被迫辭職。

在山內容堂旨意下肅清「土佐勤王黨」，掌握藩政實權。之後與仇敵坂本龍馬和解，提供海援隊金援，更與龍馬一起為「大政奉還」貢獻己力。

維新後在明治政府內，跟板垣退助共同成為土佐派系的要人。「明治六年政變」中跟從屬征韓派的西鄉隆盛一同下野，此後成為自由民權運動的指導者之一，為組成自由黨而努力。另一方面，以從內部改革薩長政府為口號回到政府，歷任遞信相、農商務相等職。

後藤以「政界權謀者」聞名，受到各方長期矚目。然而他的基本政治理

念不清不楚，行為常是譁眾取寵，反而阻撓自由民權運動，因而受到社會的嚴厲批判。

## 【 中岡慎太郎 ◆1838～1867

### 維新運動的寵兒

土佐國安藝郡大庄屋中岡小傳次的長子。20歲成為大庄屋見習，為了穩定農民生活而苦思對策。24歲加入「土佐勤王黨」。「八月十八日政變」後土佐勤王黨遭到鎮壓，中岡只好脫藩。「禁門之變」中，與長州藩兵一同奮戰並負傷。

隨後中岡負責護衛從京都被流放外地的三條實美。而在發生三條等公卿的太宰府移轉問題時，與西鄉隆盛接觸。協調移轉問題的過程中，中岡找到實現薩長同盟的可能性，與坂本龍馬一同盡力為締結同盟而奔走。

他也成立了以脫藩浪人為中心的「陸援隊」，同時聯合岩倉具視與西鄉，大大活躍於京都政界。龍馬稱其為「與我相同的人」，高度評價這位不可或缺的同志。不過另一方面，相較於龍馬支持公議政體，中岡則傾向武力倒幕，所以也有兩者基本路線全然不同的見解。

最後在與龍馬會談時，遭見迴組襲擊而殞命，享年30歲。

## 【 板垣退助 ◆1837～1919

### 虎頭蛇尾的革命家

土佐藩士乾正成之子。19歲出仕以來深得山內容堂信任，做為近臣大放異彩。土佐藩內中上階層的武士大半為佐幕派或公武合體派，惟板垣親近倒幕派；之後容堂推動大政奉還路線，板垣也表示反對。

戊辰戰爭爆發後，率領土佐藩兵四處征戰。正是在此時將姓從乾改為板垣。板垣於戊辰戰爭中發揮了優秀指揮官的才能，可說比起政治家更具有軍人資質，然而陸海軍皆掌控於薩長派系手上，他也只能無奈轉任政治家。

維新後指導土佐藩推動藩制改革；協助實現「廢藩置縣」之後，被任命為參議成為政府要角。「明治六年政變」中敗北而下野，隨後找到自由民權運動這條活路。但在岐阜被刺客襲擊之後，喪失了自由民權運動領導者的銳氣，固守與政府妥協的態度。

# 巴黎萬國博覽會是
# 「日本＝藝妓」印象的起源!?

　　嘉永4年（1851年），第一屆萬國博覽會在倫敦舉行。附帶一提，日本第一次主辦的萬國博覽會，是在昭和45年（1970年）舉行的大阪萬博。

　　日本正式參加萬博是慶應3年（1867年）的巴黎萬博，不過早在文久2年（1862年）的倫敦萬博，駐日英國公使阿禮國就應英國政府邀請，設置了展示日本特產品的日本室。

　　幕府為了簽署條約派到歐洲的使節團，也曾到倫敦萬博的日本室參觀，不過卻提出「書畫古董乃至刀槍、日用品皆紛雜陳列，不堪入目」的嚴苛批評。

　　阿禮國雖然推薦幕府參加倫敦萬博，但幕府對萬博一無所知，也毫無關心。直到使節團回國報告，才理解到萬博是向世界推廣日本的好機會。此外法國公使羅什（Léon Roches）也大力推薦，所以日本決定正式參加下一屆的巴黎萬博。

　　慶應3年1月，巴黎萬博開幕。日本的展示品中漆器、紙扇、浮世繪等工藝品深受西方人喜愛；附設的小茶店則請來三名藝妓抽煙斗、打陀螺，讓西方人沉浸在日本風情的同時還能享受娛樂。「日本＝藝妓」的印象，或許就始於巴黎萬博。

　　巴黎萬博在六個月的會期內盛況空前，日本也成功將自己推銷給全世界。

第$4$章

明治維新——
新政府誕生與戊辰內亂

# 粉碎幕府再興的夢想，
# 新政府贏得勝利

## 以藩為核心的勢力悄悄推動政局

「明治維新是否為革命」過去一直是歷史學者們爭論的焦點，直到
1970年代「並非革命」的見解成為主流，延續至今。

戰後的日本史學中，常以馬克思主義觀點來檢視日本史。這場爭論
也是以馬克思主義史觀中所謂「是否關乎革命裡的布爾喬亞（資產階級）
與市民」這個概念，而導出並非革命的結論。

從嘉永6年（1853年）的「黑船來航」到文久3年（1863年）的「八
月十八日政變」這段時間裡，尊王攘夷派的志士原有機會一展身手，然而
自從政變肅清了京都的尊攘派，志士無法再以個人身分推動時代，於是改
由薩摩藩、長州藩、土佐藩、會津藩等組織互相爭奪主導權。最後，以薩
長為中心的倒幕勢力獲得政治上的勝利。

從「大政奉還」到「王政復古大號令」之間並未發生流血衝突，政
權順利從幕府交接給明治新政府。然而末代將軍德川慶喜雖藉大政奉還把
政權交還朝廷，但其實只是掩人耳目之舉，私底下仍透過政治關說等手段
意圖重建幕府體制。而在王政復古後的政局也曾有段時間，在新政府內部
的親慶喜派松平春嶽與山內容堂等人的謀劃下，還是按照慶喜的想法在運
作。

## 走向維新的最後一場內戰

　　然而在薩摩藩的計謀下揭開了「鳥羽伏見之戰」的序幕。此戰中慶喜遭控為「賊軍」，情勢急轉直下；從京都逃回江戶的慶喜，最終只能順從新政府軍。

　　黑船來航後政局混亂不堪，許多日本人早有「必須革新德川家康所建之幕藩體制」的想法。就結果來說，幕府這個舊體系並未再興，而由薩摩與長州聯合建構的勢力掌握政權，建立能夠對應世界潮流的明治新政府。

　　也因此，德川御三家與譜代、親藩大名幾乎沒有抵抗，便誓言遵從奉天皇為名義上領袖的新政府。

　　由於慶喜決意「江戶無血開城」，迴避了新舊政權的全面戰爭，所以不少人認為明治維新是一場無血革命。但事實上，鳥羽伏見之戰到箱館戰爭這一系列「戊辰戰爭」中，戰死人數多過甲午戰爭，絕非是一場輕而易舉的變革。

# 交還政權是重建幕府的第一步？

大政奉還，是慶喜用來再興德川政權的高級政治手段。

## 假裝拋出政權的將軍

慶應2年（1866年）下半年到隔年上半年，這時期的政局簡直就像暴風雨前的寧靜般膠著。慶應2年6月到8月的「第二次長州征討」以失敗作收，雖然幕府權威跌到谷底，但反幕派也缺乏扳倒幕府的最後一根稻草。

在這僵局中，坂本龍馬推動的大政奉還路線在幕末政界開始受到關注。大政奉還指的是將軍把日本統治權交還給天皇，藉此統合幕府與朝廷雙頭政權的政治構想。

然而說是大政奉還，是名義上奉還即可？還是真的要令幕府實質上交還政權？在當時政界各人解釋不一。

天皇政府若要統治國家，自然必須要有經濟基礎，然而慶喜就算決意大政奉還，卻拒絕交出產值多達四百萬石的天領（幕府直轄領）。換言之，對慶喜而言「大政」只是個藉口，大政奉還是他為了重建以幕府為中心的權力結構才實行的策略。

## 用來重建幕府的大政奉還

慶應3年（1867年）6月9日，龍馬從長崎搭船前往京都。在船內，他向土佐藩的後藤象二郎提出「船中八策」。內容主旨為幕府將政權交還朝廷後，還需設立上下議政局（議院）做為國政的最高議決機關。同意龍馬構想的後藤隨即把這個想法當做自己的意見上陳給前藩主山內容堂，而容堂也以「大政奉還是混亂政局的王牌。只要倡導大政奉還，土佐藩就能掌握政局主導權」為由採用此計策。於是容堂在10月3日，向將軍慶喜提出「大政奉還建白書」。

慶喜苦思許久，最後決定實行大政奉還。10月13日，他在二條城招集各藩代表人，發表要將政權交

---

**歷史筆記** **船中八策** 八策為幕政改革、開設議會、官制改革、外交更新、制定法典、擴張海軍、設置親兵、貨幣改革這八項政策，提出了廣泛的改革方針。

還朝廷的決定。慶喜極有自信，即使在大政奉還後創立的大名會議，他也能靠雄辯主導會議。對慶喜來說，大政奉還只是移轉到新的德川中心體制的手段而已。

山內容堂與松平春嶽等人，則將大政奉還視做邁向公議政體論的一大步。所謂公議政體論，指的是透過各大名、公卿等有力人士聯合議政來推動政治的理論。他們夢想幕府倒台後，諸侯會議能成為國政最高議決機關。

雖然大政奉還表面上是德川幕府將政權轉交給朝廷，但檯面下對立勢力間的爭鬥愈發激烈，更加深政局混亂的程度。

## ● 德川慶喜的各種謊言

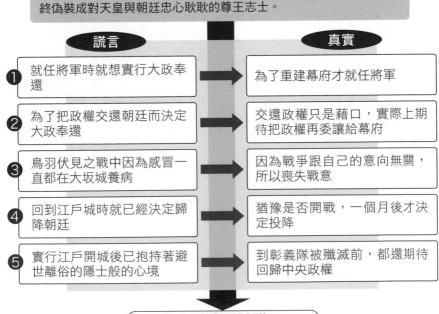

**慶喜說謊的背景**

慶喜在明治這個新時代來臨後，從未說明做為「一會桑政權」領袖活動的時代，以及雖然時間不長，做為將軍統理政界時的真相，始終偽裝成對天皇與朝廷忠心耿耿的尊王志士。

| 謊言 | | 真實 |
|---|---|---|
| ❶ 就任將軍時就想實行大政奉還 | ➡ | 為了重建幕府才就任將軍 |
| ❷ 為了把政權交還朝廷而決定大政奉還 | ➡ | 交還政權只是藉口，實際上期待把政權再委讓給幕府 |
| ❸ 鳥羽伏見之戰中因為感冒一直都在大坂城養病 | ➡ | 因為戰爭跟自己的意向無關，所以喪失戰意 |
| ❹ 回到江戶城時就已經決定歸降朝廷 | ➡ | 猶豫是否開戰，一個月後才決定投降 |
| ❺ 實行江戶開城後已抱持著避世離俗的隱士般的心境 | ➡ | 到彰義隊被殲滅前，都還期待回歸中央政權 |

**為何慶喜要說謊？**

革命前的政權領袖為了活命，必須偽裝成對天皇政權忠心不二的忠臣。結果就是慶喜靠著不斷說謊，得到公爵的稱號。

# 是誰計劃暗殺龍馬？

龍馬在跟中岡慎太郎會面時，遭到見迴組襲擊而殞命。下決殺令的到底是幕府人士，還是會津藩？

## 最後一句話是「腦袋被砍了」

德川慶喜奉還大政後一個月，檯面下仍有各種爭鬥與活動，時局只是更加混亂。坂本龍馬遭到暗殺，也是在這個時期。

龍馬於慶應3年（1867年）11月15日深夜，在京都近江屋新助宅邸的二樓，跟同志中岡慎太郎討論今後的方針。就是在此時遭到幕府見迴組的襲擊而死。

根據暗殺者之一今井信郎的證詞，暗殺龍馬是見迴組組長佐佐木只三郎的命令。那麼暗殺龍馬的最高下令者，也就是真正的幕後凶手到底是誰呢？今井只證實是佐佐木的直接命令，但真正下令的最高層級是幕閣還是京都守護職，卻沒有給出答案。

## 暗殺龍馬的幕後凶手？

從常識思考，不管是幕閣還是京都守護職，下令者應該是舊幕府側的人士。但潛藏在暗殺事件背後的幕後凶手，也有人懷疑是以西鄉隆盛為中心的薩摩高層，或是土佐的後藤象二郎。

後藤在事件前曾接近過新選組局長近藤勇等舊幕府人士，其動機難以理解。此外，薩摩藩這時正計劃武力討幕，反對此路線的龍馬變成礙事的存在，所以也可能是薩摩教唆幕府暗殺龍馬的。

龍馬曾判斷若討幕派與幕府發生全面衝突，便會導致沒完沒了的內戰，而且討幕派應該也不認為只要跟幕府拼死相搏就能獲勝。討幕派正因為有大政奉還做為緩衝，才能於之後站在優勢地位推動政局。討幕派跟龍馬之間並沒有致命的路線對立，因此西鄉跟後藤的陰謀說雖然有趣，但應只是小說的想像而已。

一般多認為是會津藩人士或幕府守舊派，為了表示對大政奉還路

**歷史筆記** 見迴組　為了維護京都市內治安而成立的組織。相較於新選組以浪士為主，見迴組的成員則多是幕臣或其子弟。

線的反對，而暗殺龍馬。

　　龍馬在三年前曾於寺田屋遭伏見奉行所抓捕，當時他射殺了數名捕快，成為通緝犯。或許比起反體制領導人，幕府更傾向將龍馬看成殺人犯進行追捕。龍馬會遭到暗殺，可能只是時機成熟，恰巧被查到躲藏地而已，背後並不一定有複雜的關係與陰謀。

## ● 龍馬暗殺事件的背後關係

西鄉隆盛

教唆暗殺 ？

中岡慎太郎

坂本龍馬

見迴組

打算武力討幕的西鄉視大政奉還路線的龍馬為阻礙，因而教唆暗殺？

松平容保

暗殺指令

因為反對大政奉還而對見迴組下暗殺令的可能性很高

小栗忠順等人

暗殺指令

江戶強硬派對見迴組下令的？

後藤象二郎

教唆暗殺 ？

與龍馬只是表面和解，私底下仍有路線對立所以教唆暗殺？

# 「小御所會議」中
# 決定性的世紀大失言

岩倉具視想把前將軍慶喜排除在新政權之外，並以「辭官納地」這個難題相逼，因而舉辦了小御所會議。

### 為了奪取「玉」的政變

慶應3年（1867年）12月9日，討幕派按計畫實行了奪取「玉」，也就是天皇的政變。以薩摩藩兵為主力的政變軍攻向御所，突襲擔任警衛的會津藩兵。會津藩兵手足無措，未做任何抵抗就被驅離。

岩倉具視驅離御所周邊的會津藩兵，確認掌握了「玉」之後，就以天皇名義頒布「王政復古大號令」。大號令中廢除將軍、攝政、關白等代行天皇職權的職位，昭示天皇親政的原則。

此時的明治天皇在政治上還未有主見，王政復古大號令跟天皇的意向沒有絲毫關係。討幕派雖然倡導天皇親政，但實際上只是想把「玉」收進懷中，徹底利用天皇的地位。

藉由王政復古大號令，討幕派

名正言順接收將軍慶喜奉還的「大政」，宣示代表日本的政府唯有天皇政權。不過幕末動亂的最終章可不是一個小政變就能完結的，在明治新政府誕生前，還有許多不得不跨越的難關。

### 山內容堂的世紀大失言是指？

這一天（9日）的黃昏，御所內召開了新政權基本方針會議。這場天皇列席的會議取其所在建築之名，稱為「小御所會議」。

會議中，前土佐藩主山內容堂以及主導政變的岩倉具視，在德川慶喜的待遇上有不同見解，遂引發論戰。雖然土佐藩依後藤象二郎的判斷參加了政變，可是容堂對於要不要加進反幕勢力仍猶豫不決，仍然打算盡力讓慶喜復權。

然而明明天皇就在席上，容堂

---

**歷史筆記**　**小御所**　京都御所內的其中一座建築。除了用來接見將軍，也是多項儀式的會場。在舉辦重要會議時也會選定此處做為場地。

卻脫口說出「擁立幼沖（稚幼的）天子」這樣可謂貶低聖上的大失言，情勢轉瞬而下。容堂被岩倉堅不退讓的態度所壓倒，因此小御所會議最終按照岩倉主張，決定慶喜必須「辭官納地」。

辭官納地意指慶喜必須辭退內大臣的地位，並將德川家領地全數交給新政權。雖然新政權表示若慶喜願意辭官納地，也允許他參加新政權，但先不論辭官，納地對德川家而言實在是不可能實行的過分要求。

從岩倉的角度來看，以辭官納地這個不合理的要求相逼，其實是用來觀察對方態度的策略。

## ● 王政復古政變

### 〈壓制御所的無血政變〉

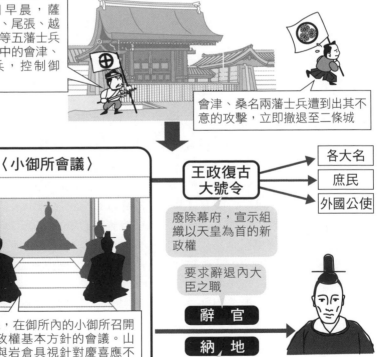

12月9日早晨，薩摩、土佐、尾張、越前、安藝等五藩士兵驅趕警備中的會津、桑名藩兵，控制御所。

會津、桑名兩藩士兵遭到出其不意的攻擊，立即撤退至二條城

〈小御所會議〉

9日傍晚，在御所內的小御所召開訂定新政權基本方針的會議。山內容堂與岩倉具視針對慶喜應不應參加政權之事展開激烈交鋒，最後岩倉爭勝。

王政復古大號令

→ 各大名
→ 庶民
→ 外國公使

廢除幕府，宣示組織以天皇為首的新政權

要求辭退內大臣之職

辭官

納地

要求德川家將所有直轄領歸還朝廷

德川慶喜

# 西鄉策劃的武力倒幕之策

討幕派透過「王政復古大號令」向內外宣示新政權的誕生，
但局勢仍然難以預測。

## 未在江戶城生活過的將軍

江戶幕府最後的將軍慶喜是在京都二條城舉行將軍就任儀式，同樣也是在這裡宣布「大政奉還」。在此之間慶喜從未回到關東，也沒有在江戶城執行過將軍職務。

在這段時間，老中稻葉正邦（山城淀藩主）等人始終堅守著主人不在的江戶城，但慶喜卻沒有向他們商量，便逕自實行大政奉還，因此消息傳來，反對者占壓倒性多數。時任老中格的稻葉正巳（安房館山藩主）立即上京，把江戶幕閣反對大政奉還的意志傳達給慶喜，並遵從慶喜命令，將大政奉還的本意（參見152頁）回傳給待在江戶的反對派並試圖說服他們。然而江戶幕閣聽不進稻葉正巳帶回來的理由，於是與慶喜間的隔閡愈發擴大。

附帶一提，江戶與上方地區的通信速度，由於引進了西式船舶而有飛躍性的提升，情報只需兩到三天即可送達。

## 雖然慶喜在事情發生前就知道有政變……

慶喜本來認為，公家與反幕派沒有承擔政權的能力，遲早會把責任丟回來，所以暫時放棄了政權，把權力交給御所。

可一度放手的權力卻未再回到慶喜手上。慶應3年（1867年）12月9日，朝廷頒布「王政復古大號令」，誕生了名義上以天皇為君主的新政權。

當天早晨，以薩摩藩兵為主力的部隊軍事鎮壓御所。慶喜在事前就察覺到政變，但他沒有反抗；慶喜有自信能成為新政權一員並奪回原有的權力，所以並未出招。

## 遭抹殺的正確論點

王政復古的消息傳到江戶城，

---

 **歷史筆記**　**江戶薩摩藩邸**　位於三田的薩摩藩邸雖然因舊幕府軍縱火而燒毀大半，但剩下的建築得到利用，勝海舟與西鄉隆盛即是在此地交涉江戶開城。

幕閣受到的衝擊比起大政奉還時更大，對政變主謀薩摩藩的怒火也逐漸沸騰。加之西鄉隆盛為了跟幕府一戰，也動用謀略；他雖然想武力討幕，卻苦無開戰藉口，因此他刻意讓江戶因游擊戰而陷入混亂狀態，逼迫幕府主動對薩摩藩行使武力。

慶應3年12月23日，薩摩藩朝負責江戶警備的庄內藩邸開炮。接著幕閣在沒有慶喜命令下，25日凌晨開始攻擊薩摩藩邸。戰鬥在早晨就決出勝負，大半薩摩藩士都搭上停泊在品川的軍艦撤退。這起「薩摩藩邸燒毀事件」，令舊幕府與新政府進入交戰狀態。

## ● 薩摩藩邸燒毀事件

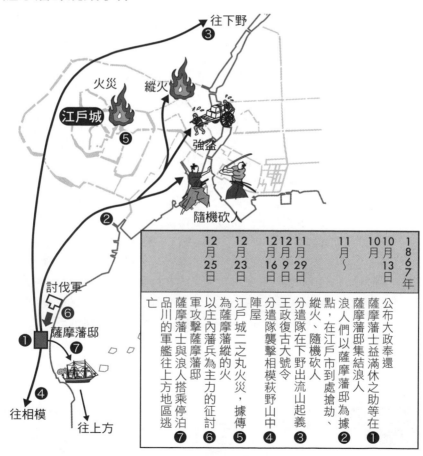

|  |  |
| --- | --- |
| 1867年 10月13日 | 公布大政奉還 |
| 10月～ | 薩摩藩士益滿休之助等在薩摩藩邸集結浪人 ❶ |
| 11月～ | 浪人們以薩摩藩邸為據點，在江戶市到處搶劫、縱火、隨機砍人 ❷ |
| 11月29日 | 分遣隊在下野出流山起義 ❸ |
| 12月9日 | 王政復古大號令　分遣隊襲擊相模萩野山中陣屋 ❹ |
| 12月16日 | 江戶城二之丸火災，據傳為薩摩藩縱的火 ❺ |
| 12月23日 | 以庄內藩兵為主力的征討軍攻擊薩摩藩邸 ❻ |
| 12月25日 | 薩摩藩士與浪人搭乘停泊品川的軍艦往上方地區逃亡 ❼ |

# 僅僅四天就結束的
# 舊幕府 VS 新政府決戰

慶喜本無動用軍力的意思，然而卻掉入西鄉設下的陷阱，點燃了開戰導火線⋯⋯

### 慶喜終於決定開戰

　　因十五年前黑船來航而爆發的幕末動亂，即將進入最終階段。

　　「薩摩藩邸燒毀事件」的消息在三天後，慶應3年（1867年）12月28日傳到大坂城內。

　　王政復古政變（參見156頁）以來，以會津藩為核心的強硬派不斷向慶喜提出應用武力打倒新政權的訴求。慶喜原本壓下這些意見，直到薩摩藩邸燒毀事件發生，給了強硬派開戰的理由，甚至出現「若將軍大人反對，就算奪去大人性命也要討伐薩賊」的極端聲音。

　　慶喜了解到已無法再壓抑強硬派，迫於無奈只好允許臣下進軍京都討伐薩摩藩。

### 薩摩藩兵射出的命運一炮

　　隔年慶應4年（明治元年，1868年）1月3日，舊幕府軍開始朝京都進擊。在京都南郊的鳥羽，舊幕府軍在薩摩藩設置的關口前不斷要求進關之時，突然遭到薩摩藩出其不意的砲擊。由於砲彈正好命中舊幕府軍的中央，所以剛開戰舊幕府軍就陷入混亂狀態。

　　鳥羽才傳來砲聲，在伏見街道對峙的薩摩藩兵跟舊幕府軍也隨即展開戰鬥。

　　這場「鳥羽伏見之戰」，儘管舊幕府軍擁有近三倍兵力，但處於優勢地位的卻始終是以薩長兩藩為核心的新政府軍。由會津藩兵、桑名藩兵與新選組組成的舊幕府軍雖擁有打倒薩摩的火熱意志，在前線死命戰鬥，但裝備實在太過粗糙，別說是舊型槍，甚至不少人手上拿的是刀劍長矛。相反地，新政府軍裝備的則是可以連發的新式步槍。

 **歷史筆記** 　**開陽丸** 　幕府委託荷蘭建造的最新型蒸汽軍艦。回到日本時號稱是亞洲最強軍艦，受命擔任幕府艦隊的旗艦。

## 因慶喜逃亡，新政府確定得勝

自稱感冒而在大坂城寢室內閉門不出的慶喜，於1月6日突然出房並開口要親自上陣，命所有人盡快整裝。等待良久的將軍出陣令突然發布，舊幕府軍將士只能手忙腳亂進行準備。

不過慶喜根本沒有出征之意。夜晚十點左右，他帶著老中板倉勝靜、會津藩主松平容保等核心幕僚偷偷逃出大坂城。慶喜搭上停泊在天保山的「開陽丸」逃回江戶。

由於總帥逃亡，鳥羽伏見之戰確定由新政府軍拿下勝利。

## ●「鳥羽伏見之戰」的戰況圖

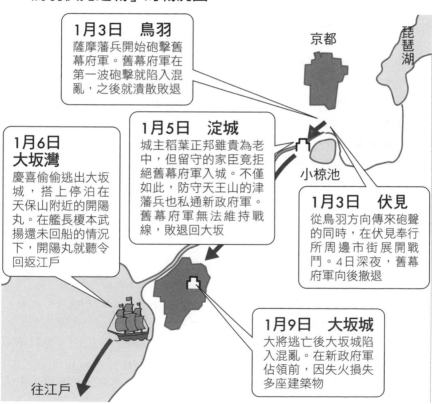

**1月3日　鳥羽**
薩摩藩兵開始砲擊舊幕府軍。舊幕府軍在第一波砲擊就陷入混亂，之後就潰散敗退

**1月5日　淀城**
城主稻葉正邦雖貴為老中，但留守的家臣竟拒絕舊幕府軍入城。不僅如此，防守天王山的津藩兵也私通新政府軍。舊幕府軍無法維持戰線，敗退回大坂

**1月6日　大坂灣**
慶喜偷偷逃出大坂城，搭上停泊在天保山附近的開陽丸。在艦長榎本武揚還未回船的情況下，開陽丸就聽令回返江戶

**1月3日　伏見**
從鳥羽方向傳來砲聲的同時，在伏見奉行所周邊市街展開戰鬥。4日深夜，舊幕府軍向後撤退

**1月9日　大坂城**
大將逃亡後大坂城陷入混亂。在新政府軍佔領前，因失火損失多座建築物

京都

琵琶湖

小椋池

往江戶

# 會津藩是革命的代罪羔羊？

在鳥羽伏見之戰中與官軍兵戎相向的會津藩雖已認錯謝罪，
卻仍被視做朝敵討伐。

### 遭前將軍慶喜捨棄

新政府在「鳥羽伏見之戰」中獲勝後，隨即下令奧羽各藩征討被視為朝敵的德川慶喜及會津藩。

慶喜表明謝罪恭順之意後免去一場災難。可是他卻將一會桑政權一員，會津藩主松平容保視做妨礙自己表現恭順的存在，於是命令容保回去會津，將他趕出江戶。容保為將軍家和慶喜個人忠心竭力，卻在大難臨頭之際被輕易割捨。

慶應4年（明治元年，1868年）3月，為了征伐會津藩組成的奧羽鎮撫總督府，經由海路登陸仙台。總督為公家九條道孝，而實際上掌權的是長州藩士世良修藏以及薩摩藩士大山綱良。

新政府本想借奧羽諸藩之手討伐朝敵會津藩，但各藩不想被捲入與自己無關的戰爭，所以意願低落。此外，以仙台藩為首，各藩多對會津藩寄予同情，引導會津藩向新政府表達恭順以迴避戰爭。

### 為什麼新政府執意要討伐會津藩？

仙台藩跟奧羽二十五藩重臣連署，向總督府提出寬容處理會津藩的請願，卻被世良給駁回。會津藩曾任京都守護職，站在鎮壓志士的第一線；長期身為志士的世良對會津藩抱有莫大仇恨，始終難以原諒會津藩。

仙台藩對駁回請願的世良感到憎恨，因而在閏4月19日，抓捕寄宿在福島旅館的世良，隔天立即斬首。

世良之死導致奧羽各藩決意跟會津藩一同與新政府交戰，並於5月3日在仙台領內的白石成立「奧羽列藩同盟」。6日，以長岡藩為首的越後六藩也加入，壯大成「奧羽越列藩同盟」。

會津藩被奧羽各藩說服，雖表

**歷史筆記** **世良修藏（1835～1868）** 長州藩士。曾是尊攘志士，而後與高杉晉作一同盡力創建奇兵隊。雖任奧羽鎮撫總督府的參謀，卻在福島被暗殺。

明謝罪之意，但私下仍持續鞏固藩境守備、購買武器增強戰力。此外會津藩高層們也誤判情勢，認為能像在「禁門之變」中被當成朝敵的長州藩那般度過難關。

站在新政府角度來看，若拿不出十足誠意，根本就不可能停下會津征討。雙方在情勢判讀上的落差，造成會津藩與奧羽諸藩的大誤算。

## ● 會津藩苦鬥史——從成立到解體

### 幕末到維新期的動態

**1643年**
保科正之受封23萬石的會津藩。正之憑著優秀的經營手腕打下藩政基礎，死前留下絕對效忠將軍家的遺命。

> 正之是第二代將軍秀忠的私生子。參與幕政輔佐姪子，也就是四代將軍家綱

**1749年**
提高年貢課徵，導致大規模的一揆

**1808年**
奉幕府之命擔任蝦夷地以及江戶灣的警備

**1852年**
從高須松平家迎來養子容保，並成為藩主

**1862年**
容保受命擔任京都守護職，君臣皆移往京都，並加俸5萬石

**1863年**
容保得到孝明天皇賞識，受賜一紙讚揚其忠義的書狀

> 跟德川慶喜、胞弟定敬一同組建「一會桑政權」。憑孝明天皇信任主導京都政界。因鎮壓尊攘派受到反幕勢力怨恨

**1864年**
容保之弟松平定敬就任京都所司代
禁門之變，跟薩摩藩一起擊退長州藩

**1867年**
孝明天皇駕崩
跟強硬實行大政奉還的將軍慶喜關係惡化

**1868年**
慶喜帶著容保由海路前往江戶
於鳥羽伏見之戰大敗
慶喜強迫容保回到會津
跟新政府表達恭順卻不被承認
雖跟奧羽越列藩同盟一起對抗新政府軍
遭對新政府軍攻擊，決定投降

**1869年**
會津藩士多流放其他藩接受謹慎處分

**1871年**
解除容保謹慎處分
給予容保之子容大3萬石的陸奧斗南

**1872年**
斗南藩因廢藩置縣而消滅

**1928年**
容保孫女跟秩父宮（昭和天皇皇弟）成婚

> 因跟皇族成婚而洗刷過去「賊軍」的污名

**1963年**
容保曾孫繼承德川宗家

163

# 席捲全日本的騷動是
# 倒幕派的操作？

成群結隊前往伊勢神宮的民眾，忘卻平日的怨憤，沉浸在解
放感之中。然而神符到底是誰撒下的？

## 延續托福參拜精神的「不亦善哉」

　　幕末動亂正要進入最終章。這
個時期有多達數百萬的民眾在街上
一邊狂舞，一邊嘶吼：「這樣不好
嗎？這樣不好嗎？在發臭的東西上
糊紙，破掉了的話再糊，這樣不好
嗎？這樣不好嗎？」

　　在江戶時代，民間興起前往伊
勢神宮進行「伊勢參拜」的風潮；
透過各地自發組成稱為「伊勢講」
的宗教組織共同累積資金，庶民也
可能體驗一生一次的長途旅行。
另一方面，以大集團為單位，一
邊唱歌跳舞一邊前往伊勢神宮參拜
的「托福參拜」，亦再度以數年一
次的周期開始舉行。然而慶應3年
（1867年）8月，起源於三河並發展
到全國的「不亦善哉騷動」，其規
模之大完全不是過去的托福參拜所
能比擬的。

　　自黑船來航以來，因混亂的物
價而陷入困頓生活的庶民們，藉由
這場「不亦善哉騷動」，發洩他們
在平日長期積累的不滿。

## 庶民是能如此輕易操縱的存在嗎？

　　「不亦善哉騷動」常認為是討
幕派為了把庶民不滿情緒導向幕府
所引起的。騷動起源於神符從天上
撒下的神蹟，而這可能是討幕派所
為。

　　江戶無血開城、新政府基礎穩
固後，騷動便逐漸平息。照這麼看
來，庶民可說是被討幕派的計謀煽
動而隨之起舞。

　　不過說不定庶民並非真的被誰
要弄，只是對現狀不滿而高呼「不
亦善哉」，加上宗教狂熱升溫，才

**歷史筆記**　　**伊勢神宮**　　日本最大規模的古老神社。到了幕末，朝廷害怕外國船會進攻伊勢神宮，所以幕府下令周邊各藩強化警備。

讓事態從單純的宗教慶典發展成反體制暴動。

日本民眾常給人「對上層溫順，不會引發革命」這種印象。的確，縱觀日本歷史，相較於歐美各國，日本的庶民在歷史上很少發揮實際的影響力。

因民眾憤怒而導致革命的狀況雖然未曾有過，但近代歷史中卻發生過幾次讓為政者感到危機的事件。明治38年（1905年）的日比谷公園事件裡，民眾因日俄戰爭和約中日本未向俄國求償，就曾引起大規模暴動。

雖然政府發布戒嚴令平定了這起暴動，但為政者也確實理解到民眾暴動的威力。換個角度來看，近代日本史中一般大眾的憤怒常有爆發的可能性，但正是為政者時而透過鎮壓，時而藉由妥協安撫，才能在事前就消除可能造成革命的民眾運動。

## ● 不亦善哉騷動與幕末暴動

不亦善哉騷動
發生地區

信濃　武藏　江戶
甲斐　相模
美濃
尾張　駿河　伊豆
三河　遠江
丹後
但馬
丹波　山城　近江
播磨　京都　伊賀
摂津　河內　伊勢神宮
備前　大坂　和泉　伊勢
備中　淡路　大和
讚岐　紀伊
阿波

1867年8月
於三河御油發生「不亦善哉騷動」
沿東海道向外傳開

11月
大政奉還

12月
「不亦善哉騷動」達到鼎盛期
王政復古政變

1月
鳥羽伏見之戰

1868年4月
「不亦善哉騷動」漸漸平息
江戶開城

6月
備中里之莊發生最後一次騷動

165

# 庶民的不滿在全國各地爆發！

庶民們被迫過著苦難生活的憤怒，終於化為「否定」支配者的一揆暴動爆發出來。

## 全球化造成貧富差距擴大

日本因黑船來航而開國，加入了世界市場，卻令內憂逐漸膨脹；當時輸出最多的是「蠶絲」，因此許多米農轉為經營養蠶業。然而蠶絲商和富農卻透過借貸，用債務壓迫農民並以低價收購蠶絲，獨占利益，這麼一來不論生產多少蠶絲，錢都只會流進蠶絲商與富農的口袋中，因而使得農民的怒氣越發高漲。

不僅蠶絲業，各地農民皆對現況感到不滿。最後為了生存，農民們開始以「百姓一揆」的方式反抗統治階級。

## 喪失對仁政的期待

江戶中期前的百姓一揆，只要揭起筵旗向上表達不滿之意，最後讓統治者處決主謀，就可能得到減除年貢、廢止專賣制等報償。換言之，農民們還是期待「天賜仁政」，基本上承認自己與幕府或藩之間不可動搖的上下關係。

可是到了十八世紀中葉，天災歉收頻頻發生，加上開國導致經濟混亂，庶民的憤怒終於到達頂點；農民們大舉「改世」的旗號，否定幕府與藩的統治。

其中尤以北關東、甲信、南奧州等蠶業發達的地區暴動最為嚴重。為了鎮壓起義民眾，甚至還用到遠程武器。

江戶時代有條不成文的規定：禁止在鎮壓一揆時使用火繩槍等熱兵器。這是因為不用到火繩槍就鎮壓不了一揆，是為政者失格的表現，大名會遭到改易（沒收領地），代官則會被免職。也就是說，幕末當時統治者跟農民之間的對抗，已經嚴重到不用遠程武器就無法鎮壓的地步。

慶應4年（明治元年，1868年）春季到孟夏，上州一帶的農民化為

**歷史筆記**

**筵旗** 由於百姓一揆中農民常用草席（譯註：筵即草蓆）做為旗幟，在最前線舉旗行動，因此筵旗被視為農民團結一心的象徵。

暴徒，襲擊蠶絲商與地主的房子並劫走財物，代官所和藩無能平定，整個地區幾近陷入無政府狀態（改世一揆）。

最後幕府垮台，新政府誕生，名義上實現了「改世」，可以說新政府巧妙地吸收庶民對現況的不滿並化為動能。新政府為了拉攏庶民，曾向舊幕府統治下的農民們承諾年貢將會減半，但意外地，新政府才一接收舊幕領，就乾脆地收回年貢減半的約定。新政府此時，已漸漸嶄露出它冷酷無情的本質。

## ● 幕末維新時代的民眾暴動地點

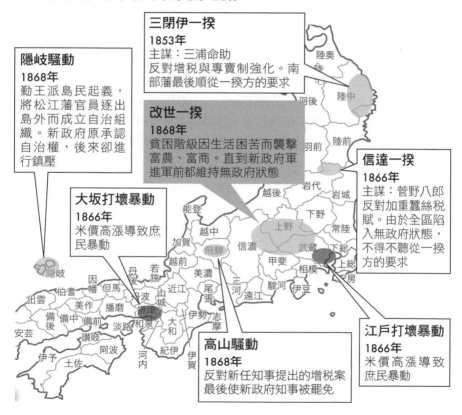

**三閉伊一揆**
1853年
主謀：三浦命助
反對增稅與專賣制強化。南部藩最後順從一揆方的要求

**隱岐騷動**
1868年
勤王派島民起義，將松江藩官員逐出島外而成立自治組織。新政府原承認自治權，後來卻進行鎮壓

**改世一揆**
1868年
貧困階級因生活困苦而襲擊富農、富商。直到新政府軍進軍前都維持無政府狀態

**信達一揆**
1866年
主謀：菅野八郎
反對加重蠶絲稅賦。由於全區陷入無政府狀態，不得不聽從一揆方的要求

**大坂打壞暴動**
1866年
米價高漲導致庶民暴動

**高山騷動**
1868年
反對新任知事提出的增稅案最後使新政府知事被罷免

**江戶打壞暴動**
1866年
米價高漲導致庶民暴動

陸奧
陸中
羽後
羽前
陸前
岩代
岩城
越後
下野
常陸
上野
武藏
能登
越中
加賀
信濃
甲斐
相模
下總
越前
美濃
飛驒
駿河
伊豆
上總
安房
丹後
若狹
山城
近江
尾張
三河
遠江
隱岐
因幡
但馬
攝津
伊勢
志摩
出雲
伯耆
美作
播磨
和泉
大和
紀伊
伊賀
備後
備中
備前
淡路
河內
安芸
讚岐
阿波
土佐
伊予

# 點綴幕末維新的 人物群像

## 明治天皇 ◆1852～1912

### 從「幼沖天子」成長為理想君主

名為睦仁。為孝明天皇皇子，生母是中山忠能之女慶子。據說13歲時曾因「禁門之變」中的發砲聲而嚇到暈倒。

孝明天皇駕崩後，15歲便成為一百二十二代天皇。當時的明治天皇只是一個象徵性的存在，由外祖父中山忠能代為發言；而中山背後則是倒幕派的岩倉具視在把持朝政。

明治維新後遠離公家與女官，向漢學者元田永孚、洋學者加藤弘之學習學問，也跟隨舊幕臣山岡鐵舟、薩摩藩士村田新八修行武術。

隨著天皇中心體制成熟，他也慢慢成長為理想君主。明治天皇雖然偶爾會對閣員人事有異議，但在政治上不曾帶頭議事，政務亦交由伊藤博文等重臣處理，其作風對君主立憲制國家而言是最佳的典範。61歲病逝，諡號明治天皇。

## 岩倉具視 ◆1825～1883

### 實現王政復古的有功者

權中納言堀河康親的次子，14歲前往岩倉家做養子。岩倉家本是止於權大納言的中階家系。30歲成為孝明天皇侍從後，漸漸嶄露頭角。

不過因岩倉盡力實行公武合體運動，被尊攘派敵視，遭逼辭官、剃髮，謫居在京都北部的岩倉地區。他此時改與薩摩、長州、土佐志士們合作，捨棄公武合體論，轉以天皇親政的國家體制為目標。

策劃「王政復古」政變，成為新政府的大功臣。維新後就任等同首相的職位，在近代國家創建期的艱苦時刻帶領國家。明治4年，率領遣外使節團前往歐美視察。59歲病逝，後事托付給伊藤博文等人。

幕末維新期的公家社會，無有如岩倉這般具有高度政治企劃力、能精準

判讀時勢，而且堅決果斷的有能者。不過也無法否定他做為權謀者的一面，明治天皇便因自己生父孝明天皇可能是被岩倉毒殺，而始終提防著他。

# 榎本武揚 ◆1836～1908

## 從海軍提督華麗轉升外交官

旗本武士榎本圓兵衛的次子。12歲進入昌平黌，師從中濱萬次郎學習西洋知識。21歲進入長崎海軍傳習所，修習海軍技術。27歲留學荷蘭，學習海軍技術與國際法。

跟著幕府委託荷蘭建造的最新軍艦「開陽丸」一同回國。受命擔任海軍副總裁，成為幕府海軍實質上的司令。

江戶開城後，拒絕將軍艦交給新政府。待德川處分問題解決後，退至蝦夷地嘗試建立獨立國家，最後敗給新政府軍而投降。之後出仕明治政府。

做為特命全權公使簽訂了《庫頁島千島群島交換條約》（明治8年），後歷任海軍卿、文部大臣、外務大臣等要職，跟勝海舟同做為舊幕臣代表人物活躍於明治政府內。73歲病逝。

# 松平容保 ◆1835～1893

## 對天皇盡忠竭力的「朝敵」

高須藩主松平義建的第六子。12歲成為會津藩松平家養子，18歲就任藩主。黑船來航之際，曾提出應准許開國的建白書。28歲受命擔任新設職位京都守護職，負責維護暗殺橫行的京都治安。

由於容保跟朝廷交好，且個性誠懇認真，因此得到孝明天皇莫大信賴。胞弟桑名藩主松平定敬，也於之後擔任京都所司代。

「鳥羽伏見之戰」中會津藩成為舊幕府軍主力，因而被視為「朝敵」。江戶開城後跟新政府軍激戰許久，最後決定投降。容保常給人被時代濁流吞沒的悲劇印象，不過容保沒有可稱智囊的部下，亦無法統御強硬派家臣，這也是他最後下場甚慘的原因之一。被赦免後，在日光東照宮擔任宮司度過餘生，59歲病逝。

# 江戶平安開城的背後原因

勝海舟從流氓老大到外國公使無不利用，終於跟新政府交涉成功！

## 末代將軍煩惱到最後選擇了恭順路線！

德川慶喜在慶應4年（1868年）2月12日，從江戶城搬遷到上野的寬永寺。慶喜透過在城外自主謹慎，向幕府內外表達順從新政府的意向。

慶喜在明治後曾自言「逃出大坂城時就決定恭從新政府了」，但實際上在逃回江戶城這個安全地帶後，整整一個月都在苦思對策，甚至考量過跟新政府全面開戰。由於連御三家中的紀州藩跟尾張藩都決定跟隨新政府，狀況越發不利的慶喜只好決定投降。

## 海舟在交涉中為爭取有利條件打出的祕策

勝海舟接下了跟新政府交涉的重任。海舟為了保存德川家，在和議中爭取到更有利的條件，準備了數招計策。

首先他在3月13日到14日間，委託滅火隊與流氓領袖一件驚人的事：若無法避免跟新政府的一戰，就請滅火隊放火把江戶燒成焦土。此舉不但有利於阻止對方進軍，也表明不撤退的意志。也就是說，海舟動員本職為滅火的隊員們去協助江戶的焦土作戰。

另外，海舟也活用了來自外國的壓力。英國公使巴夏禮為了對抗援助幕府的法國公使羅什，支持西鄉等反幕勢力，跟新政府高層的關係也很好。因此海舟跟巴夏禮接觸，傳達江戶不惜焦土作戰的意志，威嚇他橫濱的貿易將可能發生莫大損失。

率領新政府軍的西鄉隆盛到橫濱後隨即與巴夏禮會談，表示將對江戶城進行總攻擊。不過巴夏禮以「根據國際法禁止攻擊投降的對手。萬一江戶城遭攻擊，英國與法國會對新政府宣戰」為由激烈反對。

---

**歷史筆記** **寬永寺** 寬永2年（1625年）由三代將軍德川家光創立，用以鎮守江戶街町。在上野戰爭中遭到毀壞。

由於慶喜已表示恭順，巴夏禮認為此時還對江戶城進行總攻擊，可能會將橫濱捲入戰火中，嚴重影響對日貿易，因此積極平息戰端，要求西鄉中止總攻。最後西鄉在海舟的計策下，不得不接受附帶條件的和約，與海舟簽訂停戰協議。

## ● 江戶開城——海舟手上逼對方妥協的王牌

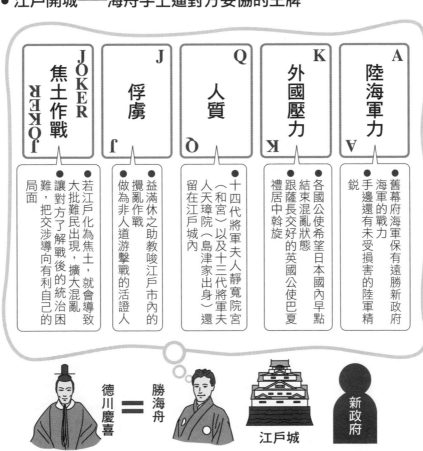

**JOKER 焦土作戰**
● 若江戶化為焦土，就會導致大批難民出現，擴大混亂局面，把交涉導向有利自己的
● 讓對方了解戰後的統治困難

**J 俘虜**
● 做為非人道游擊戰的活證人
● 益滿休之助教唆江戶市內的擾亂作戰

**Q 人質**
● 十四代將軍夫人靜寬院宮（和宮）以及十三代將軍夫人天璋院（島津家出身）還留在江戶城內

**K 外國壓力**
● 禮居中斡旋
● 跟薩長交好的英國公使巴夏
● 各國公使希望日本國內早點結束混亂狀態

**A 陸海軍力**
● 舊幕府海軍保有遠勝新政府海軍的戰力
● 手邊還有未受損害的陸軍精銳

德川慶喜 ＝ 勝海舟

江戶城　　新政府

# 江戶無血開城與大奧的女人們

為迴避戰爭，海舟有效活用手上剩下的王牌威脅新政府。

## 幕末動亂的最終舞台

若直接說結論，因勝海舟與西鄉隆盛的會談，使江戶能無血開城，並拯救德川慶喜性命，讓德川家在靜岡（駿府）受封七十萬石領地。

雖然歷史事實已然如此，但在當時只要狀況稍有變化，就可能造成內戰長期化、慶喜遭砍頭或反過來慶喜成為新政府高層之一等，與現在的歷史全然不同的結果。而現在，動亂時代即將迎來最後一幕。

## 海舟手上剩下的牌

就算要跟新政府低頭，代表舊幕府的勝海舟也想在更好的條件下投降。除了保全慶喜外，為了爭取更多優勢，海舟在私底下做了各式各樣的努力，也確實得到了相應的成果。

海舟手上準備了幾張牌。雖然最後一張牌都沒打出去，但這些牌的存在也在交涉的過程中把情勢帶向對自己有利的局面。

對海舟而言最有力的王牌便是軍事力，尤其以號稱東洋最強的幕府海軍最令新政府畏懼。

海舟有自信，自己親手培育的海軍絕對不會敗陣。新政府最後之所以放過慶喜，或許可說是他們沒有能跟德川全力相搏後還能得勝的自信。

另一張王牌則是十四代將軍家茂之妻和宮，以及十三代將軍家定之妻天璋院（篤姬）。和宮為孝明天皇之妹，也就是當今天皇的姑姑，而天璋院為島津家出身，兩人等同於幕府的人質。

兩人也向親族、友人送出書信，為保全慶喜而求援，盡力守護夫家德川一門，迴避一場骨肉相殘的慘劇。2008年播出的大河劇《篤姬》中，江戶無血開城是由大奧的女人們竭盡心力才達成的。雖然

---

**歷史筆記** **江戶城** 由太田道灌所建，做為德川將軍家根據地而被不斷強化的巨大城郭。防禦固若金湯，當時認為即使新政府軍發動總攻擊也不可能被攻陷。

不能否定她們的功績，不過對照史實，大奧其實並非關鍵，僅有順水推舟之效。

　　海舟與西鄉隆盛在慶應4年（明治元年，1868年）3月13日與14日這兩天，於三田薩摩藩邸內進行了兩次會談。第一次會談只是彼此問候，到第二次會談才正式進行交涉。最後中止原定隔天15日要實行的江戶總攻，成功迴避舊幕府跟新政府的全面戰爭。

● 江戶開城交涉的議定事項

場所　江戶府內三田薩摩藩邸上屋敷
日期　1868年3月13日〜14日

西鄉中止江戶總攻，完全聽從海舟的意見

海舟藉由暗示對方自己手中的王牌（參見171頁）主導交涉，成功迴避之前山岡鐵舟所提出的嚴苛條件

第一條　慶喜須謫居於水戶

第二條　江戶城由新政府接收，田安家代為管理

第三條　承認保留部分幕府艦隊

第四條　承認保留一定數量的兵器

第五條　居於江戶城內的家臣移至城外「謹慎」

第六條　戰犯不處死罪

第七條　協議後鎮壓反對恭順者

# 舊幕臣彰義隊僅一天就瓦解

彰義隊人數多達三千人，但這群由舊幕臣組成的烏合之眾，在新政府軍強大火力面前毫無招架之力。

## 為何會成立彰義隊？

因勝海舟跟西鄉隆盛歷史性的會面決議，中止了將在隔日發動的江戶總攻。

雖然慶喜本人決定迴避戰爭，順從新政府，但一部分舊幕臣卻背離主君的意思，打算跟新政府決勝負。

慶應4年（明治元年，1868年）4月11日，江戶城和平轉交給新政府軍。而在同一天凌晨，德川慶喜則從上野寬永寺前往新政府指定的謫居地水戶。在此之前，強硬派舊幕臣曾為了護衛慶喜而組成「彰義隊」，然而即使慶喜前往水戶後，彰義隊仍持續駐留寬永寺，巔峰時有多達三千名來自舊幕臣或脫離譜代大名家的脫藩者加入。

雖然德川慶喜隨著江戶開城離開江戶，不過海舟曾向西鄉勸說「若慶喜回到江戶便能抑制彰義隊」，試圖恢復慶喜權力。

在雙方協議下，西鄉承諾會委託彰義隊負責江戶市內的警備；由於佔領上野的彰義隊已是一大勢力，西鄉為維持江戶治安，只好考慮與反新政府勢力妥協。西鄉自江戶開城交涉後，始終被圖謀讓德川復權的海舟牽著鼻子走，做出許多不利於新政府的決策。

## 因彰義隊瓦解而隨之破滅的慶喜復權計畫

5月15日早晨，新政府軍開始攻擊盤據在上野寬永寺的彰義隊。

對新政府而言，要統治日本最大都市江戶，彰義隊是必須斬除的阻礙。新政府派出長州藩出身的大村益次郎，勸服本想跟海舟妥協的西鄉掃除彰義隊。

彰義隊全盛時約有三千兵力，但一聽到討伐風聲就驟減到半數以下。也因此彰義隊在開戰後，僅不到一天時間就幾近全滅。

**歷史筆記** **彰義隊** 以志士天野八郎及一橋家的涉澤成一郎等人為中心組成。由於涉澤後來與天野不和而脫隊，埋下內部爭鬥的種子，彰義隊始終難以團結。

對海舟來說彰義隊是跟新政府交涉的重要籌碼，但他們卻沒有按照海舟的意思行動；彰義隊的一部分激進派甚至斬殺新政府士兵，不斷挑釁，終導致新政府下達了剿匪令。彰義隊未能發揮德川武士的氣魄，就這麼被消滅。

5月24日，新政府承認六歲的家達繼承德川家成為駿府城主，獲封七十萬石領地。七十萬石的俸祿雖比御三家之首尾張家的六十一萬石還高，卻比島津家的七十二萬石還低，俸祿額相當微妙。

## ● 上野戰爭──彰義隊瓦解

激戰中，肥前藩設置在加賀藩邸內的阿姆斯壯砲開始射擊。彰義隊陷入混亂狀態

下午一點，新政府部隊衝進寬永寺內，彰義隊往東北方撤退。傍晚結束上野附近的戰鬥

大村益次郎從三方設下包圍網，並留東北方給敵方做退路，作戰計畫相當縝密周到。早上八點，新政府軍開始攻擊，在南面中央的黑門口展開激烈交戰

新政府軍士兵襲擊位於冰川的勝海舟宅邸，不過海舟當時正在江戶城北之丸的田安邸，因而逃過一劫

彰義隊　寬永寺　江戶城　赤坂

### 戰力比較

|  | 彰義隊 | 新政府軍 |
|---|---|---|
| 總兵力 | 1500人 | 2000人 |
| 部隊組成 | 幕臣、譜代脫藩浪士、陸軍逃兵 | 薩摩、長州與肥前等 |
| 裝備 | 舊式火槍、刀槍 | 新式火槍 |

175

# 曾有迴避北越戰爭的唯一機會!?

長岡藩家老河井繼之助為了迴避內戰曾向新政府請願,然而卻遭到拒絕。壯烈的北越戰爭就此揭幕!

## 名將河井的苦惱

　　新政府在「戊辰戰爭」這場內戰中獲勝後,既以武力扳倒反政府勢力,也獲得足以建設能跟歐美列強抗衡的近代國家的穩固基礎。

　　從結果來說內戰僅一年多即告終,但倘若內戰長期化,將可能造成日本國力衰敗,進而導致被歐美列強割據、瓜分國內利益的糟糕困境。

　　長岡藩家老河井繼之助,便憂心長期內戰帶來的弊端,認為新政府應該中止征討會津藩。當新政府軍進軍到越後時,河井在慶應4年(明治元年,1868年)5月2日,前往小千谷的新政府軍本營展開交涉。但他的意見遭到徹底否決,小千谷會談因此決裂。之後長岡藩只好加入奧羽越列藩同盟,在河井的指揮下與新政府軍激烈交戰。

　　加盟奧羽越列藩同盟(參見163頁)的幾乎都是無法應對時代潮流,藩政改革不徹底,軍備尚未近代化的藩。惟河井三年前掌握藩政以來,不僅透過高明的經濟手腕成功改革財政,也購買新式兵器,訓練長岡藩兵成為不亞於薩長兩藩的精銳部隊。購入的武器裡還有當時最新銳的格林機槍,並期待其能成為迴避戰爭的嚇阻力。

## 不曾活用的最新兵器

　　但對河井來說最不幸的是,會談的對手並非新政府高官,而是土佐藩出身、二十三歲的毛頭小子岩村高俊。岩村並不了解河井與長岡藩的實力,只是忠實遵照新政府不從便討的命令,否決河井「為避免消耗國力應迴避內戰」的精準分析。

　　河井決意跟新政府軍一戰後,就在長岡城展開壯烈的殊死戰;本來新政府軍已用奇襲攻下了長岡城,卻又遭到河井的奇襲而失守,

---

**歷史筆記**　**戊辰戰爭**　以鳥羽伏見之戰為起始的一連串新政府軍對抗舊幕府勢力的內戰。由於西元1868年為戊辰年而得名。

戰鬥過程可謂之難分軒輊。

　　不過河井在最前線指揮時中彈，隨後因傷逝世，使得失去優秀指揮官的長岡藩兵不得不棄城撤退到會津。長岡城攻防戰是戊辰戰爭中兩軍進退最激烈的戰役，也是連戰連敗的奧羽越列藩同盟唯一一條曾出現勝機的戰線。

　　順帶一提，河井自豪的格林機槍並未受到活用，最後不翼而飛。

## ● 戊辰戰爭的過程──從江戶無血開城到長岡城攻防戰

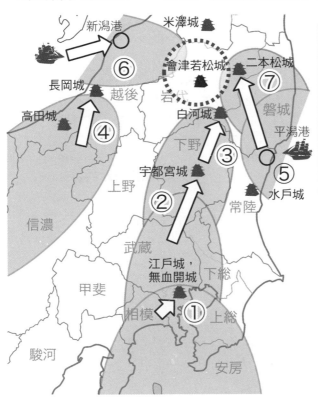

| 連勝的新政府軍 |
| --- |
| ①4月11日 新政府軍接收江戶城 |
| ②4月23日 新政府軍從舊幕軍手上奪走宇都宮城 |
| ③5月1日 新政府軍攻陷白河城 |
| ④5月19日 新政府軍攻陷長岡城<br>7月29日 同盟軍雖然曾一度奪回長岡城，但隨後又被攻陷 |
| ⑤6月16日 新政府軍奇襲平潟港 |
| ⑥7月25日 新政府軍奇襲新潟港並登陸 |
| ⑦7月29日 新政府軍攻陷二本松城，確保攻擊會津若松城的路線 |

## 1868年 > 會津若松城攻防戰

# 會津白虎隊會發生悲劇的原因是？

部隊依年齡編組的做法導致這場悲劇。看似燒起來的鶴城其實還堅守了一個月。

### 新政府軍的攻勢與同盟軍的苦撐

慶應4年（明治元年，1868年）5月到7月這段期間，奧羽越列藩同盟與新政府軍之間的戰鬥陷入膠著，白河城周邊的攻防戰始終一進一退，沒有進展。然而新政府軍源源不斷的增援部隊將同盟軍逼入苦戰，二本松城最終在7月29日被攻破，新政府軍終於能進攻同盟軍最後的碉堡會津藩。

8月22日，新政府軍突破母成峠進入會津藩領。會津藩為了對抗新政府軍的入侵，將主力部隊配置在藩境的各個關口，因此留守會津若松城（鶴城）的只有預備部隊。

會津藩在戰前依照藩士的年齡編組部隊，其中由15歲到17歲最年輕的少年武士組成的部隊稱為白虎隊。另外由青壯年士兵組成的為朱雀隊（18～35歲）、青龍隊（36～49歲），以老人為中心組成的則是玄武隊；朱雀隊與青龍隊負責前線，玄武隊及白虎隊負責後方防守。當母成峠失守後，就連白虎隊的士中二番隊也被迫出陣迎戰城下敵軍。

軍隊這種組織，正因為混編了充滿活力的年輕人，以及人生經驗豐富的年長者，才能順利運作發揮功用。會津藩以年齡分編的做法偏離常識，間接造成之後的悲劇。

### 白虎隊象徵了會津藩的悲劇

士中二番隊為了防禦新政府軍，在戶之口原埋伏。但在激戰中隊員與隊長失散，流落於戰場間。

8月23日傍晚左右，他們終於抵達若松城西北方兩公里的飯盛山。但遠眺若松城，卻發現城堡被火炎所包圍；事實上只是城下町冒出的濃煙跟火炎遮住了城堡而已，但在疲憊的他們心中，卻已認定城池陷落。

**歷史筆記** · **士中二番隊**　白虎隊其中一個小隊，隊員總數約四十名。即使在白虎隊內部，也依身分由上而下分成「士中」「寄合」「足輕」三個部隊。

城池既落，又怎能厚著臉皮活下去？於是二十名少年決定集體自殺。其中只有一人飯沼貞吉被救活，做為見證人向後世講述少年們悲壯的結局。

之後會津藩雖堅守若松城負隅頑抗一個月，但盟友仙台藩與米澤藩相繼投降，會津也只能無條件投降新政府。

新政府隨後沒收會津藩原有的領地，並寬容處置，將會津藩轉封至下北半島三萬石的領地。但位於本島最北端的下北之地，不論氣候還是土地都相當嚴苛，所以這場轉封也被稱為「全藩流放」。

## ● 會津若松城攻防戰　城下町的慘劇

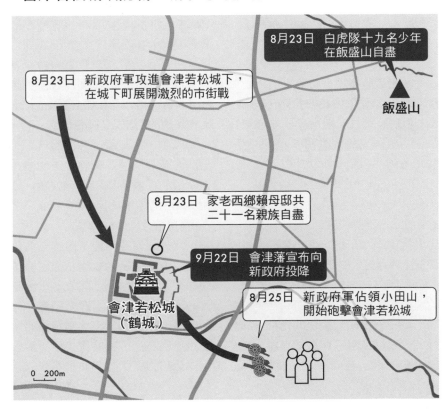

8月23日　白虎隊十九名少年在飯盛山自盡

飯盛山

8月23日　新政府軍攻進會津若松城下，在城下町展開激烈的市街戰

8月23日　家老西鄉賴母邸共二十一名親族自盡

9月22日　會津藩宣布向新政府投降

8月25日　新政府軍佔領小田山，開始砲擊會津若松城

會津若松城（鶴城）

0　200m

# 半途解體的奧羽越列藩同盟

由於內部對抗戰目的的認知不同，於是各藩一一背棄同盟。
落後時代的同盟軍被新政府軍耍得團團轉！

## 為了拯救會津藩，東北各藩共同起義！

慶應4年（明治元年，1868年）5月3日，二十五藩共組的「奧羽列藩同盟」（到6日北越六藩也加入成為「奧羽越列藩同盟」）在白石成立（參見163頁）。

不過戰事不利，到了9月米澤、仙台、會津等主力相繼投降，同盟於是瓦解。

有些研究認為奧羽越列藩同盟採用各藩共同議政以決定基本方針的議事手法，實現了公議政體論，因此高度評價其設立意義。但另一方面也有採嚴厲批判角度的見解，認為同盟不過是由一群不懂時勢的保守主義者組成的烏合之眾罷了。

近年由於對會津藩、奧羽各藩的喜愛與同情，苛評較以往少，然而若冷靜分析同盟成立的過程、苦戰的成因以及最終解體的理由，就能了解同盟的衰敗實是理所當然。

## 低落的團結力與粗劣裝備

團結力低落是從同盟成立之初就潛藏的大問題。參加同盟的藩大多都只是不想被捲進朝敵會津藩與新政府之間的戰事，所以才呼應仙台藩與米澤藩的召集；然而在仙台藩主導下，方針卻轉變為與會津藩一同向新政府開戰。同盟各藩會想摸索脫離時機，可以說是再正常不過的反應。

戰爭中津輕藩、久保田藩、三春藩、新發田藩等接連脫離同盟。這四藩的行動不單純只有脫離，藉由在戰局緊要關頭倒戈，就能將之前所有的敵對行為一筆勾銷。

此外即使在同盟軍內部，各藩之間也彼此排擠，缺乏合作意識。譬如盟主仙台藩，就想效法戰國時代的「奧州王」伊達政宗領導其他藩；而米澤藩則是出兵到過去的領土越後地區，嘗試收復失地。這些猶如穿越到戰國時代的戰略觀成為

**歷史筆記** | **白石** 伊達家重臣片倉氏的居城。幕府頒布的一國一城令中規定，大名的家臣不可擁有城池，不過白石城是少數的例外。

同盟內部難以團結的原因。

　　同盟軍裝備相較於新政府實在太過粗劣，也是戰爭的直接敗因。

　　兵器進步連帶使戰鬥方法也有大幅變化，但同盟軍卻幾乎未做過軍事制度上的改革。可以說奧羽越列藩同盟眼高手低，理想高遠但卻只是一群落後時代的烏合之眾。

## ● 戊辰戰爭　到列藩同盟解體

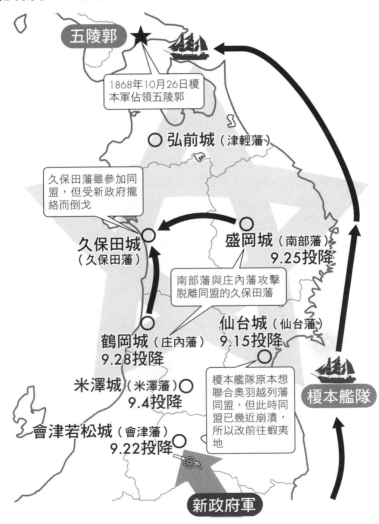

五陵郭 ★

1868年10月26日榎本軍佔領五陵郭

弘前城（津輕藩）

久保田藩雖參加同盟，但受新政府攏絡而倒戈

久保田城（久保田藩）

盛岡城（南部藩）9.25投降

南部藩與庄內藩攻擊脫離同盟的久保田藩

鶴岡城（庄內藩）9.28投降

仙台城（仙台藩）9.15投降

米澤城（米澤藩）9.4投降

榎本艦隊原本想聯合奧羽越列藩同盟，但此時同盟已幾近崩潰，所以改前往蝦夷地

會津若松城（會津藩）9.22投降

榎本艦隊

新政府軍

# 「錦御旗」是藝妓的腰帶！？

　　對新政府軍而言，宮大人等於皇族與錦御旗，是象徵自己為「官軍」的標誌。

　　慶應4年（明治元年，1868年）1月4日，皇族仁和寺宮（小松宮彰仁親王）受命擔任征討大將軍，從天皇手上接過錦御旗以及節刀，此時薩長軍與舊幕軍正在鳥羽、伏見激戰；由仁和寺宮（宮大人）擔任將軍、親赴戰地，意即承認薩長兩藩的「官軍」身分。

　　不過比起「宮大人」，從戰場遠方就能辨識的旗幟做為官軍象徵更加有效。據說當錦御旗飄揚在新政府軍陣地的那一刻，舊幕軍認知到自己成了「賊軍」時，皆感到驚愕無比。

　　足以威震賊軍的錦御旗，究竟長什麼樣子呢？雖然大多數知識分子都知道錦御旗是代表天皇軍的軍旗，然而除了在南北朝時代（1336～1392年）有使用過的記錄，當時根本沒人曉得錦御旗具體的設計與紋樣。

　　因此岩倉具視找來心腹的國學者玉松操調查古代文獻。玉松畫下大致輪廓，要薩摩藩跟長洲藩基於此圖各自準備一面旗幟來。相較於長州藩在藩內祕密製作，據說薩摩藩則是在京都西陣的紡織店，謊稱要做藝妓的腰帶命店家製成的。

　　或許只要看得出是錦御旗，就算是藝妓腰帶或其他東西都能利用也說不定。

亂世的社會與文化⑨                          專 欄

# 文明開化期有報紙嗎？

　　江戶時代有類似報紙的出版物，稱為「瓦版」，曾報導過黑船來航、櫻田門外之變等事件。不過瓦版屬於號外，並不是定期發行的刊物。

　　開國後大量西方文物流入，文久元年（1861年）在長崎由英國人開始發行英文報紙。而隔年江戶幕府的蕃書調所，也發行了《巴達維亞報》；雖然名稱是報紙，但仍是不定期發行的刊物，內容也只是翻譯荷語報紙而已。

　　明治元年（1868年）2月創刊的《中外新聞》，才能說是日本人正式編纂的第一份報紙。然而因《中外新聞》是由舊幕臣主編，具有反新政府的色彩，所以很快就遭到禁報。在同一時期，另有一份《太政官日誌》創刊，不過這份報紙也是不定期發行，而且內容如其名，主要目的是向國民宣揚新政府政策與方針。

　　要等到支持政府與反對政府的報紙都發行之時，才能說日本的報業走到黎明期。不過起初新政府為了管制輿論多次打壓報社，所以到報紙真正普及還需要數年時間。

　　明治5年（1872年）《每日新聞》前身《東京日日新聞》、明治7年《讀賣新聞》、明治12年《朝日新聞》相繼創刊，報紙逐漸深入日本人的生活中。

# 缺錢政府確保戰爭費用的祕技

以內戰勝利為首要目的的新政府為了掙取戰爭費用,以大量發行法定貨幣的方式度過難關。

## 為何富商們支持新政府?

宣布「王政復古大號令」、明治政府誕生,是慶應3年(1867年)12月的事,然而新政府本身等同沒有獨立的財政基礎,前程堪憂。

因此新政府首先期待京都和大阪的富商巨賈可以提供政治獻金或借貸。這些富商起初是被強迫才不甘願地提供資金,但後來卻逐漸轉為積極協助新政府。

商人為了安心做生意,多半希望戰亂可以盡快平息,如三井或鴻池這些富商都有自己的情報網;當他們發現新政府比舊幕勢力更有優勢,便先行投資將來確定會得勝的新政府,協助弭平戰事。

明治元年(慶應4年,1868年)這一整年,新政府向富商們借貸的總額約達三百八十萬兩,而當年年貢、關稅等一般政府收入則約有三百六十萬兩。也就是說,新政府預算的一半都倚賴富商們的借款。

## 新政府軍恐懼的不是敵人,是沒有錢

戊辰戰爭中新政府軍陷入嚴重資金不足,付不出住宿費及貨物運費導致行軍緩慢可說是家常便飯。

新政府剛成立之時並沒有正規的貨幣發行體系,亦即到慶應4年(明治元年,1868年)3月的江戶開城為止,金座、銀座等鑄幣機構全掌握在幕府手上。因此政府迫不得已只好在銀塊上鍍金,發行等同偽幣的貨幣。

但製作劣質貨幣始終有極限。新政府負責金融事務的由利公正為了解決資金不足的問題,決定發行法定貨幣。所謂法定貨幣,是種無法保證能否兌換金銀幣等正幣的紙幣。此時發行法定貨幣,經濟混亂是可以預想的到的,事實上明治政府到後來也為了處理大量法定貨幣而傷透腦筋。由利當然知道這點,但新政府軍缺乏資金,已嚴重到不

**歷史筆記** 由利公正(1829～1909) ‧ 越前福井藩士。得到松平春嶽的支持著手改革藩內財政,獲得巨大成果。維新後歷任東京府知事等要職。

得不發行法定貨幣的程度。同年5月開始發行的貨幣「太政官札」總額，就達到了四千八百萬兩。

政府下令禁止對太政官札論價買賣；這個禁令表示在這之前，根本沒有人依照其上的面額來使用。即使下了禁令，太政官札在交易時的價值也常不到面額的一半。太政官札勉勉強強還能當做通貨使用，應是來自於人民對支持新政府的富商們的經濟信用。

雖然新政府發行太政官札贏得戊辰戰爭，但在之後走向近代國家的路上也背負著高額債務。

## ● 新政府不健全的財政

### 由利財政（1868～1869）

**特徵** 靠發行大量法定貨幣來周轉軍費

**影響** 處分法定貨幣成為日後財政健全化的絆腳石

**負責人**
**由利公正（越前藩士）**
相中其藩內財政改革的手腕而聘入內閣，掌握新政府財政

正常年收
年貢、關稅等
**360萬兩**

富商、富農的
獻金與借款
**380萬兩**

政府
收入

太政官札發行
**發行總額4800萬兩**

戰爭資金

舊幕府軍　　奧羽越列藩同盟軍　　榎本軍
**等，用於討伐反新政府勢力**

# 美國南北戰爭對日本的影響

將日本從鎖國之夢中喚醒的美國，自己卻因內戰而推遲了打進日本市場的腳步。

## 南北戰爭也影響到遠東的島國！

1861年4月，南部邦聯軍攻擊南卡羅來納州的薩姆特堡；同一年，和宮下嫁將軍。此役後南部邦聯軍與聯邦軍（北軍）展開二分美國的激戰，揭開所謂「南北戰爭」（1861～1865年）的序幕。

英語中將南北戰爭稱為「the Civil War」，直譯為「內戰」，南北戰爭似乎是日本特有的稱呼。

美國在嘉永6年（1853年）派遣佩里艦隊來到日本，逼日本放棄鎖國體制，但內戰爆發卻迫使美國不得不改變對日方針；簡單來說，就是不是管日本小事的時候。讓叩關元凶不得不撤退的情況，也使當時的日本人對南北戰爭深感興趣，積極取得從開戰到結束的所有情報。

南北戰爭結束後，不需要的武器從美國輸進日本，活躍於戊辰戰爭中。

## 日本人將南北戰爭視為奴隸解放戰爭

慶應4年（明治元年，1868年）1月，日本也爆發稱為戊辰戰爭的內戰。

戊辰戰爭初期原為德川家與明治新政府的鬥爭，然而德川慶喜甫開戰便脫離戰線，戰場因而北遷，轉為新政府與奧羽各藩的攻防。由於新政府軍主力來自薩摩與長州等西南雄藩，所以戊辰戰爭也可說是將日本南北二分的日本版南北戰爭。

戰爭中奧羽越列藩同盟曾向十一個國家的駐日公使尋求協助。其中美國公使認為因南北戰爭使美日關係變得疏遠，沒有跟上英國、法國、俄國的腳步，所以轉而接觸反新政府勢力。潛入橫濱的仙台藩士橫尾東作，曾交給美國公使大意如下的書信：

**歷史筆記** **南北戰爭**（1861～1865） 開戰以來戰況膠著、各地戰線一進一退，但最後北軍憑藉優勢的總兵力與較佳的工業實力獲得勝利。

「我聽聞貴國南部與北部曾彼此交戰。北部人無法漠視南部將黑人視為牛馬虐待，提倡解放奴隸，不過南部充耳不聞。戰事雖然展開，但北部正義得勝，美國終於統合」

整體來說，在美國是北部比較先進，而南部較為落後。相反地，日本是西南各藩較為先進，東北各藩比較落後。無視這些環境條件，只因同為北軍，所以就認為正義也如美國般在北方，實在是強詞奪理。

日本版南北戰爭先不論正義在何處，最後是由「南軍」（新政府軍）獲得勝利。

## ● 幕末維新時代西方列強的對日政策

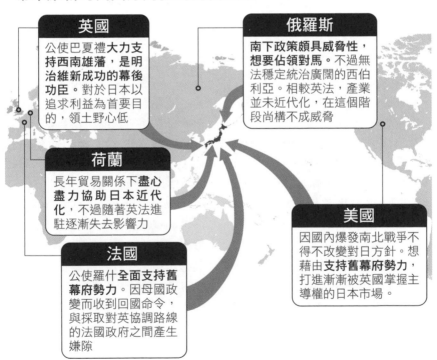

**英國**

公使巴夏禮**大力支持西南雄藩，是明治維新成功的幕後功臣**。對於日本以追求利益為首要目的，領土野心低

**俄羅斯**

**南下政策頗具威脅性，想要佔領對馬**。不過無法穩定統治廣闊的西伯利亞。相較英法，產業並未近代化，在這個階段尚構不成威脅

**荷蘭**

長年貿易關係下**盡心盡力協助日本近代化**，不過隨著英法進駐逐漸失去影響力

**美國**

因國內爆發南北戰爭不得不改變對日方針。想藉由**支持舊幕府勢力**，打進漸漸被英國掌握主導權的日本市場。

**法國**

公使羅什**全面支持舊幕府勢力**。因母國政變而收到回國命令，與採取對英協調路線的法國政府之間產生嫌隙

## 1868年 ▶ 箱館戰爭

# 榎本武揚心中理想與現實的落差

榎本率領舊幕府海軍逃脫。夢想在北海道大地建立再興德川家的獨立國家！

### 榎本艦隊為時已晚的北上

慶應4年（明治元年，1868年）8月19日，榎本武揚率領舊幕府艦隊八艘船從品川海面出發航向仙台灣。雖然江戶開城交涉時已確定要把東洋最強的舊幕府艦隊移交新政府軍，但實質上的司令官榎本卻無視這個要求。

在此之前，奧羽越列藩同盟軍曾要求榎本支援，不過舊幕府艦隊在決定德川待遇前不打算離開江戶灣。沒有像樣近代船艦的同盟軍只能一心盼望舊幕府艦隊的到來。

若舊幕府艦隊與同盟軍能匯合，新政府軍就沒有登陸機會，說不定同盟也不會像那樣一碰就解體。榎本等到德川家達確定轉封七十萬石靜岡後才向北航行，可是等他到了仙台，盟主仙台藩早已投降，完全錯失戰機。

榎本手中的舊幕府艦隊曾是可能左右戊辰戰爭的貴重戰力，然而榎本優先重視德川家的未來，忽略大局，簡直就是暴殄天物。

### 前途堪憂的新政權

榎本在仙台跟新選組的土方歲三等人會合。榎本艦隊隨後繼續北上，想在蝦夷地建設以德川家舊臣為中心的獨立國家。10月20日，榎本軍登陸鷲木。到11月中旬前，陸續攻下箱館、松前、江差等重要都市，將蝦夷地置於支配下。蝦夷地之後陷入嚴冬，兩軍只能隔著津輕海峽休兵停戰。

12月15日，榎本軍舉辦佔領蝦夷地的慶典儀式，同時也舉行總裁選舉，由士官以上的幹部投票。當日開票結果如外人所猜測，由舊幕府海軍副總督榎本武揚當選總裁。

日本史上罕有透過選舉決定首領的狀況，但過去也有「入札」這個意思等同選舉的古語，所以不是從未有過選舉。因榎本透過選舉而

---

**歷史筆記** ｜ **德川家達（1863～1940）** 年僅六歲就繼承德川家。由天璋院教養長大。成人後曾任貴族院議長，不過在被探聽是否有意願就任首相時婉拒。

成為領袖，所以常將榎本政權視為共和制。

但是別說市井小民，連士兵都沒有投票權，要到士官以上才能進行投票。而從得票數看來，明顯看得出對投票的「管制」；每個人的得票數都跟部下的士官人數一致，而擁有最多部下的榎本同時也獲得了最多的票。

順帶一提，對蝦夷地居民而言，榎本軍只不過是擅自跑來課重稅的麻煩存在。

## ● 榎本艦隊的編制

| 榎本艦隊編制表 | |
|---|---|
| **榎本艦隊轉交給新政府的船艦** | **榎本艦隊** |

**富士山丸**：開陽丸來日本前的幕府艦隊旗艦

**翔鶴丸**

**朝陽丸**

**觀光丸**

江戶開城交涉時原已決定交出大半舊幕府艦隊給新政府軍，但榎本拒絕讓渡。再次交涉後同意轉交四艘

旗艦 = 開陽丸
排水量 2730噸
長 70.5公尺
寬 13.0公尺
功率 400匹馬力
時速 9節
備砲 26門
竣工 1866年 荷蘭
沉沒 1868年 江差海面

**美加保丸**：在銚子海面觸礁沉沒

**咸臨丸**：因無法航行而漂流到清水港。被新政府軍接收

**神速丸**：救援開陽丸時觸礁沉沒

**千代田形**：在箱館灣內觸礁。新政府軍接收

**回天丸**：交戰中於箱館灣被擊沉

**長鯨丸**：箱館戰爭結束後被新政軍接收

**蟠龍丸**：交戰中於箱館灣被擊沉

※插圖只是印象圖，與實際有出入

# 投降意外乾脆的榎本軍

為了防堵外國侵略而建的五稜郭卻諷刺地成為日本人內戰中，最初也是最後的堡壘。

## 融雪後的戰事與榎本軍的苦戰

慶應4年（明治元年，1868年）1月，鳥羽伏見之戰點燃戊辰戰爭的火苗。從關東到奧羽地區，戰事不斷往北推移，到同年8月終於影響到蝦夷地。

榎本武揚率領的舊幕軍之所以進軍到蝦夷地，是為了保護因幕府垮台而顛沛流離的幕臣。他原打算令這些舊幕臣一邊開拓新天地，一邊警戒北邊國境，但新政府軍卻拒絕這項提議。

榎本軍的強項在於海軍實力，不過江差攻略戰裡最新銳的「開陽丸」因觸礁沉沒，與此同時新政府海軍則購入新銳戰艦「甲鐵」。榎本想透過海軍守護獨立主權的構想就此失效。

新政府軍待融雪後展開反擊。明治2年（1869年）4月9日，新政府軍登陸江差北方的乙部，朝榎本軍大本營箱館五稜郭進軍。

榎本軍雖在松前、木古內、二股等地頑抗新政府軍，但兵力少且難以確保補給線，始終處於劣勢。結果榎本最後只能據守五稜郭，等待與新政府軍決一死戰。

## 五稜郭誕生的來龍去脈

戊辰戰爭最後的舞台五稜郭，是於安政4年（1857年）動工，元治元年（1864年）完工的西式要塞。

安政元年（1854年）3月，江戶幕府與美國簽訂《神奈川條約》，其中訂定隔年3月箱館與下田一同開港。為了防禦箱館，花費四十二萬兩預算的防禦計畫重點，便是這座西式要塞「五稜郭」。

由於整個要塞是五個角突出的星形，所以通稱五稜郭（參見第2頁）。像五稜郭這樣的星形要塞，是在十六世紀歐洲為了對抗日漸強大的火砲所設計的。

諷刺的是，原本用來防守外國

**歷史筆記** **甲鐵** 在船體側面用鐵板防禦的最新型軍艦。雖是幕府委託美國建造，但回國時幕府已經垮台。之後透過外交斡旋移交給新政府。

侵略的五稜郭,卻用在日本人的內戰上。

　　榎本最後了解大勢已去,只好投降並把五稜郭交予新政府軍,五稜郭並未上演慘烈的攻防戰;若榎本真的戰到五稜郭陷落,兩軍戰死者可能超過一千人以上,因此榎本投降或可說是明智的決定。

## ● 箱館戰爭與榎本艦隊的毀滅

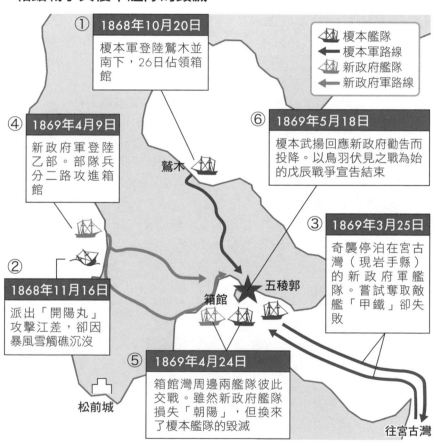

① **1868年10月20日**
榎本軍登陸鷲木並南下,26日佔領箱館

榎本艦隊
榎本軍路線
新政府艦隊
新政府軍路線

④ **1869年4月9日**
新政府軍登陸乙部。部隊兵分二路攻進箱館

⑥ **1869年5月18日**
榎本武揚回應新政府勸告而投降。以鳥羽伏見之戰為始的戊辰戰爭宣告結束

③ **1869年3月25日**
奇襲停泊在宮古灣(現岩手縣)的新政府軍艦隊。嘗試奪取敵艦「甲鐵」卻失敗

② **1868年11月16日**
派出「開陽丸」攻擊江差,卻因暴風雪觸礁沉沒

⑤ **1869年4月24日**
箱館灣周邊兩艦隊彼此交戰。雖然新政府艦隊損失「朝陽」,但換來了榎本艦隊的毀滅

鷲木

五稜郭

箱館

松前城

往宮古灣

# 點綴幕末維新的人物群像

## 勝海舟 ◆1823～1899

### 領著幕府謝幕的貧窮旗本

　　諱義邦，通稱麟太郎，海舟為號。旗本勝小吉的長子，16歲繼承家督之位。修行劍術同時，也積極學習西方兵學與蘭學。在33歲後的五年間，於長崎海軍傳習所修習西方軍艦的操船術及運用方法。擔任「咸臨丸」艦長橫越太平洋、開設神戶海軍操練所等，為幕府海軍創設期的靈魂人物。

　　做為幕臣支持公議政體論，且跟西鄉隆盛、坂本龍馬等人親交甚篤。「鳥羽伏見之戰」後，前將軍德川慶喜將政事全權委任予海舟，而海舟也為了與新政府間的和平盡力交涉，最後成功迴避與新政府軍之間的戰爭，使江戶無血開城。維新後以德川家舊臣代表的身分與明治政府接觸。

　　海舟是代表幕末維新期的「江戶之子」；在《冰川清話》、《海舟座談》等由他人撰寫的回憶錄裡，總是以江戶腔述說對其他人物的評價或是大事件的背後緣由，是研究海舟個性的貴重史料。

## 天璋院 ◆1836～1883

### 拯救德川的薩摩女兒

　　名敬子，通稱篤姬，天璋院為出家後的法號。島津忠剛之女，後成為堂兄島津齊彬的養女。21歲成為近衛忠熙的養女，嫁給十三代將軍家定做為正室。一般認為這是老中阿部正弘為了強化與齊彬的關係而策劃的婚姻。

　　不過家定無法誕下子嗣，夫妻關係徒具虛名。兩年後家定過世，獨留天璋院在大奧。嫁入將軍家時，雖說名義上是近衛家養女，但實際上來自外樣大名家系的出身頗受大奧責難。然而憑藉她聰明伶俐的性格，最後還是成功掌握大奧實權。

　　江戶開城交涉時為救德川慶喜性命積極奔走，是使交涉成立的功臣之一。維新後家達繼承德川家，為其教養費心盡力。48歲病逝。

## 薩道義（Ernest Mason Satow） ◆1843～1929

### 深愛日本的英國外交官

出身英國倫敦，在倫敦大學學院學習外語，之後到英國外交部擔任日語翻譯。1862年到橫濱，負責交涉隨後爆發的「生麥事件」。

其工作內容不只是翻譯，做為能自由使用日語的外交官在西南各藩建立龐大人脈，深刻影響英國對日政策的擬定。

1883年離開日本，1895年做為日本公使再次來到日本。這位知日派外交官先驅，在已成近代國家的日本留下了眾多足跡。升任駐華公使後不久便引退。

晚年在祖國英國過著悠閒自在的生活，同時積極研究日本，留有多本著作。回憶錄《一介外交官所目睹之明治維新》完整記下英國與薩長聯手推倒幕府的過程，是了解明治維新史不可或缺的史料。

## 西鄉隆盛 ◆1827～1877

### 從官軍淪落朝敵

通稱吉之助，號南洲，為薩摩藩士西鄉吉兵衛長子。受藩主島津齊彬賞識成為左右手。齊彬驟逝後因幕府發出通緝令而潛伏在奄美大島。

島津久光率兵上京時雖曾被要求召回，但西鄉卻無視久光之令而被流放至沖永良部島。一年半後因盟友大久保利通的努力才被赦免回歸，並做為指導者之一把薩摩藩基本方針帶向倒幕。

維新後雖然希望在故鄉過著退隱生活，但在「廢藩置縣」前回到政界。於「明治六年政變」中敗北而下野。西鄉無法壓下鹿兒島不平士族們的不滿，只能決定起義打倒政府，最後於西南戰爭兵敗自決，享年51歲。

西鄉擅長如江戶開城談判那樣，在交涉中展現膽識取得優勢。不過他的政治理念無法擺脫舊思想，始終沒辦法理解大久保推動近代化政策的思想本質。

# 基督徒在維新後還是遭到了鎮壓！

　　明治新政府最早喊出的口號是「王政復古」。復古意為「回歸古統」，新政府旨在宣示天皇將如古代直接統治日本。也就是說明治維新包含了違反時勢的反動式革命要素，譬如新政府鎮壓基督徒就是一例。

　　自慶長18年（1613年）的「基督徒禁令」（禁教令）以來，日本國內嚴格禁止信仰基督教，不過長崎周邊仍有信徒私下守護信仰。開國時法國人在長崎建設教會，這些隱藏起來的基督徒才終於集結到了教會中。外國傳教士將這些躲藏許久的祕密信徒評之為「奇蹟」。

　　幕府原本想取締日本信徒，但顧慮到外國而未徹底鎮壓，直到垮台。

　　新政府成立之初將基督教視為邪教，禁止日本國民信仰。到了慶應4年（明治元年，1868年）5月，開始大規模鎮壓長崎的基督徒。被逮捕的信徒被送到山口縣並在那遭受到不人道的對待，只好在監獄內殉教。

　　雖然駐日外國公使們全都猛烈抗議，但新政府充耳不聞；這個時期的日本人相當畏懼歐美人威勢，惟在鎮壓基督徒一事上態度極其強硬。基督徒的苦難一直持續到明治6年左右才結束。

西鄉隆盛

木戸孝允　大久保利通

第 5 章

新國家誕生──
獨裁者大久保之死與
富國強兵路線的確立

# 新國家的根基正逐步完善

## 未遇上嚴重抗爭的改革

在明治新政府藉由「王政復古政變」誕生的當下,幾乎無人認為這個以天皇為中心的政權能一直延續下去。

慶應4年(明治元年,1868年)9月,新政府軍在「戊辰戰爭」中佔盡優勢,年號也更改為「明治」。當時有些人在明治兩字之間夾進漢文訓讀用的返點符號,讀成「治明」(譯註:日文音近治不了)來諷刺新政府。不過這個起源於明治新政府的政權,直到昭和20年(1945年)因太平洋戰爭戰敗而解散為止,共延續了長達七十七年的時間。

明治新政府透過「廢藩置縣」政策收回地方權力,成為中央集權國家,然而過程卻意外地並未遭受太多反抗。這是因為各藩領導者領悟到「藩」這個統治機關的極限,所以乾脆放棄責任,把領地與領民全交由新政府處理。

## 在分裂政府的政變中，揭開幕末維新的最後一幕

以大久保利通為首的新政府領袖們為了擬定改造國家的方針，出發前往歐美各國遊歷考察。但等待遠遊歸國的大久保等人的，卻是留守政府的專政。「明治六年政變」是大久保為了掌握獨裁權限，不得不打的一場政治戰爭。

大久保與竹馬之友西鄉隆盛間展開壯烈的主導權鬥爭，最後憑藉天皇命令這個非常手段取得勝利。

大久保親眼見識到歐美列強的國情，為了能在日本達成這些成果，不惜捨棄人情義理，掌握絕對權力。雖然大久保的人氣不如西鄉，但在構築明治日本基礎這點上功不可沒。

對於想脫胎換骨成為近代國家的日本而言，「西南戰爭」是最後試煉。大久保藉由這場勝利全面掌握政權。現在多認為幕末維新動亂史的終點是西南戰爭，一年後大久保暗殺這個大事件在歷史洪流面前不過只是小事；這種看法或許也肇因於大久保實在不怎麼受歡迎。

暗殺大久保的不平士族相信，自己的行動會跟「櫻田門外之變」一樣，可以一口氣推動時代，然而大久保死後政府也未受太大動搖。在此之後，並非由薩長藩閥政治掌握獨裁政權，而是藉由責任歸屬曖昧的聯合政權引領日本，走向富國強兵的近代國家之路。

# 不知為何進行順利的版籍奉還

版籍奉還後藩主被任命為知藩事，繼續統理領地。在統治層面上，當時真的一點改變都沒有嗎？

## 大名們為何主動奉還版籍？

明治2年（1869年）1月20日，薩摩、長州、土佐、肥前各藩主，上表政府提出「版籍奉還」。版籍奉還為領主把版（版圖），即領地，還有籍（戶籍），即人民，還給天皇的意思。

隨後全國大名都跟著薩長土肥上表提出版籍奉還。明明對領主而言土地跟人民是藩存在的基石，為何他們卻乾脆地歸還了呢？

這個時期明治政府的領土僅限於從幕府手上奪來的天領（幕府直轄領），以及從被指為「朝敵」的各藩手中沒收的領地。政府直轄領設置「縣」命行政官管轄，但是其他近三百個藩仍各自割據日本。政府直轄領約八百萬石，相較之下各藩領地合計竟為政府直轄領的三倍之多。

明治政府為了確立自己的權力基礎，以廢除藩且直接支配全日本國土為終極目標，然而大久保利通與木戶孝允領導的新政府，此時尚未有能力可以實行「廢藩置縣」。

因此先提出的方法就是「版籍奉還」。但實行上並非真的把領土與人民還給天皇，也就是政府，只是名義上還給天皇後，再委任各藩主治理。

## 版籍奉還是廢藩置縣的基礎

在江戶時代，各藩藩主是由將軍授與朱印狀，以保證其領主地位。而版籍奉還簡單來說，就是同樣保證藩主地位，只是把授權對象從將軍改成天皇而已。正因為實際上沒有太大變化，領主們才會願意自己主動實行版籍奉還。

版籍奉還後藩主會被任命為「藩知事」，然後照常治理領地。乍看之下，在地方統治的層面上並沒有什麼變化，但其實較版籍奉還之前更加強了政府干涉藩政的程

---

**歷史筆記** **薩長土肥** 引導走向明治維新的主要四個大藩（薩摩、長州、土佐、肥前＝佐賀）。此四藩出身的人掌握政治界與軍部各個要職，形成藩閥。

度，使政府得以逐漸把權力滲進各個地區，有益於日後的中央集權。

政府的目標在於中央集權的國家體制，版籍奉還不過是兩年後明治4年廢藩置縣的前置作業。

## ●版籍奉還的構造

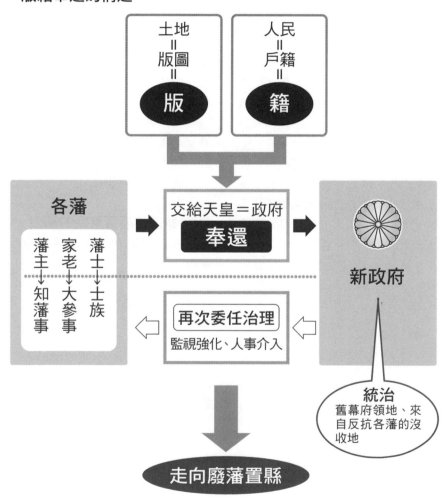

# 構築近代工業基礎的悲劇幕臣

幕臣小栗上野介雖然帶領日本走向富國強兵之路，但其功績沒有得到回饋，因莫須有之罪遭到處刑。

## 把名為造船廠的倉庫交給新政府

起源自英國的工業革命為交通帶來革命性的進步。蒸汽火車的鐵路網、蒸汽船的海上交通網，都是富國強兵不可或缺的條件。

為了建造西式船艦，必須先耗費龐大費用建設造船廠。因此慶應元年（1865年），幕府勘定奉行小栗上野介力排眾議，在橫須賀開始建設造船廠。

富國強兵意味著興富國力、增強士兵。雖然明治日本用這個口號強力推動工業與軍備近代化，但這個路線早在幕府時代就已經準備好。

當時幕府財政匱乏，建廠一事頗受爭議，但小栗主張「縱使不建造船廠，省下來的費用也不會被有效活用；若建造船廠，反有藉口減少無用開支」。

此外他也表示「即便造船廠完成時幕府已歸還政權，可倘若將幕府當成房屋，那造船廠不正是一間美輪美奐的倉庫，足可流芳百世嗎」，提前預言了幕府的垮台。

小栗不只為了中興幕府，更考量到國家將來，才建造了所費不貲、曠日費時的造船廠。

造船廠的建設後來由新政府接手，在明治4年（1871年）完成橫須賀造船所船塢。日本終於能著手建造蒸汽船等西式船艦，快速推動日本的富國強兵。

## 秀才小栗含冤而死

小栗曾想孤身撐起幕府這個即將崩塌的帷帳；相較於對手勝海舟把日本將來托付給包含德川家在內的雄藩聯合，小栗則是養精蓄銳，想用武力壓倒西南雄藩，再次建構以德川家為中心的獨裁政權。

小栗在「鳥羽伏見之戰」後遭到革職，於江戶開城前遁入領地上

---

**歷史筆記** **勘定奉行** 不只管理直轄領課徵的年貢米，也是管控幕府經濟命脈的要職。從旗本中最優秀的菁英裡遴選而出。

野權田村過著隱居生活。然而進軍中山道的新政府軍以謀反嫌疑逮捕小栗，在慶應4年（明治元年，1868年）閏4月6日將其斬首。小栗在未受審訊的情況下，即便沒有謀反的意圖，還是因莫須有之罪被處死。

因此當橫須賀造船所啟動時，小栗並未現身。但是他為了改革國家傾注的熱情得到繼承，許多有志之士奉獻心力，使日本的各個產業能日新月異，更加進步。

## ●勝海舟VS小栗上野介　對比年表

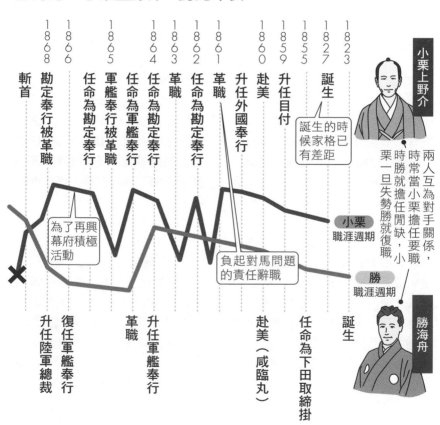

小栗上野介

| 1868 | 1866 | 1865 | 1864 | 1863 | 1862 | 1861 | 1860 | 1859 | 1855 | 1827 | 1823 |

斬首　勘定奉行被革職　任命為勘定奉行　軍艦奉行被革職　任命為軍艦奉行　革職　任命為勘定奉行　革職　升任外國奉行　赴美　升任目付　誕生

誕生的時候家格已有差距

兩人互為對手關係，時常當小栗擔任要職時勝就當閒缺，小栗一旦失勢勝就復職

小栗 職涯週期

為了再興幕府積極活動

負起對馬問題的責任辭職

勝 職涯週期

升任陸軍總裁　復任軍艦奉行　革職　升任軍艦奉行　赴美（咸臨丸）　任命為下田取締掛　誕生

勝海舟

# 大村益次郎想像中的未來軍隊

益次郎做為洋學者活用所習知識，為戊辰戰爭勝利做出巨大貢獻。此外也構築了明治陸軍的基礎。

## 適塾最有出息的是福澤，還是大村？

蘭學者緒方洪庵主辦的「適適齋塾」（適塾）可說是人才輩出。如在「安政大獄」中死於非命的橋本左內（參見90頁）、創立慶應義塾大學的福澤諭吉（參見94頁）、創辦日本紅十字會的佐野常民等，培育了眾多引領日本成為近代國家不可或缺的人才。

洪庵愛徒中最獨樹一幟，也是明治維新元勳之一的便是大村益次郎。益次郎比起本業蘭方醫（譯註：指西醫），其導入技術與翻譯西洋兵學的實績更受肯定，因此被故鄉長州藩提拔，擔任參謀長。大村雖無實戰經驗，卻在第二次長州征討裡獲得勝利。戊辰戰爭中則發揮科學家縝密的計算能力擬定周詳戰略，是新政府軍能夠勝利的一大功臣。

新政府贏下戊辰戰爭後，大力推動「富國強兵」政策，其中負責強兵部門的正是大村。

戰爭時大村忙著對付眼前敵人，因此長州或新政府的軍事近代化不過只是臨陣磨槍，但戰爭結束後他便考量未來的長期發展，認真專注在軍隊的近代化上。

大村認為武士之軍已到極限，奇兵隊的活躍證明庶民軍的強大，因此主張政府應該推行國民皆兵制，不過遭到大久保利通等人反對，導致施行時程延後。直到明治6年（1873年）施行徵兵制，才算在大村死後認可他的主張。

## 壯志未酬身先死的大臣！

大村在大阪附近設置武器、彈藥的製造工廠，做為近代化政策的一環。雖然其他意見認為應把軍隊中心設於東京以牽制奧羽地區，但大村早已設想到會發生以明治10年（1877年）西南戰爭為顛峰的士族反叛，所以才在位於日本列島中心

**歷史筆記** **國民皆兵** 把所有國民徵招為士兵的國家方針。明治政府確立徵兵制度後才終於實現國民皆兵的思想。

的大阪附近集中建設最新的軍事設施。

明治2年（1869年）9月4日，大村為了視察軍事設施出差到京都，寄宿於長州藩的宿舍，卻在深夜遭到長州出身的神代直人等暗殺者的襲擊。大村額頭與大腿遭砍，雖然急救後暫且保住一命，但仍於10月27日死亡。

暗殺者以「大村把靈魂賣給西方人，想把神國日本改造成西方國家」為理由葬送了大村性命。盲信的攘夷主義者無法因應時代變化，只是不斷把自己時不我與的憤怒發洩在做為時代主角的洋學者們身上。

## ●京都暗殺事件地圖

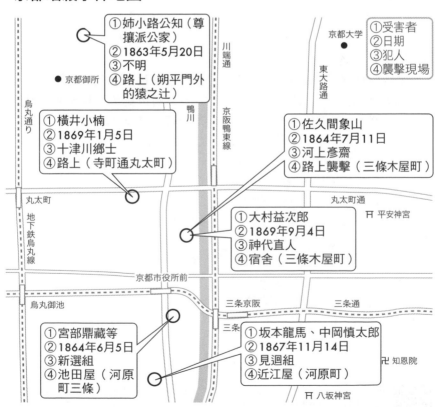

①姉小路公知（尊攘派公家）
②1863年5月20日
③不明
④路上（朔平門外的猿之辻）

①受害者
②日期
③犯人
④襲擊現場

①橫井小楠
②1869年1月5日
③十津川鄉士
④路上（寺町通丸太町）

①佐久間象山
②1864年7月11日
③河上彥齋
④路上襲擊（三條木屋町）

①大村益次郎
②1869年9月4日
③神代直人
④宿舍（三條木屋町）

①宮部鼎藏等
②1864年6月5日
③新選組
④池田屋（河原町三條）

①坂本龍馬、中岡慎太郎
②1867年11月14日
③見迴組
④近江屋（河原町）

京都大學
京都御所
川端通
鴨川
京阪鴨東線
烏丸通り
東大路通
丸太町
地下鉄烏丸線
平安神宮
丸太町通
京都市役所前
烏丸御池
三条京阪
三条通
三条
知恩院
八坂神宮

# 準備周全，決意實行廢藩

廢藩置縣是一項從根本瓦解舊有統治體系的變革。了解自身能力極限的各藩從容接受了自己的命運。

## 大久保利通事先整備好環境

薩摩藩士大久保利通跟盟友西鄉隆盛一同實現明治維新後，打算掌握獨裁權限，意欲建設一個中央集權的國家。

明治4年（1871年）7月14日，新政府以天皇名義實施「廢藩置縣」。新政府為了建立中央集權政府，必須徹底解散藩這些地方政權，改在全國設置名為縣的中央政權統治機構。這樣的大型變革，是絕對無法避免的過程；正因為有大久保在事前慎重疏通關係、備齊條件，才能成功實現廢藩置縣。

首先新政府在2月，命令薩摩、長州、土佐三藩交出合計八千人的士兵當做「御親兵」。

御親兵指的是直屬新政府的精銳部隊，也是直屬天皇的部隊，隔年改稱「近衛兵」。新政府想透過新設的御親兵強化軍事力，鞏固政權基礎。

然後在實施廢藩置縣的一個月前，召回西鄉隆盛任其為參議；當時西鄉對新政府感到不滿，早在明治2年以後就避居在故鄉鹿兒島。對大久保而言，為了實施廢藩置縣，在薩摩以外也有深刻影響力的西鄉是不可或缺的人物。

## 沒有抵抗勢力的大改革

事前做好準備後，就在皇居召集所有知藩事，由三條實美公佈廢藩置縣的詔書。廢藩置縣以御親兵的武力為脅，徹底改革統治體制，實際上與政變無異。

不過原來的大名們即使失去知藩事的職位，卻仍保有其特權身分，領有幾近過度的生活費，因此幾乎沒有人對廢藩置縣提出異議，甚至還有因為能卸下領主重擔，反而鬆了一口氣的大名。

知藩事們移居東京，之後得到名為華族的特權身分，生活優渥。

**歷史筆記** **參議** 牽涉明治政府政策的重要職位。雖然席位並不固定，但多為八個人左右。不僅決議各種國策，也兼任各省廳長官。

共三府三百零二縣的各縣，則由政府派遣「縣令」前往治理。

實施廢藩置縣的新政府使用規格化的縣為行政單位，統整日本全國。因王政復古而成立的新政府，藉由廢藩置縣終於鞏固政權基盤，足可拿掉「新」這個稱呼。

在此之後明治政府大力推動富國強兵之策，依循大久保的理想，和緩而確實地增強了政府的力量。

## ●明治政府改革年表

**1876年**
- 實行**士族處分**
  將成為政府財政負擔的士族俸祿轉移成公債
- 公布**廢刀令**
- 公布**地租改正條例**

**1873年**
- 公布**徵兵令**
  軍隊實現從士族中心到國民皆兵的大變革
- 廢除舊曆改用**新曆**

**1872年**
- 制定**學制**
  除國民皆學外，也以擴充高等教育為目標

**1871年**
- 徵招一萬名**御親兵**
  強化政府直屬部隊。御親兵為近衛兵（直屬天皇的精銳部隊）的前身
- 實施**廢藩置縣**

**1870年**
- 公布**新律綱領**
  轉型為近代法的第一步。明治政府訂立的刑法

**1869年**
- 實施**版籍奉還**
- 啟用**太政官制度**做為預備政府機關
  以太政大臣為首，創建政府機關

**1868年**
- 發表**五條御誓文與五榜揭示**

**1867年**
- 因王政復古大號令，明治政府誕生

# 三菱財閥與海援隊之間不可思議的因緣

岩崎彌太郎以海援隊遺產「伊呂波丸事件賠償金」為資本，設立了「世界的三菱」？

## 海援隊解散與三菱財閥的誕生

慶應4年（明治元年，1868年）閏4月，土佐藩命海援隊（參見142頁）解散。隊長坂本龍馬雖然有對海援隊未來的構想，但在具體實行前就遭到暗殺，因此對土佐藩而言，海援隊不過是一群不知道在做什麼的浪人集團，因而在引發問題前就將其扼殺。

海援隊成軍不過一年就解散，但因為「伊呂波丸事件」，應該留有多達數萬兩的賠償金。伊呂波丸事件是指慶應3年4月，海援隊向大洲藩借來的小型蒸汽船跟紀州藩軍艦相撞沉沒的海難。

海援隊認為肇事責任在紀州藩，訴訟後成功獲得價值等同沉船、貨物的賠償金。據說龍馬先誇大貨物價值才向紀州藩請求賠償，所以海援隊也因此成為暴發戶。

土佐藩擁有「開成館」（後改稱大坂商會）這個藩直營的商社組織，並由岩崎彌太郎這個精明能幹的人掌握實權。岩崎雖生於最底層的武士之家，但受到土佐藩要人吉田東洋拔擢，做為經濟官僚出仕。

明治3年（1870年），明治政府禁止藩經營商社，岩崎便成立「九十九商會」這個新組織，以海運為主要業務。隨著隔年的廢藩置縣，岩崎脫離「官」的身分，創立三川商會，並在明治6年（1873年）3月改名三菱商會（之後再改名三菱汽船會社），成為今日三菱財閥的原型。

伊呂波丸的賠償金，似乎就透過土佐藩的商社轉給了三菱。只是站在商社管理者岩崎的立場，他應該認為賠償金不過是土佐藩資金的一部分。

**歷史筆記** **吉田東洋**（1816〜1862） 深受前藩主山內容堂信賴，在土佐藩內成為活躍的改革派首領，最後遭到對立的土佐勤王黨暗殺。

## 從世界的海援隊變成世界的三菱

三菱汽船會社在國內為了爭奪市場跟其他公司展開激烈競爭。競爭過程中發生台灣出兵事件（參見224頁），在徵用三菱汽船的船隻來運送日本軍並成功完成任務後，跟大久保利通打下扎實關係。岩崎與政府合作，藉由汽船郵便業務與接受船舶建造補助金等，鞏固新興財閥三菱的基礎。

彌太郎在跟政府投資的共同運輸會社競爭時病逝。繼承兄長取得經營權的彌之助則建立起「世界的三菱」這個招牌。

● 岩崎彌太郎　創立三菱財閥之路

|  |  |
|---|---|
| 1834年 | 生於土佐國安藝郡井之口村（高知縣安藝市） |
| 1854年 | 遊學江戶 |
| 1859年 | 回國後受到父親連坐入獄 |
| 1862年 | 受東洋推舉成為藩士 |
| 1867年 | 成為土佐藩高官吉田東洋門生<br>老師東洋遭到土佐勤王黨暗殺之後與同門後藤象二郎一起行動<br>總領位於長崎的土佐藩經商業務<br>海援隊成立後擔任經理<br>伊呂波丸沉沒事件<br>海援隊解散 |
| 1868年 | 轉屬大坂商會，總領土佐藩經商業務 |
| 1869年 | 以大坂商會為基礎設立九十九商會 |
| 1870年 | 以九十九商會為基礎設立三川商會<br>開始以海運業為主的商業活動 |
| 1871年 | 以三川商會為基礎設立三菱商會 |
| 1873年 | 跟大久保利通以及大隈重信建立穩定政商關係<br>提供運兵船以支援台灣出兵 |
| 1875年 | 西南戰爭中負責運送政府軍 |
| 1877年 | 三菱壟斷國內航線 |
| 1881年 | 因明治十四年政變，大隈重信失勢失去政府內部的後盾，陷入困境 |
| 1885年 | 跟隸屬政府派系的共同運輸競爭，公司經營權讓渡給弟弟彌之助，但52歲病逝 |

207

# 大久保利通留鬍子的意外理由

大久保為了解歐美各國為何強大而遠遊，在普魯士受到俾斯麥熱情款待後成了他的粉絲。

## 向西方列強學習如何建設近代國家

在明治維新以前，幕府與各藩就已派出優秀人才到西方體驗先進文明，期待他們能肩負起建立新時代的重責。因此從國外回來的留學生很快就被提拔至省廳副官的層級，負責重要職務。

伊藤博文、井上馨、大隈重信、涉澤榮一、森有禮、五代友厚、西周等人都是留學國外的菁英。明治政府之首大久保利通認為，這些擁有留學經驗的優秀官僚才是能肩負時代重任者，想活用他們從西方學來的知識促成日本的近代化。

大久保不只想要他人經驗，自己也想接觸先進文明，實際體驗文化衝擊，於是在明治4年（1871年）當派遣至海外的「岩倉遣外使節團」成行時，大久保也親自加入，遍訪歐美各國。

全權大使為右大臣岩倉具視，日本則由太政大臣三條實美就任留守政府的領導者，並請參議西鄉隆盛在旁輔佐。

大久保與木戶孝允之外，還有政府各省各級的實務負責人加入使節團，以期能學習歐美的技術文明、外交、宮廷禮儀、法律、軍事、民政、教育等各個分野的專業知識。

## 環繞世界一周的成果是？

岩倉遣外使節團在明治4年11月12日（舊曆）從橫濱出發，按順序訪問美國、英國、法國、荷蘭、普魯士、俄羅斯、奧地利、義大利等國。繞了地球一圈回到日本本土，已是一年十個月後，明治6年9月13日的事。

派遣使節團的目的主要是不平等條約改正的交涉，以及親眼見識西洋文明。

---

**歷史筆記**　**俾斯麥**（1815～1898）　得到普魯士國王莫大信任，在統一德意志的同時也連番戰勝相鄰各國。就任德意志帝國首任宰相。

　　然而這趟遠行在修約上幾無成果，讓他們深感國際間「強權政治」的存在，不過另一方面，在見識西洋文明這點上倒是成果豐碩。

　　尤其從歐洲新興國普魯士身上所學甚多。普魯士在「鐵血宰相」俾斯麥的強勢領導下統一德意志，戰勝強國法蘭西，國勢日正當中。

　　俾斯麥盛情歡迎這些來自遠東小國的使節，大久保、岩倉、木戶、伊藤都深深為其著迷。為了把普魯士這樣以皇帝為核心的國家體制移植到日本，他們極盡仔細地考察了普魯士的制度。順帶一提，大久保會留鬍子留到突出臉頰，據說就是模仿留著翹鬍子的俾斯麥。

## ●岩倉遣外使節團　世界一周行程圖

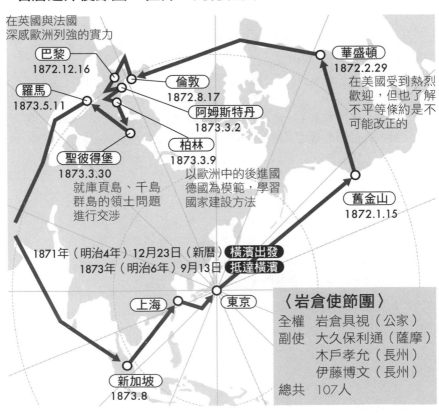

在英國與法國深感歐洲列強的實力

巴黎 1872.12.16

倫敦 1872.8.17

羅馬 1873.5.11

阿姆斯特丹 1873.3.2

柏林 1873.3.9
以歐洲中的後進國德國為模範，學習國家建設方法

聖彼得堡 1873.3.30
就庫頁島、千島群島的領土問題進行交涉

華盛頓 1872.2.29
在美國受到熱烈歡迎，但也了解不平等條約是不可能改正的

舊金山 1872.1.15

1871年（明治4年）12月23日（新曆）橫濱出發
1873年（明治6年）9月13日　抵達橫濱

上海　東京

新加坡 1873.8

〈岩倉使節團〉
全權　岩倉具視（公家）
副使　大久保利通（薩摩）
　　　木戶孝允（長州）
　　　伊藤博文（長州）
總共　107人

# 所有政府高官
# 都放下武士髮髻的理由

「敲擊半髮頭，響因循姑息之音。敲擊總髮頭，響王政復古之音。敲擊散切頭，響文明開化之音。」

所謂半髮頭就是指前頭部全剃光的髮髻頭，而總髮頭是把後髮隨意綁起來的髮型，為維新志士們喜歡的風格。最後的散切頭，是指把髮髻剪掉，髮長稍長的髮型，象徵著文明開化。

明治4年（1871年）8月，明治政府宣布可以自由斷髮（散髮脫刀令），這表示在此之前，髮型與服裝有一定限制。統治者規定士農工商各種身分的髮型與服裝，若外型不符規定則會被嚴罰。

散髮脫刀令後一般大眾揮別髮髻，把原本的月代頭（剃成半圓形的髮型）留長。然而，由於江戶時代散切頭是罪人的髮型，所以「因循姑息」（譯註：即沿習守舊之意）的人便會猶豫是否要剪掉髮髻。

為此政府高官們率先以身作則，剪成了散切頭，到明治5年3月連天皇都剪掉了髮髻。與此同時，天皇也推動穿戴洋服、食用牛肉、飲用牛奶等開化政策，尤其在都市更成了散切頭的天下，唯有特別固執的人還守著頭上的髮髻。順便一提，始終留著髮髻頭的大人物中，以批判開化政策的島津久光最為人所知。

# 讓衛生環境飛躍性突破的肥皂國產化

　　開港前的橫濱不過是個寂寥的小漁村，但在安政6年（1859年）6月成為國際貿易港後，橫濱就發生了巨大變化。各式各樣的西方文物與制度登陸橫濱，橫濱成了日本「文明開化」的源頭。

　　譬如橫濱就是日本第一個點燃瓦斯燈的地區。明治5年（1872年）9月，在馬車道一帶點燃數十座瓦斯燈，由於其亮度太刺眼，讓當時的橫濱人嚇得魂飛魄散。明治2年9月，設置電報機；明治5年9月在橫濱新橋之間，鋪設日本最初的鐵軌。像這樣以橫濱為起源的文物可說多到難以計數。

　　明治5年11月，在橫濱經營製油業的堤磯右衛門著手開發國產肥皂。開國之後肥皂傳入日本，尤其在霍亂等傳染病發生時做為消毒劑受到重視。不過當時肥皂都是舶來品，價格非常高昂，所以堤才會想到生產肥皂。

　　明治6年4月，成功製造類似肥皂的產物；堤只向法國化學技師問到基本製造方法，之後就只憑自己反覆實驗。歷經多次失敗，同年7月終於成功做出可用來販售的肥皂。

　　肥皂的製造與產業後來上了軌道，為提升衛生環境做出巨大貢獻。文明開化時代許多產品輸入日本，使日本到處都充斥著模仿品與冒牌貨，但像肥皂這樣製造困難的化學產品，竟由民間企業獨自努力生產，應是值得特書一番的功績。

## 1873年 ▶ 地租改正

# 年貢與地租，哪個負擔比較重？

對政府而言，地租改正是必不可少的稅制改革，然而也因此加重農民的負擔，使農民只能開始起義抗爭。

### 政府的稅收穩定政策

明治6年（1873年）7月，政府頒布地租改正條例。

在此之前明治政府的主要財源是江戶時代以來的「年貢」。明治4年雖透過「廢藩置縣」統一日本全國，但其財政基礎仍是農民做為稅繳納的米，佔政府稅收（除關稅外）將近百分之九十。

此時政府正慢慢陷入稅收不足的窘況。為了扶植產業發展、強化與維持軍備等「富國強兵」之策需要巨額資金，然主要財源若還是年貢，就會因米價或收穫量的差異造成稅收不穩，在財政運用上不得不鋌而走險。

因此政府更改稅制，對所有農地訂立公定地價，改為每年課徵地價百分之三的現金。這項「地租改正」成功讓政府每年稅收穩定下來，而且也省去管理與販賣米糧的手續，對政府而言是極為有效的一大改革。

那麼對實際耕田的農民來說，年貢與地租到底哪邊的負擔比較重呢？

### 強加農民負擔的惡劣稅改

政府將稅制從實物稅改成貨幣稅時，是以不減少稅收為最高原則。因此用來當成計算地租基準的公定地價並非以實際的買賣價格為準，而是從過去年貢反推其價值，以免地租變得太便宜。

雖然對農民來說地租與年貢的負擔看似沒什麼差異，可實際上地租改正反加重了農民們的負擔。

首先，實物稅改成貨幣稅，等於把賣米的手續丟給納稅者處理，增加他們支出。再來，原本所有權曖昧的入會地（村人共有的山林等）與領主私藏的農地並不算進課稅對象，但政府徹底測量土地，明訂這些土地的所有權並用來計價課

**歷史筆記** **年貢** 江戶時代農民繳給領主的稅。原則上是繳納從水田收穫的米這種實物稅。稅率從四到六成都有，每個地區的差異相當大。

212

稅，反增加了稅額。

　　農民們反對地租改正，在各地引起一揆，雖然成功達成降低地租稅率等要求，但基本的稅改方案並未改變，農民被迫接受過重的負擔。

## ● 地租改正的負擔如何變化？

**年貢**

可能因耕作權集中到富農手上而降低稅率 以自耕農為主的農業政策中以五公五民（稅率50%）為基準。

**佃租**

因饑荒或歉收無法支付年貢時，自耕農就可能淪落佃農。地主＝上層農民或富農，透過佃租提升經濟影響力

**生產者收入**

因年貢與佃租兩層徵收，農業生產者的生活費僅能充飢。所以佃農又有「水吞百姓」的別稱。

**1873年7月　地租改正**

**地租**

訂為地價3%，不過地價跟實際市場價格不同。以過去的年貢為基準計算的地租約佔政府收入的70%。

**佃租**

為了穩定繳納政府稅金，地主反增加佃租。待資產者的不公平稅制 優

**生產者收入**

不只是收入減少，由於世襲佃租權與入會地消失，剝削反而比江戶時代更嚴重

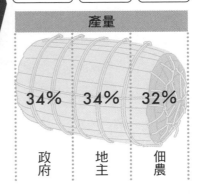

產量

37% 領主　28% 地主　35% 佃農

產量

34% 政府　34% 地主　32% 佃農

# 明治六年的一月來了兩次！？

明治政府為文明開化，廢除舊曆改為採用陽曆。不過農民並不怎麼習慣。

## 新曆跟舊曆的差異是？

日期若標記為明治5年（1872年）12月3日到30日的古文獻，除了一部分例外以外全是假文獻。這是因為這28天在官方紀錄上是不存在的。

明治政府在明治5年11月9日向全國人民公布，隔月12月3日起為隔年的1月1日。在此之前日本採用的是陰陽曆（舊曆），為了配合歐美才改用陽曆，也因此消去了12月3日到30日。採用陽曆是「文明開化」政策的一環。

日本現在的七夕在陽曆7月7日，因處於梅雨季，夜晚幾乎看不見銀河。但舊曆跟陽曆相比幾乎晚了一個月，舊曆七夕已是梅雨季之後，所以織女跟牛郎相遇的機率就高多了。陰曆以月相盈虧做為日期基準，因此一個月約有二十九到三十天，這樣就與基於陽曆的一年三百六十五天產生每年十天的誤差。為了修正這個誤差而創造出陰陽曆；數年一次放進稱為「閏月」的月份，就能修正跟陽曆之間的誤差，譬如幕末慶應改年號成明治的西曆1868年，就插入了閏4月。

## 陽曆遭一般大眾敬而遠之！

在日本史裡，多採用以和曆為準換算西曆年號的記述方式，不過舊曆12月若在陽曆中多已經是隔年的1月。譬如，慶應3年幾乎都是1867年，但是12月9日發生的「王政復古大號令」，卻已經是西曆1868年的事。

若還是戰國時代，跟西方國家接觸還少，不太需要在意西曆跟和曆的誤差，不過對於跟西方各國開始交流的幕末到明治6年1月的事件，有不少研究書籍採行併記西曆與和曆的方式。由於併記可能徒增閱讀困擾，所以即使有曆法誤差，本書還是採用「慶應3年（1867年）

**歷史筆記** 　**閏月**　為了修正陽曆與陰曆的誤差，在需要時追加的月份，使全年增加到十三個月。如2月追加閏月時，那個月即稱為閏2月。

12月9日」這種歷來常用的表記方法。

　　對生活在都市的民眾來說尚且無妨，可是對農民而言陽曆難以適應。農民們長久以來都是依循舊曆播種、收割、舉辦歲時祭典，因此即便官方採用陽曆，至今仍不少地區沿用舊曆來進行農產活動。

## ● 從舊曆到新曆

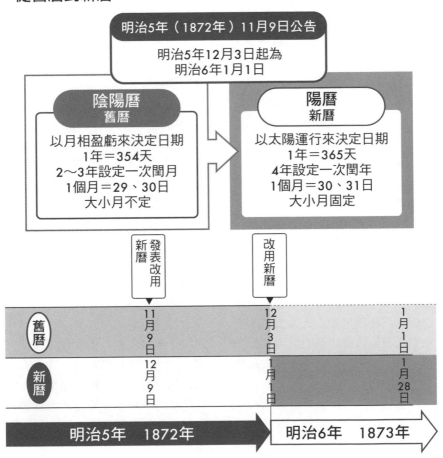

明治5年（1872年）11月9日公告

明治5年12月3日起為
明治6年1月1日

陰陽曆
舊曆

以月相盈虧來決定日期
1年＝354天
2～3年設定一次閏月
1個月＝29、30日
大小月不定

陽曆
新曆

以太陽運行來決定日期
1年＝365天
4年設定一次閏年
1個月＝30、31日
大小月固定

發表改用新曆

改用新曆

舊曆
11月9日
12月3日
1月1日

新曆
12月9日
1月1日
1月28日

明治5年　1872年

明治6年　1873年

# 因意見不和而分裂的明治政府

趁大久保等人不在，留守組擅自推出一個又一個新政策，最後終於在朝鮮的使節派遣問題上決裂！

## 遠遊組跟留守組的態度差異

明治6年（1873年）5月下旬，大久保利通視察回國，7月下旬木戶孝允回國，到了9月13日大使岩倉具視等遣外使節團所有人都回歸日本。但遠遊組回來後，才發現政府早已沒有他們的位置。

使節團離開日本時，曾跟以西鄉隆盛為核心的留守組商議，在遠遊組回來前不強力推動國內改革、不大幅度變更人事。不過即使遠遊組回國，留守組也不打算交出主導權。

留守政府打破不進行人事變動的協議，任命後藤象二郎、大木喬任、江藤新平等三人為參議。後藤與江藤雖然跟西鄉的政治理念不同，但為了從遠遊組手上奪取政權而接近西鄉。

在制度改革面上，推動以四民平等為原則的身分改制、實施徹底改革稅收制度的地租改正（參見212頁）、訂立義務教育學制、改用陽曆（參見214頁）、為了國民皆兵制定徵兵令等等，陸續實行近代化改革，廢除跟遠遊組之間的約定。

## 為爭主導權導致政府分裂！

明治6年8月17日，在留守組主導的閣議中，通過西鄉的朝鮮派遣案。

明治政府選擇了文明開化路線，鄰國朝鮮則繼續維持「鎖國」。明治政府不斷向朝鮮要求建交，但朝鮮只是頑強拒絕。西鄉希望親自擔任朝鮮使節，與對方的要人直接進行談判，打開朝鮮國交之路。

留守政府為了長久掌握政府主導權，大力推動西鄉的使節派遣計畫。明治6年9月到10月，明治政府內部爆發所謂的「征韓論爭」；然而問題的本質不在於是否要征韓，而是遠遊組及留守組之間的權力鬥爭。

---

**歷史筆記** **大木喬任**（1832～1899） 肥前（佐賀）藩士，曾以尊王志士身分活動。維新後成為肥前派系的重要人物，以司法相關事務為主，歷任文部、民政等要職。

10月22日的閣議裡，西鄉為了取得明治天皇批准而逼迫岩倉。不過隔天23日，岩倉透過縝密的事前準備，上奏天皇獲得許可，成功中止使節派遣。24日正式頒旨後，西鄉提出辭呈，隔天板垣退助、後藤、江藤、副島種臣也提出辭呈。贊成派辭職，征韓論爭以反對派勝利劃下句點（明治六年政變）。

反對派活用天皇這顆「玉」打贏政爭；因此時的日本必以天皇的旨意為優先，所以掌握「玉」的人就能在政爭中取得優勢。闖過幕末維新動亂的西鄉應也是明白「玉」之效果的政治家，然而這場明治六年政變因反對派更懂得有效利用天皇，所以成為政爭的贏家。

## ● 明治六年政變，對立構圖

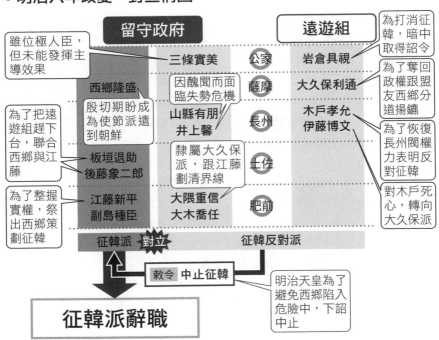

# 大久保所就任的內務卿握有的強大職權

大久保新設「官廳中的官廳」內務省並就任其首長,成為日本的俾斯麥!

## 巨大官廳的創設與獨裁體制

明治6年(1873年)11月29日,贏下征韓論爭的大久保利通就任內務卿。新設的「內務省」是總管大藏、外務、司法、工部、陸軍、海軍等所有省廳的「官廳中的官廳」。

內務省下轄勸業(譯註:鼓勵產業發展)、警保、戶籍、驛遞(譯註:郵政)、土木、地理等六寮(局處)。若以平成再編前的省廳比較,等於是統轄通產省、自治省、運輸省、建設省、郵政省的巨大組織。

而且全國警察機關全部直轄於內務省,大久保等於擁有在事前鎮壓反政府活動的能力。

形式上太政大臣三條實美以及右大臣岩倉具視位階比大久保高,不過做為尊攘派公家先鋒,活躍於幕末動亂期的三條,維新後則成為優柔寡斷的公家,只是裝飾性的存在。

岩倉擔任遣外使節等,是當代最為有能的公家,但他全面信賴大久保,因此大久保成為內務卿後擁有等同明治政府首相的獨裁大權。換句話說,便是大久保犧牲自己與盟友西鄉的情誼,換來國家領導者的地位。

## 支持大久保的兩個部下

大久保的左右手是大藏卿大隈重信、工部卿伊藤博文。

大隈為肥前,伊藤為長州出身,大久保旗下齊聚跨越各藩閥的優秀領導者與實務官僚。長州閥領袖木戶孝允,由於在明治維新後沒有建設新國家的熱情與構想,只是一個不斷發牢騷的存在,所以後來

---

**歷史筆記** 　**太政官** 以太政大臣為首的統治機關。雖然名稱跟律令制度中的太政官相同,不過有參議掌握實權、就任省廳首長等差異。

成為首任內閣總理大臣的伊藤為了自己的將來，選擇成為大久保的下屬。順帶一提大久保死後，伊藤跟大隈爭奪繼承人之位，最後由伊藤獲勝（明治十四年政變）。在政爭中敗北的大隈則暫且轉向教育界，設立早稻田大學，闡述「在野精神」。

大久保因與西鄉對立，遭受薩摩派系厭惡，但他身為政治家精明能幹的手腕也吸引許多人追隨他，將他推上官僚集團的高峰。

而由於掌握國家財政的大藏省，以及負責產業近代化的工部省兩省首長都是大久保部下，所以大久保的權力基礎更為穩固。大久保深信「落後國日本為了追上西方列強，只能由獨裁者推動富國強兵之策」這項理念。此時大久保的地位正慢慢接近普魯士的首相俾斯麥。

## ● 大久保獨裁政權的成立

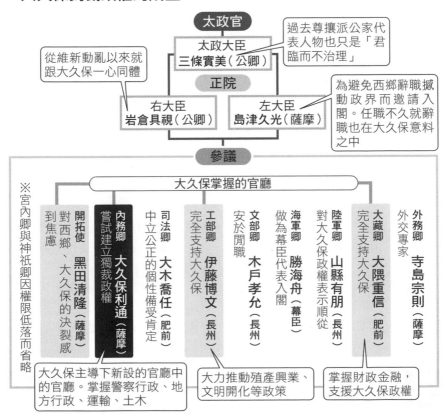

# 自由民權運動是回歸政界的墊腳石？

敗於征韓論爭的板垣退助等人倡導「自由民權運動」，打算取回在政界的影響力。

## 自由是上層給予的權利？

板垣退助在「明治六年政變」（參見217頁）中失敗，提出辭呈。在此之前，土佐藩出身的板垣為了掌握政府內部的主導權，跟理念及構想都不同的西鄉聯手行動。當大久保一派捲土重來，中止西鄉的朝鮮使節派遣政策後，板垣也只能黯然「下野」。

下野是當時的流行語，為回到田野之意，具體來說就是辭官回到民間生活。

明治7年（1874年）1月，板垣跟後藤象二郎、江藤新平等人一同組成「愛國公黨」，黨綱揭示了以下理念：

「人民有自由、自主、獨立，不受任何人束縛的權利」

此外愛國公黨的黨綱裡還有「應給予人民權利」這種表現，這是因為板垣等人認為「自由這種權力不是人民可以親手獲得之物，是

由上面給予的」。板垣應該是在讀了福澤諭吉的《勸學篇》等啟蒙書，或是西方的政治思想書之後知道有自由這個概念，但在歐美，自由並非上層階級給予之物，而是人民親手爭取來的成果。板垣並未了解這段鬥爭的歷史。

順帶一提，「自由」這個詞在江戶時代有「任性妄為」的負面意涵，不過在這個時期被用來當成freedom的譯語，慢慢轉變成現代的意思。

## 純粹的運動者們跟指導者間的歧異

板垣組建愛國公黨的同時，也向政府提出「民撰議院設立建白書」。板垣因領導自由民權運動再次受到矚目。

以愛國公黨的活動為始，「自由民權運動」逐漸盛行。土佐出身的大江卓等運動者想親手爭取自

**歷史筆記** 大江卓（1847～1921） 土佐藩士。受同鄉後藤象二郎提拔出仕明治政府，但也跟著後藤一同下野。之後以自由民權鬥士身分持續活動。

由，因而與板垣等領導者的想法產生歧異。

明治10年（1877年）2月，西鄉隆盛引發西南戰爭（參見230頁），與此同時大江等土佐派系的自由民權運動家開始擬定推翻政府的計畫。但在關鍵人物板垣與後藤還在猶豫是否起義的時候，西鄉軍就已顯露敗勢，因此大江等人的計畫在發起前就告失敗。

自由民權運動正興盛時，板垣接受政府懷柔，而且組織內分裂不斷，所以運動本身後來變得虎頭蛇尾，可以說自由民權運動只是政爭輸家板垣等人，意圖復權的墊腳石。

## ● 政府對自由民權運動的策略

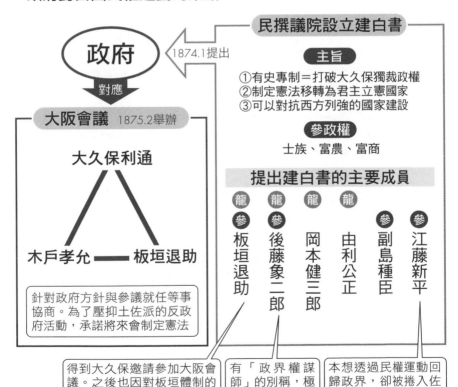

民撰議院設立建白書

1874.1提出

### 主旨
①有史專制＝打破大久保獨裁政權
②制定憲法移轉為君主立憲國家
③可以對抗西方列強的國家建設

### 參政權
士族、富農、富商

### 提出建白書的主要成員

龍 板垣退助
龍 後藤象二郎
龍 岡本健三郎
龍 由利公正
參 副島種臣
參 江藤新平

政府

對應

大阪會議 1875.2舉辦

大久保利通

木戶孝允 ── 板垣退助

針對政府方針與參議就任等事協商。為了壓抑土佐派的反政府活動，承諾將來會制定憲法

得到大久保邀請參加大阪會議。之後也因對板垣體制的妥協，為民權運動踩了煞車

有「政界權謀師」的別稱，極度想回歸政界

本想透過民權運動回歸政界，卻被捲入佐賀之亂而遭處刑

龍＝跟坂本龍馬親交甚篤的人物
參＝征韓論爭中辭任參議者

# 點綴幕末維新的人物群像

## 佐久間象山 ◆1811～1864

### 不會說荷蘭語的蘭學者

　　通稱修理，象山為號。松代藩士佐久間一學的嫡長子。18歲繼承家督，23歲留學江戶鑽研漢學。三十多歲奉藩主真田幸貫之命師從江川太郎左衛門，著手研究以軍事學為中心的洋學。習得廣泛西方知識的同時也開始對外患抱有危機意識，主張應充實軍備、積極開國。

　　提倡獨特的「東方道德、西方藝術」理念。象山說的藝術指的是科學技術，倡導積極接納西方先進文明，也主張應堅持東方特有的道德與階級社會。

　　41歲開設西洋兵學塾，收勝海舟、吉田松陰等人為徒。迎娶海舟之妹為妻。

　　元治元年（1864年）列位幕臣，向德川慶喜與公家主張積極開國論，但在「禁門之變」前就遭到尊王攘夷派的河上彥齋暗殺，據傳原因與策劃天皇移駕彥根有所關連，享年54歲。

## 橫井小楠 ◆1809～1869

### 重視尊王的開國論者

　　熊本藩士橫井時直的次子。為了實踐儒教理念組織肥後實學黨。對西方文明的豐富知識也令他抱有「為富國強兵必須積極進出海外」的主張。他在熊本藩內不受重用，直到50歲才受到越前藩主松平春嶽賞識，聘用為智囊。

　　雖然是個無法閱讀原文書的洋學者，但藉由解讀翻譯過的洋書、向其他洋學者學習，了解到西方文明的優點，提倡積極接納西方文明。

　　因其政策重視經濟，越前藩獲得莫大利益，春嶽也隨之就任政事總裁職，小楠此時便參與如放寬參勤交代等幕政改革。不過之後被刺客襲擊時不拔刀就離開的事情暴露，熊本藩將小楠叫回藩內處以謹慎之罰。

　　維新後雖然出仕政府，但他先進的理論還未能實踐，就被盲信攘夷的暗殺者刺殺，享壽61歲。

# 高野長英 ◆1804～1850

## 遭到不當鎮壓的知識分子

生於仙台藩重臣，留守家的家臣家中，後成為親戚醫師高野家的養子。17歲前往江戶，一邊幫人按摩一邊苦學荷蘭醫學。在長崎的「鳴瀧塾」向西博德學習。

西博德事件（因打算將日本地圖帶出日本而遭驅逐出境）發生後，害怕遭到牽連而潛伏於九州各地。風頭過後回到江戶開設診所。

與渡邊崋山等人盡力研究與傳播蘭學。他卓越的翻譯能力為介紹西方文明做出極大貢獻。因著有《戊戌夢物語》，批判幕府外交政策，在「蠻社之獄」中被捕入獄。

長英相信自己的清白，為了恢復自由身攏絡下級官員，令其對監獄放火，以趁機逃獄，隨後輾轉各地過著潛伏生活。據說這期間他用藥品毀容，改變相貌。在宇和島受到藩主伊達宗城保護，指導宇和島藩引進西洋技術。

潛伏於江戶時被幕府官員圍捕，最後自盡。

# 大村益次郎 ◆1824～1869

## 打下明治陸軍基礎的科學家

周防國鑄錢寺村的醫師藤村孝益的長子。繼承母親村田家，名為村田藏六。22歲進入大坂「適適齋塾」，向緒方洪庵學習蘭學。29歲受伊達宗城聘用出仕宇和島藩，在傳授蘭學的同時也進行軍制改革與兵器製造。比起醫師，西洋軍學者的名聲更為人所知。

可以說益次郎像是站在醫師角度治療患者，對這個病入膏肓的封建國家開刀治療。

雖被任用為幕臣，36歲時卻選擇成為長州藩士。在高杉晉作政變成功後，負責長州藩兵的近代化，可說是「第二次長州征討」中長州能戰勝幕府軍的大功臣。此時其遵照藩命改姓。「戊辰戰爭」中擔任總參謀長，引領新政府軍勝利。最後遭到盲信攘夷的暗殺者襲擊，傷重不治，享年45歲。

## 1873年 ▶ 台灣出兵

# 明治政府首次外征成功還是失敗？

為了消解士族的不滿，計劃派兵前往台灣。雖發生了一些問題，但結果來說還算過得去。

### 征韓反對派主導的外征

「征韓論爭」（參見216頁）中反對派認為「現在國力尚不充實無法遠征」，駁回西鄉隆盛的主張。但才過了不到半年，明治7年（1874年）2月大久保利通就著手準備出兵台灣。

大久保反對征韓論是為了跟西鄉爭取主導權，並非真的反對外征。大久保為了轉移士族對明治政府的不滿（參見226頁），因而策劃台灣出兵。

日本政府向清國抗議兩年前漂流到台灣的琉球島民被當地住民殺害的事件時，卻得到「台灣為野蠻人所居化外之地，雖為領土不予治理」的回答。

因此大久保一邊向美國駐日公使尋求協助，一邊計劃向台灣出兵。任命西鄉隆盛之弟從道為都督（總司令），編組約四千人的部隊。然而才剛準備好士兵搭乘的軍艦與蒸汽船，英國公使巴夏禮便表示反對出兵。而且原本協助出兵的美國公使因任期結束回國，新任公使同意巴夏禮意見，大久保迫於壓力只好開始處理罷兵事宜。

### 軍部獨斷的惡劣先例

在長崎準備出兵的西鄉從道察覺到將罷兵的消息，於是在4月27日搶先派先遣部隊乘船前往台灣。

當時大久保為了傳達暫緩出兵的命令還親自火速前往長崎，不過西鄉從道早已發出先遣部隊，營造無法回頭的情況。

5月3日大久保抵達長崎，知道先遣隊已經出發後，只好無視英國的反對，下令全軍進攻。

5月22日日本軍登陸台灣，並在6月2日迫殺害琉球人的部落投降，隨後便迅速撤軍。大久保接著在北京跟清國交涉，雖然得不到賠償金，但彼此同意出兵費用由清國支

**歷史筆記**　**西鄉從道（1843～1902）**　西鄉隆盛之弟。做為薩摩藩閥的代表人物歷任海軍大臣等要職。軍階最高受封海軍元帥。

付。就結果來說，明治政府的外征在沒犯什麼大錯的情況下結束。

話雖如此，西鄉從道獨斷專行下令出兵，違反軍隊指揮系統規則，理當重罰，不過大久保不願再繼續惡化與從道之兄隆盛間的關係，所以選擇不過問。明治政府首次遠征，留下了與英國的外交斡旋、軍隊指揮系統失靈等許多需要反省之處，但在向亞洲宣揚日本國威這點上，應可說是成功。

## ● 台灣出兵與日本在東亞的高壓外交

③日清交涉1──決裂
北京

⑦日清交涉2──成功協議

④明治六年政變
東京

首爾
⑧江華島事件

⑤1874年5月　西鄉從道率領日本軍從長崎出發

⑥1874年6月　日本軍攻占當地居民的統治地區

⑦1874年10月　清國同意支付日本的出兵費用

⑧1875年9月　以小紛爭為藉口跟朝鮮簽訂通商條約

⑤日本軍從長崎出發

①1871年11月　漂流到台灣南部的琉球島民遭當地住民殺害

②1872年7月　設置琉球藩。下令琉球王尚泰移居東京

③1873年2月　日本政府向清國抗議八瑤灣事件，得到「台灣化外之地不歸我治理」的回答

④1873年10月　為了要消解薩摩士族的不滿，策劃朝鮮外征

琉球
②琉球處分

①八瑤灣事件

⑥台灣出兵（牡丹社事件）

# 特權相繼被剝奪，
# 不滿的士族越來越多！

武士們改稱士族後，特權跟生活基礎遭到剝奪，對政府的不滿日益增加……

## 成為財政健全化犧牲者的士族

江戶時代稱為武士的這個身分階級，在明治2年（1869年）版籍奉還後，改稱為「士族」。

江戶時代的武士依靠主君賜給祖先的土地、俸祿生活，明治政府在維新後也以保障這些士族的生活為優先原則。但明治4年廢藩置縣後，要支出多達四十萬戶士族的生活費（秩祿）對政府而言是沉重的負擔，每年稅收有近四成都是用來支付俸祿。

所以政府為了穩定財政，實施「秩祿處分」。

明治8年（1875年）12月，政府頒布秩祿處分：廢除原本每年支出的秩祿，改成發行三年份秩祿當做公債，每年支付公債額的百分之八。

士族年收不僅減半，秩祿公債所提供的給付金也會在支付約七年左右就全部用完。亦即政府看似還給士族本金，援助士族們自立、再興家業，但背後意圖其實是為了紓解財政負擔，拋棄士族。

## 士族為了守護尊嚴爆發叛亂

士族因秩祿處分生活費大為削減，而且身為武士的各種特權一一遭到剝奪，所以對政府的不滿情緒愈來愈高漲。

明治3年，庶民允許獲得姓氏，昭示「四民平等」的原則；江戶時代有士農工商四個階級，武士是在庶民之上的支配者，但到了文明開化時期，只剩在戶籍上還留有士族與平民的區分而已。

明治6年公布的「徵兵令」規定不止士族，所有日本人都必須做為士兵受到徵招。徵兵令對本業為打

**歷史筆記** **徵兵令** 明治6年（1873年）制定的義務兵役制度。政府能夠鎮壓西南戰爭等士族叛亂，證明了徵兵制的效果與國民軍隊的強大。

仗的武士而言，等於宣告自己已無用處，連存在意義都遭到否定，深深重創他們的尊嚴。

讓這些對政府已經極為憤怒的士族更為光火的是「廢刀令」。明治4年，政府曾公布「士族可自由選擇剪掉髮髻、外出時是否帶刀」的命令。

但到了明治9年3月，政令卻改成連帶刀外出都遭到禁止，違反者沒收刀劍。刀為「武士之魂」，也是異於庶民的象徵，因此這項「廢刀令」可說扣下了士族叛亂的板機。

## ● 士族逐漸高漲的不滿情緒

士族叛亂

士族的不滿急遽上升

|  |  |
|---|---|
| 1876（明治9） | 廢刀令<br>祿高金祿化<br>發行金祿公債證書 |
| 1873（明治6） | 征韓論（朝鮮出兵）敗北<br>秩祿處分 ➡ 收入減少！ |
| 1871（明治4） | 徵兵令 ➡ 喪失支付家祿的必要性<br>散髮脫刀令<br>廢藩置縣 |
| 1870（明治3） | 四民平等 ➡ 平民獲得姓氏 |
| 1869（明治2） | 版籍奉還 ➡ 武士變成「士族」 |

# 被大久保陷害而起義的江藤新平

江藤新平自征韓論爭失敗以來一直企圖再度回歸政界，但最後卻陷入政敵大久保設下的陷阱中。

## 盜木乃伊者亦成木乃伊

肥前（佐賀）藩士江藤新平在明治政府成立後，受聘成為實務官僚，在近代法律制度的擬定上一展長才。

江藤敗於「明治六年政變」（參見216頁）而辭職後，仍抱著回歸政界的野心。明治7年（1874年）1月，與板垣退助等人共組「愛國公黨」，在「民撰議院設立建白書」上署名簽字。江藤並非真的認同自由民權運動，只是將民權運動當成回歸政界的墊腳石。

此時在佐賀，士族對政府的憤怒達到頂點，暴動一觸即發，江藤為了安撫人心，決定回歸故鄉，然而同為佐賀出身的大隈重信知道後急忙制止。

日本有句俗諺叫「盜木乃伊者亦成木乃伊」（譯註：本來想說服人、救人出險境，卻反而使自己陷入與對方相同的情況中）。

大隈向江藤勸說，即使江藤本人沒有反叛之意，但要是回到即將爆發動亂的佐賀，必定會被拱成領導者，等於是火上加油。但江藤則認為若佐賀士族引發叛亂而遭討伐，自己的政治勢力將更加薄弱。因此他無視大隈的忠告，在2月12日返回佐賀。

## 陷入政敵大久保的陷阱

大久保利通為了抹殺政敵江藤，在佐賀暗中挑釁不平士族。雖然大隈憂心江藤回鄉是「飛蛾撲火」，但遺憾的是最後事態發展真如大隈所想。2月15日，不平士族起義占領佐賀城，爆發「佐賀之亂」，江藤被叛亂軍推舉為領導人，確實成了「木乃伊」。到了3月1日，政府軍奪回佐賀城，平定佐賀之亂。

江藤逃至鹿兒島拜訪西鄉，勸其起兵造反但不被理睬。隨後本打

**愛國公黨** 日本首個主張自由民權的政治結社。雖然設立不久就解散，但孕育了後來的全國性組織愛國社。

算前往土佐勸板垣退助起兵，卻在途中被逮捕帶回佐賀。

4月13日江藤在佐賀城內遭到斬首，據說當時他曾三度大喊「我心唯天知」。而成功解決政敵的大久保則是喜孜孜地在日記中寫下「江藤醜態引人發笑」的感想。

於是大久保戰勝了對自己異常執著、反抗心重的江藤，更加鞏固自己的權力地位。

## ● 接連爆發的士族叛亂　佐賀之亂～秋月之亂

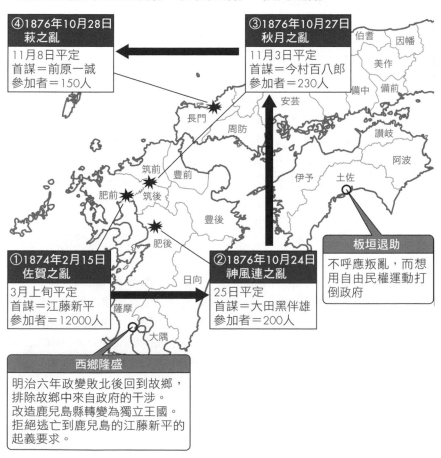

④1876年10月28日
萩之亂
11月8日平定
首謀＝前原一誠
參加者＝150人

③1876年10月27日
秋月之亂
11月3日平定
首謀＝今村百八郎
參加者＝230人

①1874年2月15日
佐賀之亂
3月上旬平定
首謀＝江藤新平
參加者＝12000人

②1876年10月24日
神風連之亂
25日平定
首謀＝大田黑伴雄
參加者＝200人

板垣退助
不呼應叛亂，而想用自由民權運動打倒政府

西鄉隆盛
明治六年政變敗北後回到故鄉，排除故鄉中來自政府的干涉。改造鹿兒島縣轉變為獨立王國。拒絕逃亡到鹿兒島的江藤新平的起義要求。

伯耆　因幡
美作
備中　備前
安芸
讃岐
周防
長門
阿波
伊予　土佐
筑前　豐前
肥前　筑後
豐後
肥後
日向
薩摩
大隅

# 西鄉隆盛有勝算嗎？

西鄉以為自己能順利進軍到東京。但他遭遇政府軍的頑強抵抗，錯過了時運與戰勝的機會。

## 執著於攻下熊本城而於決戰戰敗！

明治9年（1876年）12月，政府密探潛入鹿兒島。熱烈支持西鄉隆盛的「私學校」黨逮捕密探，才了解他們潛入的目的是暗殺西鄉。另外，由於政府打算將鹿兒島儲備的武器及彈藥運到大阪，私學校的激進派學生為此憤而起事，在明治10年（1877年）1月29日襲擊政府設施，搶走武器彈藥。

這項行動明顯表示對政府的叛心。私學校實質領袖西鄉對黨中幹部表示「我的性命就交給各位，請各位盡情發揮」，決心起兵造反。隆盛陷入不得不成為不平士族之標竿的狀況。

西鄉高舉「質問位於東京的政府」（譯註：意近清君側）之大義，率領一萬三千名士兵從鹿兒島出兵。2月14日西鄉軍出陣時，南國九州罕見地下了大雪。西鄉軍抵達熊本城下，22日正式展開進攻，但加藤清正築起的這座熊本城固若金湯，西鄉被迫打長期戰。

政府軍為馳援熊本城從福岡南下，3月上旬在熊本城北方的田原坂跟西鄉軍爆發衝突，兩軍展開長達半個月的壯烈殊死戰。「田原坂會戰」左右西南戰爭整個局勢，猶如決定戰國天下大勢的「天王山之戰」。在田原坂遭到突破的西鄉軍從此一蹶不振，難以東山再起。

## 庶民兵的實力受到證明

就結果而言，執著攻下熊本城一事成了西鄉軍最大的敗筆。西鄉似乎以為進軍東京能夠如入無人之境般暢通無礙。他或許認為自己能完成十九年前主君島津齊彬未能實現的領兵上京。

西鄉軍幹部裡曾有人提出建言，認為不該執著熊本城應繼續北上。若真的想打倒新政府，西鄉軍

**私學校**　由西鄉隆盛支持者成立的學校組織。私學校幹部掌握鹿兒島縣政實權，強硬與政府對決的態度也成了爆發西南戰爭的原因之一。

應該像滾雪球般一邊進軍一邊吸收各地的不平士族。

可是西鄉軍幹部執著於輕鬆打下熊本城的榮耀，小看了以徵招的庶民兵為主力的熊本城守備部隊。由於政府軍出乎西鄉軍的意料，破釜沉舟死守熊本城，遭遇頑抗的西鄉軍於是陷入苦戰。

西南戰爭檢驗了徵兵制軍隊的實力：即使在近戰中仍不敵勇猛的薩摩隼人的突擊，但西南戰爭的勝利還是證明了徵兵軍隊的強大。

攻不下熊本城，在田原坂又遭到致命重創，等待西鄉軍的只剩敗北一途。

## ● 西南戰爭戰況圖　從西鄉起義到自決

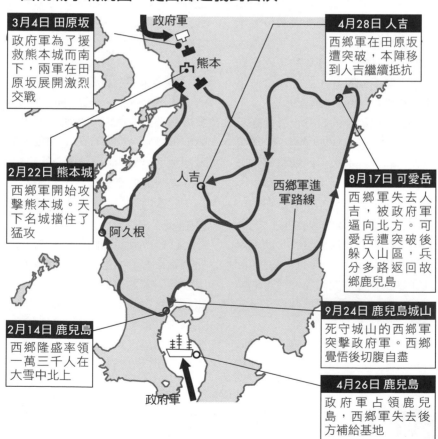

**3月4日 田原坂**
政府軍為了援救熊本城而南下，兩軍在田原坂展開激烈交戰

**4月28日 人吉**
西鄉軍在田原坂遭突破，本陣移到人吉繼續抵抗

**2月22日 熊本城**
西鄉軍開始攻擊熊本城。天下名城擋住了猛攻

**8月17日 可愛岳**
西鄉軍失去人吉，被政府軍逼向北方。可愛岳遭突破後躲入山區，兵分多路返回故鄉鹿兒島

**2月14日 鹿兒島**
西鄉隆盛率領一萬三千人在大雪中北上

**9月24日 鹿兒島城山**
死守城山的西鄉軍突擊政府軍。西鄉覺悟後切腹自盡

**4月26日 鹿兒島**
政府軍占領鹿兒島，西鄉軍失去後方補給基地

政府軍
熊本
人吉
西鄉軍進軍路線
阿久根
政府軍

# 催生西鄉不死傳說的時代背景

比大久保更受歡迎的西鄉即便死後也受到廣大國民追崇，產生了各式各樣的傳說。

## 在故鄉鹿兒島結束波瀾壯闊的一生！

明治10年（1877年）4月26日，政府軍登陸鹿兒島。政府軍在西南戰爭中同樣使用了在戊辰戰爭使用過的搶灘作戰。鹿兒島是西鄉軍大本營，也是後方支援基地，因此西鄉軍士氣受到重挫，確定新政府軍在西南戰爭中的優勢地位。

失去根據地的西鄉軍就像斷線風箏般在九州南部四處轉戰。8月下旬宮崎戰線潰散，西鄉軍幾近毀滅。

西鄉等人希望能在故鄉死去，所以突破政府軍的包圍前往鹿兒島。為避免被政府軍發現，西鄉軍行於險峻山道之上，9月1日終於回到鹿兒島，據守鹿兒島城後方的城山（參見71頁圖），向政府軍發起最後一場戰役。

9月24日清晨，擁五萬兵力的政府軍對城山發動總攻，相對地西鄉軍殘存兵力不及四百人。雖然西鄉勇猛突圍，但遭到兩發槍擊後還是跌倒在地。最後，他對身旁的別府晉介說「晉殿，在這就好啦」，命其為自己介錯（譯註：即為切腹自殺者斬首）。

## 存活傳說與討厭拍照

先不論真偽，但當時的確流傳了一些有趣的傳說；西鄉之所以沒有留下任何一張照片，是因為跟坂本龍馬之妻阿龍約定過絕不拍照。據晚年阿龍的證詞，龍馬暗殺事件後，曾跟西鄉一起發誓一輩子都不再拍照。

西鄉敗於西南戰爭，在故鄉鹿兒島結束傳奇一生，但也留有他其實存活下來並逃到俄羅斯的傳說。政府的官方紀錄上記載，西鄉的遺體很快就被發現，並由山縣有朋等人進行驗屍。然而據說首級始終找不到，所以才開始流傳西鄉仍然存

**歷史筆記** **尼古拉二世（1868～1918）** 俄羅斯沙皇。皇太子時代曾訪日，因大津事件（被警察攻擊的事件）負傷。俄羅斯十月革命時被逮捕而遭到處決。

活的說法。

西鄉沒有留下臉部照片也是助長西鄉存活傳說的原因之一。同情西鄉的民眾也曾相信西鄉轉生為紅色閃亮的行星，而把火星稱為「西鄉星」。

明治24年（1891年），西鄉存活傳說達到最高峰。這一年俄羅斯皇太子（尼古拉二世）來訪日本，而出現了在俄羅斯倖存下來的西鄉將與皇太子一同回國的謠言。

但理所當然地，皇太子一行人中並未出現西鄉的面孔，其後西鄉也並未現身在日本國民面前。

## ● 西鄉隆盛職涯年表

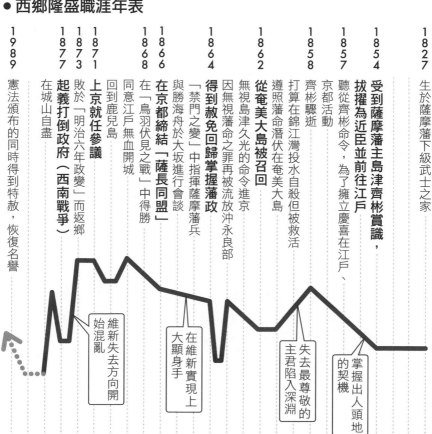

# 世紀兇案已無法撼動時代

因西南戰爭取勝，大久保的獨裁體制看似更為穩固，但他卻死於明治版「櫻田門外之變」！

## 述說未來後不久便發生的慘劇

大久保利通在西南戰爭中獲得勝利，徹底鞏固了他「日本俾斯麥」的政治基礎。

明治11年（1878年）5月14日早晨，大久保對福島縣令山吉盛典這麼說：「西南戰爭落幕，和平終於到來。因此，我想回到剛達成明治維新時的原點，重新開始近代國家的建設。近代國家要完全成熟，需耗費三十年時間，而我已有計畫」

大久保把這三十年分成三期：第一期為明治元年到10年的創業期，用武力扳倒所有反對勢力，而當時已經達成目的；明治11年到20年的第二期，大久保要親身領頭推動富國強兵；明治21年到30年，退出第一線，交給優秀的後進。

大久保此時終於完全掌握獨裁權力，準備好要進入強化國家基盤的第二期。然而就在他本人闡述建設國家的基本構想後不久，於前往政府上班途中，在紀尾井坂被不平士族暗殺。

## 從獨裁體制轉移為薩長藩閥政治

暗殺者們深信只要除掉大久保，就會像「櫻田門外之變」（參見96頁）造成幕府權威失墜一般引領時代再次走向動亂。但就算死了一個獨裁者，明治政府也還是文風不動。

若大久保沒遭到暗殺，在國家建設上大展身手，那麼明治日本的歷史會走往何種方向，實在是令人深感趣味的事。

大久保利通遭暗殺後，明治政府隨即在岩倉具視的領導下，建立起以伊藤博文與大隈重信負責主要事務的體制。

伊藤大力讚賞大久保的個性：「大久保先生實為器量深不可測的人。不論藩屬出身，凡有能人才皆

**歷史筆記** **明治十四年政變** 1881年，針對開設國會的時期，主張早期開設的大隈重信跟慎重派的伊藤博文相對立。最後伊藤將大隈趕出政府，事件告一段落。

適材適用」。另一方面，跟伊藤同樣長州出身的木戶孝允卻得到「器量狹小」的評價。這樣的差異也表示，伊藤從遣外使節團同行以來，已遠離木戶成為大久保的「追隨者」。

「明治十四年政變」中被伊藤趕出政府的大隈則是對大久保說出了「只是毅然決然朝自己的理想前去」的評價。

西鄉之死姑且為動亂歷史劃上句點；而大久保之死，則是令從黑船來航開始的一整個時代落下了帷幕。

## ● 大久保的未來計畫與現實歷史

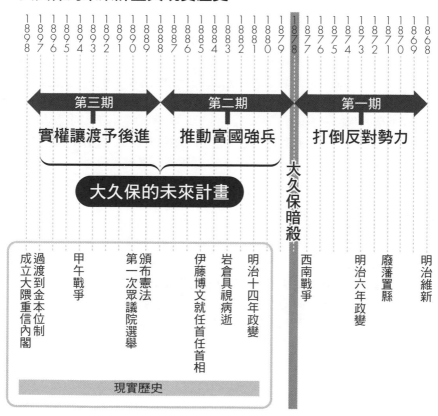

# 點綴幕末維新的  人物群像

## 岩崎彌太郎 ◆1834～1885

### 飛黃騰達的三菱財閥創建者

土佐國安藝郡下級武士之子。曾有志於學者之路，前往江戶留學。回到土佐後進入土佐藩重臣吉田東洋門下，抓住出人頭地的機會。在長崎一手包辦土佐藩的經商業務，做為經濟官僚施展長才，為土佐帶來莫大利益。由於此時龜山社中正改組成海援隊，所以跟坂本龍馬也有往來。

「廢藩置縣」後轉入實業界，創立汽船公司。一開始名為九十九商會，後來社名改成三菱。藉由協助台灣出兵等，跟明治政府維持一定的官商合作，持續擴大事業版圖。涉入金融、礦山開採、造船、倉庫等多元領域，奠定三菱財閥的基礎。

彌太郎在設計三菱社章時，融合了主君山內家的「三枚柏紋」跟岩崎家的「三階菱紋」，意在誇示雖為下級但仍是武士的尊嚴。跟競爭對手爭奪市場時病逝。

## 大隈重信 ◆1838～1922

### 喜歡政爭的教育家

肥前藩士大隈信保的長子，13歲父親過世後繼承家督。向外國傳教士學習英語後開設洋學塾，同時也做為藩內少數的尊王攘夷派志士活動，希望肥前藩能與果斷攘夷的長州藩聯合。

維新後先任外務官僚發揮外交手腕，後轉任大藏官僚掌握財政。跟伊藤博文同為大久保利通的左右手，但於「明治十四年政變」被驅逐出政府。

創立早稻田大學的前身東京專門學校。做為教育者做出貢獻的同時，也組織立憲改進黨企圖回歸政界。明治十四年政變後由於得到大眾與都市知識分子的支持，計劃再次進入政府掌權。大正3年（1914年）任職首相，推動侵略中國大陸的政策。85歲病逝。

# 大久保利通 ◆1830～1878

## 構築近代國家的現實主義者

通稱一藏，為薩摩藩士大久保次右衛門長子。21歲時父親次右衛門被捲入「由羅騷動」遭到流放。島津齊彬就任藩主後與盟友西鄉隆盛一同受到重用。齊彬死後大久保接近做為藩主之父掌握實權的島津久光，始終立於藩政核心。

引導薩摩藩從公武合體派轉變為倒幕派，並與岩倉具視等人共謀「王政復古政變」並成功。維新後，雖然名義上岩倉與三條實美位階更高，但大久保的地位幾乎已等同於明治政府的首相，大力推動富國強兵政策。「明治六年政變」與西鄉分道揚鑣，確立獨裁體制。最後雖在西南戰爭中勝利，平息士族叛亂，但遭到不平士族暗殺，享年49歲。

江戶後期到明治初期雖有各種類型的政治家立於國政之首，但貫徹現實主義的大久保，從當時的國情來看或許可評為最佳的執政者。

# 伊藤博文 ◆1841～1909

## 松下村塾最為顯赫的學生

通稱俊輔，為周防國熊毛郡農民林十藏之子。14歲時其父親被長州藩的中間（譯註：即侍奉武士的公務員）收為養子，改姓伊藤。17歲入松下村塾，跟同門高杉晉作親交甚篤。22歲留學英國，深感西方列強實力。

維新後成為官僚，迴避長州閥領導者木戶孝允，成為大久保利通的左右手。大久保和岩倉具視過世後，於「明治十四年政變」將大隈重信驅逐出政府。出任首屆總理大臣，主導大日本帝國憲法的制定。

為了長州閥的領袖之位，跟松下村塾同門山縣有朋在檯面下展開激烈的政治鬥爭。最後在滿州哈爾濱火車站遭韓國人暗殺，享年69歲。

雖生於農民之家，卻當到一國宰相，所以在當時又被稱為「今太閣」；而同樣地，這位「今太閣」也因為熱中於侵略朝鮮，導致日後客死他鄉的悲劇。

# 幕末維新 · 日本列藩大事記

## 東北諸藩

### 會津藩

**陸奧若松城　28萬石　松平容保**

　　幕末的會津藩幾乎都在做不討好的苦差事，最後還被視為朝敵遭到討伐，不僅領地被沒收，全藩還被流放到下北半島，下場淒慘。

　　會津藩主松平容保在文久2年（1862年）12月官拜「京都守護職」，之後會津藩便身處京都政界中心，對政局影響甚大。

　　京都守護職是幕政改革中的新設職位，負責維護京都治安。雖然幕府已有派駐京都的「京都所司代」，但憑所司代已無法壓制住為「天誅」殺紅眼的志士，因此幕府打算請祿高達二十三萬石（之後再加祿五萬），在譜代、親藩大名裡也以精銳著稱的會津藩駐守京都，恢復治安。

　　起先容保再三推辭，不願就任守護職，因為當時尊攘派志士橫行天下，若任守護職等於是自撿燙手山芋；若想用會津藩武力壓制志士，又恐會為會津藩招來天下志士們的怨恨。但因松平春嶽等人不斷勸諫，容保只好答應就任守護職，主僕眾人背負必死決心一同上京。

　　會津藩在就任京都守護職前，容保養父前代藩主容敬已受命警備江戶灣，派遣藩士並建設砲台，還同時派人到鄂霍次克海沿岸負責防衛蝦夷地。

　　會津藩已為警備江戶灣與蝦夷地陷入財政困難，只能靠商人的獻金與借貸、庶民年貢、還有低價收購特產品再轉賣等手段勉強撐住財政。

　　西南各藩歷經財政改革、人才任用、引入新式軍火、軍制改革等，大幅提升實力。然而會津藩卻因為內部保守勢力強大，無法徹底實施改革。

　　此外擔任京都守護職除了需要高額資金外也需要大量人力，因此直到維新動亂的最終階段都仍無法著手進行財政、軍制改革。

　　「戊辰戰爭」中會津若松城最後淪陷，投降後轉封下北半島。但由於新封地只是一片未開發的貧瘠原野，所以轉封下北幾乎可說是「全藩流放」。從此以後松平容保主僕一生背負「朝敵」汙名，度過明治新時代。

## 仙台藩

陸奧仙台城　62萬石　伊達慶邦

　　擁有全國第三祿高的大藩。
仙台藩產的米多轉賣江戶市場，
與德川家維持一定的關係。

　　江戶時代後期雖陷入財政
困難，但保守派重臣勢力強大，
始終未有治本的改革方案。「戊
辰戰爭」爆發，主導成立「奧羽
越列藩同盟」，由於裝備與戰術
還停留在戰國時代，戰爭中幾乎
是連戰連敗。戰後被處以減封
三十四萬石的處分。

## 久保田藩

出羽久保田城　20.6萬石
佐竹義堯

　　江戶時代後期因歉收與饑荒，藩內財政相當窘迫。「戊辰戰爭」起初為
列藩同盟一員，卻斬殺來自仙台藩的使者，倒戈新政府軍。隨後受到同盟軍
庄內藩與南部藩的猛攻而陷入苦戰，後因同盟潰散脫離險境。

## 南部藩

陸奧盛岡城　20萬石　南部利剛

　　江戶後期長期歉收，尤其在三閉伊（現三陸地區）接連發生農民一揆。
「戊辰戰爭」中加盟列藩同盟，進攻久保田藩，但因同盟解散而投降。戰後
受到減封七萬石的處分。

## 米澤藩

出羽米澤城　18萬石　上杉齊憲

　　上杉鷹山透過改革改善財政，但改革未能將基礎整備完善，不足以成長
為雄藩。「戊辰戰爭」爆發，同仙台藩組成列藩同盟。雖然出兵到戰國時代
的領地越後，但因舊式裝備跟落後戰術而連戰連敗。戰後受到減封四萬石的
處分。

## 庄內藩

出羽鶴岡城　17萬石　酒井忠篤

　　庄內藩跟領內富商本間家維持一定關係，藩內財政穩定。「戊辰戰爭」中接受本間家的資金強化藩兵，在跟久保田藩的戰鬥中處於優勢。戰後受到減封五萬石的處分。

二本松藩：陸奧二本松城　10.1萬石　丹羽長國
津輕藩：陸奧弘前城　10萬石　津輕承昭
新庄藩：出羽新庄城　6.8萬石　戶澤正實
相馬藩：陸奧中村城　6萬石　相馬誠胤
三春藩：陸奧三春城　5萬石　秋田映季
山形藩：出羽山形城　5萬石　水野忠弘
平藩：陸奧平城　4萬石　安藤信勇

## 關東諸藩

## 水戶藩

常陸水戶城　35萬石　德川慶篤

　　御三家中祿高最低，且其他兩家官位最高至大納言，但水戶卻只到中納言。由於藩主受命常駐江戶，經費吃緊，所以藩內財政始終是赤字。

　　九代藩主齊昭想推動財政改革，同時推行新設藩校弘道館及興建反射爐以強化海防等改革政策。然而由於財政改革結果不如預期，此外充實軍備亦需大量資金，所以齊昭的改革路線遭受強力反抗。

　　反改革派核心為家老結城寅壽，但安政3年（1856年）由於齊昭命結城切腹，結果反令水戶藩內的抗爭擴大，接連發生流血衝突。

　　水戶藩脫藩浪士發起「櫻田門外之變」，更加劇藩內的鬥爭。弘道館相關人士中較為保守的政治團體稱為「諸生黨」。他們雖將水戶藩內的激進尊攘派揶揄為「天狗黨」，但激進尊攘派倒也以天狗黨自稱，希望自己能真如天狗般神出鬼沒。這兩派的鬥爭最後發展成內戰。

　　元治元年（1860年），天狗黨在政爭中敗北，決心據筑波山起義，打算搶回主導權。但諸生黨將起義視為對幕府的叛亂，組織軍隊予以討伐。走投無路的天狗黨為了取得起義名分進軍京都，但在途中就遭到圍剿而投降。不

只是以武田耕雲齋為首的幹部，共三百五十二名天狗黨人全都遭到處刑。諸生黨對天狗黨參加者的家族更是趕盡殺絕，連女性、幼兒都不放過。

而當幕府倒台後情勢便徹底逆轉；天狗黨再次奪回水戶藩實權，開始鎮壓諸生黨，報復般地同樣連相關人士的妻妾子女都一併殺害，使悲劇一再發生。

諸生黨失勢後，仍追隨舊幕府軍轉戰各地。明治元年（1868年）10月，諸生黨在弘道館向天狗黨挑起最後一場戰役，大敗之後，消失在歷史舞台之上。

幕末的水戶藩身處動亂中心，發揮巨大影響力，但由於藩內爭鬥太過激烈，到了明治維新時，已經人才盡失，無法在新時代占有一席之地。

## 前橋藩

### 上野前橋城　17萬石　松平直克

過去前橋城時常因為城下的利根川暴漲而遭到損害，因此明和4年（1767年）城主松平氏得到幕府許可，放棄前橋城轉移到川越。慶應3年（1867年），藉由從蠶絲買賣中獲得龐大利益的富商以及大地主提供的獻金，前橋藩終於能重建前橋城並回歸原地。不過由於貧富差距擴大，改世一揆頻繁發生，使得前橋藩疲於應對。

## 小田原藩

### 相模小田原城　11.3萬石
### 大久保忠禮

江戶開城後，想奪回箱根關所的舊幕軍向小田原藩尋求協助，並得到小田原藩佐幕派家臣響應。新政府軍掃蕩逃脫的舊幕部隊後，小田原藩命城代家老切腹以迴避戰事。

## 佐倉藩

下總佐倉城　11萬石　堀田正倫

　　前藩主堀田正睦為名聲響亮的開明派大名，利用開設在城下的順天堂研究最尖端的西洋醫學，成為關東的蘭學中心。

　　正睦因井伊直弼而失勢，遭命隱居，家主之位讓給嫡長子正倫。之後佐倉藩的勤王派與佐幕派彼此爭鬥，與其他關東各藩相同，無法對幕末政局造成影響，就這樣迎來明治維新。

## 忍藩

武藏忍城　10萬石　松平忠誠

　　天保13年（1842年），忍藩受幕府之命在江戶灣建造砲台、派遣警備士兵，卻也因此陷入財政危機。「戊辰戰爭」中跟其他關東各藩相同，做為新政府軍出兵奧羽，不過主要負責後方防守，並未受到期待。

土浦藩：常陸土浦城　9.5萬石　土屋寅直
川越藩：武藏川越城　8萬石　松平康英

## 高崎藩

上野高崎城　8.2萬石　松平輝聲

　　天狗黨起義並轉向京都時，應幕府討伐令出兵鎮壓。元治元年（1860年），在領內的下仁田攻擊天狗黨，但卻因傷亡慘重而敗退。

古河藩：下總古河城　8萬石　土井利與
笠間藩：常陸笠間城　8萬石　牧野貞直

## 宇都宮藩

下野宇都宮城　7.1萬石　戶田忠友

　　雖是譜代藩，但藩士領民多為尊王派，在戊辰戰爭中隸屬新政府軍。雖然宇都宮城曾一時被舊幕脫逃部隊攻下，但不過數日就被新政府軍奪回。

館林藩：上野館林城　6萬石　秋元禮朝

# 甲信越諸藩

## 高田藩

### 越後高田城　15萬石　榊原政敬

　　雖是譜代大名中數一數二的名門，但「戊辰戰爭」中卻屬新政府軍。不過另一方面，也有些藩士脫逃加入「彰義隊」。若是舊幕勢力東山再起時這些人是高田藩的保險。

## 松代藩

### 信濃松代城　10萬石　真田幸民

　　藩主真田幸貫任用佐久間象山進行軍制改革。雖是外樣大名但受拔擢成為老中。於「戊辰戰爭」中做為新政府軍轉戰各地。松代藩兵全為配有新式裝備的精銳部隊，活躍在最前線而受到盛讚。

## 新發田藩

### 越後新發田城　10萬石　溝口直正

　　「戊辰戰爭」中參加「奧羽越列藩同盟」，但隨後倒戈歸順新政府軍。為新政府軍的新潟登陸作戰引路，導致北越戰線同盟軍敗北。

## 長岡藩

### 越後長岡城　7.4萬石　牧野忠訓

　　在軍事總督河井繼之助領導下與新政府軍激烈交鋒。雖一度奪回落入敵手的長岡城，但又再度被攻陷而遭受毀滅性打擊。戰後受到減封兩萬四千石的處分。

松本藩：信濃松本城　6萬石　松平光則

## 村上藩

### 越後村上城　5萬石　內藤信民

　　「戊辰戰爭」屬同盟軍，因被新政府軍攻擊而使村上城陷落。

## 東海諸藩

### 尾張藩

**尾張名古屋城　61.9萬石　德川義宜**

　　德川慶勝自支藩高須松平家過繼到尾張德川家擔任藩主。在將軍繼嗣問題中因支持一橋派，而受到隱居、謹慎的處分，由胞弟茂德從高須家至尾張德川家繼任藩主。

　　文久2年（1862年）慶勝解除謹慎處分，掌握尾張藩實權。時任京都守護職的松平容保、京都所司代的松平定敬都是高須家出身，為慶勝的胞弟。

　　新政府軍在「鳥羽伏見之戰」中獲勝後，慶勝鎮壓藩內佐幕派對新政府表示恭順，順應時代潮流。

### 桑名藩

**伊勢桑名城**

**11萬石　松平定敬**

　　藩主松平定敬於元治元年（1860年）擔任京都所司代，輔佐時任京都守護職的胞兄松平容保。在「鳥羽伏見之戰」中敗北，桑名城被新政府軍接收。藩主定敬跟一部分藩士轉戰各地，最後在箱館投降。

## 津藩

伊勢津城　32.4萬石　藤堂高猷

津藩與其他藩同樣苦惱於財政窮困，加上朝廷命其防守伊勢神宮、建造砲台、派遣警備兵等使支出增加，財政入不敷出，陷入窘境。

「鳥羽伏見之戰」中原屬舊幕府軍，但以無法對錦御旗開砲為由倒戈新政府軍，導致舊幕軍敗北潰逃。

久居藩：伊勢久居城　5.3萬石　藤堂高邦
　　　　津藩藤堂家分家。
大垣藩：美濃大垣城　10萬石　戶田氏共
濱松藩：遠江濱松城　6萬石　井上正直
岡崎藩：三河岡崎城　5萬石　本多忠民
沼津藩：駿河沼津城　5萬石　水野忠敬
吉田藩：三河吉田城　7萬石　松平信古
龜山藩：伊勢龜山城　6萬石　石川成之

## 北陸諸藩

## 加賀藩

加賀金澤城　102.5萬石　前田慶寧

祿高冠絕群雄，但也因此造成組織肥大化，無法進行治本的改革，在動亂時代未能對世局造成影響。

江戶時代後期，雖有名為「黑羽織黨」的改革派想革新藩政與經營體質，但因守舊派強硬抵抗，未能如願改革。

「鳥羽伏見之戰」後預見天下趨勢，決意投靠新政府。

大聖寺藩：加賀大聖寺城　10萬石　前田利鬯
　　　　　加賀藩的分家。
富山藩：越中富山城　10萬石　前田利同
　　　　加賀藩的分家。

## 越前藩

越前福井城　32萬石　松平茂昭

　　藩主松平春嶽（慶永）延攬橫井小楠，推動財政與軍制改革獲得不小成果。不過春嶽因在將軍繼嗣問題中隸屬一橋派，遭到隱居、謹慎的處分。

　　「櫻田門外之變」中政敵井伊直弼被暗殺，春嶽回歸政界。雖就任政事總裁職，成為公議政體派的核心人物，但最終仍無法抵擋從反幕惡化為倒幕的時勢。越前藩內除由利公正外還有許多坂本龍馬的友人，以法人身分投資龜山社中。

　　雖然春嶽在「王政復古」後曾為慶喜復權而行動，然而當新政府軍於「鳥羽伏見之戰」大勝，春嶽便轉而投靠新政府軍，之後歷任新政府各個要職。

## 小濱藩

若狹小濱城　10.4萬石　酒井忠氏

　　譜代屈指可數的大藩，歷代藩主中老中、大老輩出。藩主酒井忠義得到井伊直弼的支持，擔任京都所司代掃蕩尊攘志士。「鳥羽伏見之戰」中雖做為舊幕軍一員參戰但敗北，後歸順新政府軍。

丸岡藩：越前丸岡城　5萬石　有馬道純

## 近畿諸藩

## 紀州藩

紀伊和歌山城　55.5萬石　德川茂承

　　原藩主德川慶福（家茂）就任十四代將軍後，改從分家西條藩迎接茂承為藩主。得到茂承絕大信賴的津田出進行軍制改革，成果豐碩，在「第二次長州征討」裡紀州藩兵可說是孤軍奮戰、獨挑大樑。

　　「鳥羽伏見之戰」後歸順新政府軍。維新後直到「廢藩置縣」前都仍積極改革，推行徵兵制度、改善家臣俸祿制度等，受到全國矚目。

## 彥根藩

近江彥根城　20萬石
井伊直憲

　　「櫻田門外之變」失去藩主直弼，原企圖攻擊水戶德川家，但在藩內穩健派大力勸說下放棄。文久2年（1862年）迫於朝廷壓力，受到減封十萬石的處分。「鳥羽伏見之戰」中原屬舊幕府軍，但跟津藩一同倒戈成為新政府軍的內應，為勝利做出貢獻。

郡山藩：大和郡山城　15.1萬石　柳澤保申

## 淀藩

山城淀城　10.2萬石　稻葉正邦

　　藩主稻葉正邦做為老中在江戶城值勤時，爆發「鳥羽伏見之戰」。留守的家臣們拒絕舊幕軍入城躲避，反迎接新政府軍入城，為勝利做出貢獻。

## 宮津藩

丹後宮津城　7萬石　松平宗武

　　「第二次長州征討」中由於出兵態度消極受到幕府譴責。「戊辰戰爭」裡雖被懷疑是佐幕派，但跟其他譜代、親藩大名相同，未做抵抗便迎來明治維新。

膳所藩：近江膳所城　6萬石　本多康穰
岸和田藩：岸和田城　5.3萬石　岡部長寬
龜山藩：丹波龜山城　5萬石　松平信正
篠山藩：丹波篠山城　5萬石　青山忠敏

# 中國諸藩

## 長州藩
萩城　36.9萬石　毛利敬親

　　江戶時代後期，幕府與各藩的財政都陷入赤字，只能跟商人不斷借錢，長州藩也不例外；天保初年（1830年左右），其借款總額超過一百萬兩，然後為了支付利息又再借錢，財政狀況可謂是雪上加霜。天保9年（1838年），長州藩拔擢村田清風為藩內財政進行徹底的改革。村田以「八萬貫大敵」為口號，斷然實行財政改革。

　　在西國交易使用銀，所以單位為「貫」，換算成金約為一百二十五萬兩。村田藉此口號告訴藩內，借款比敵人更可怕。

　　村田不只向武士，也和庶民坦承藩內財政的窘況，求取他們的意見與協助。透過特產買賣等積極推動經濟政策，終於使長州藩的財政好轉。村田同時還積極的促進軍制改革，打下了長州藩日後在動亂期做為雄藩活躍的良好體質。

　　到了幕末動亂時代，長州藩大舉尊王攘夷的旗號，跳入政局中心。

　　在文久3年（1863年）的「八月十八日政變」中被京都政界驅逐，長州藩的尊攘派面臨危機。隔年長州敗於「禁門之變」，使保守派有機會掌權，抵制尊攘派。

　　雖然藩主毛利敬親基本上支持尊攘派，但就算保守派掌握政權，他仍安穩坐在藩主之位。由於他什麼事都用「就這樣做」解決，所以又被揶揄為「就這樣做藩主」，但這其實很有可能是為了避免藩內抗爭日益激烈的手段。

　　高杉晉作為了從保守派手上奪回長州藩實權，在元治元年（1864年）12月15日率領奇兵隊起義。到隔年1月下旬，高杉主導的武裝起事成功占領藩廳所在地山口，奪回政權。

　　長州藩的保守派稱為「俗論黨」，在高杉起義成功後成員椋梨藤太等人便遭到處刑。不過高杉跟木戶孝允並未做出報復性的大規模肅清，使得長州避免像水戶藩那般陷入復仇連鎖的處境。

　　明治維新後，伊藤博文稱霸政界立於長州閥的頂點，而山縣有朋則做為長州陸軍領袖，直到死前都把持著政界權柄，可以說這整個時代都掌握在這些山口縣出身的人們手中。

## 廣島藩

安藝廣島城　42.7萬石　淺野長訓

辻將曹得到藩主信任，掌握藩政實權。雖然「第二次長州征討」幕府軍把大本營設在廣島城，但廣島藩祕密與長州藩接觸，始終未協助出兵。

雖以公議政體論為基本方針，不過私下也與反幕勢力維持良好關係。「戊辰戰爭」中做為新政府軍出兵，只是藩兵近代化不足，多負責後方守備任務。

## 岡山藩

備前岡山城　31.5萬石　池田茂政

藩主池田茂政為德川齊昭的第九子，過繼至岡山藩池田家為養子。茂政受父親影響倡導尊攘思想的同時，也想要維持以幕府為中心的體制，因此雖反對幕府進行長州征討，但當胞兄慶喜就任將軍後，立場就變得相當微妙。

「鳥羽伏見之戰」後茂政隨即隱居，並從池田家分家迎來養子，跟德川家徹底斷絕關係。岡山藩最後表明歸順新政府。

## 姬路藩

播磨姬路城　15萬石　酒井忠惇

雖為譜代大名但藩內尊攘派勢力強，藩主酒井忠績就任老中首座後便對其施行鎮壓。忠績隱居後，成為藩主的忠惇也當上老中首座，因此「鳥羽伏見之戰」後被指名為朝敵。待岡山藩兵攻進領內，姬路藩投降新政府。之後藩內佐幕派遭到肅清，犧牲者眾多。

## 福山藩

備後福山城　11萬石　阿部正方

阿部正弘死後失去活力，「鳥羽伏見之戰」被指為朝敵。長州藩兵攻進領內後投降新政府。

## 津山藩

美作津山城　10萬石　松平慶倫

　　前藩主松平齊民為十一代將軍家齊的第十六子，過繼給津山松平家當養子。為公武合體派重鎮，維新後新政府命其負責監護德川家達。

明石藩：播磨明石城　6萬石　松平慶憲
龍野藩：播磨龍野城　5.1萬石　脇坂安斐

## 松山藩

備中松山城　5萬石　板倉勝靜

　　藩主板倉勝靜拔擢山田方谷推動藩政改革，成效頗佳。因其優秀的政治手腕就任老中。雖然板倉支持德川慶喜，但「鳥羽伏見之戰」戰敗後，跟慶喜一同逃往江戶。之後松山藩被指名朝敵，岡山藩兵進軍藩領內。藩主不在的情況下，留守的重臣投降新政府。

## 鳥取藩

因幡鳥取城　32萬石　池田慶德

　　藩主池田慶德為德川齊昭第五子，過繼給鳥取藩池田家當養子。積極推動海防政策，領內有全國最先進的砲台。

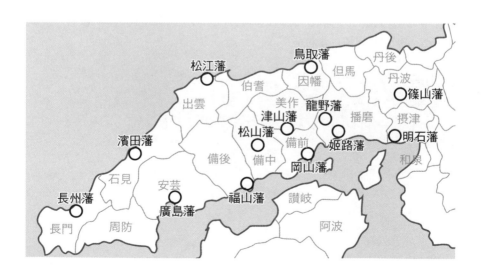

慶德受父親齊昭影響倡導尊攘思想，可是也想維持幕府中心的體制，所以跟擔任岡山藩主的胞弟池田茂政處於類似的立場。

拒絕參與「第二次長州征討」。「鳥羽伏見之戰」後歸屬新政府，鳥取藩兵做為新政府軍轉戰各地。

## 松江藩

出雲松江城　18.6萬石　松平安定

「第二次長州征討」為幕府軍一員，然而因近代化不足連戰連敗。「鳥羽伏見之戰」後歸降新政府。

## 濱田藩

石見濱田城　6.1萬石　松平武聰

「第二次長州征討」受到大村益次郎率領的長州藩兵侵襲，濱田城陷落。

藩主松平武聰為德川齊昭的第十子，過繼給濱田松平家當養子，是鳥取藩主池田慶德、岡山藩主池田茂政、以及德川慶喜的弟弟。但兄長們全都無視弟弟送來的救援請求，見死不救。

由於長州藩跟幕府簽訂休戰協定後仍持續佔領濱田城，松平主臣只能亡命美作鶴田，直到維新後也無法回鄉，無奈地迎來「廢藩置縣」。

# 四國諸藩

## 土佐藩

### 土佐高知城　20.3萬石　山內豐範

　　某程度上，對薩長兩藩來說明治維新是一場對關原之戰的復仇；薩摩島津家與長州毛利家在關原之戰中皆屬敗北的西軍，雖然允許保留家名，但不得不屈服於德川。

　　相反地，土佐藩首任藩主山內一豐屬戰勝的東軍，得到土佐之地，所以雖然只是外樣大名，卻對德川家感激涕泣。或許因此緣故，土佐藩到了動亂時代也不像薩長那樣明確採取反幕府的態度，以兩邊討好的公武合體（公議政體）做為基本方針。

　　藩主山內容堂在將軍繼嗣問題上做為一橋派活動，始終處於幕末政局的中心。不過藩內激進尊攘派跟保守派的內部鬥爭越發激烈，不斷發生流血衝突。

　　吉田東洋受到容堂全般信任，大力改革土佐藩，但在文久2年（1862年）4月，卻遭到土佐勤王黨首領武市半平太派遣的刺客暗殺。此後武市為了將土佐藩的政策方針導向尊王攘夷，跟長久以來和吉田派對立的超保守派合作，掌握藩政實權。

　　容堂失去心腹東洋後，暫且放任土佐勤王黨自由行動，觀察情勢並等待時機。文久3年（1863年）發生「八月十八日政變」，京都政界的尊攘派被掃清，容堂開始反擊。

　　9月，師從東洋的後藤象二郎掌握實權，逮捕武市等勤王黨人，命其切腹、斬首。

　　以武市為首的大部分勤王黨人都是稱為鄉士的長宗我部家舊臣。

　　長宗我部家在關原之戰敗北後失去土佐領主之位，由濃尾平野出身的山內家繼任新領主，之後山內家便長期嚴格管制長宗我部的舊臣。可以說土佐藩的內鬥早在山內家來到土佐時就已種下紛爭的火種，在幕末動亂時代一舉爆發。

　　容堂本想藉由實現「大政奉還」掌握主導權，然而歷經明治政府誕生、「鳥羽伏見之戰」爆發，容堂被迫從佐幕或勤王中二選一。最後，由主張武力倒幕的板垣退助掌握土佐實權。土佐藩在「戊辰戰爭」裡與薩長同為新政府軍核心，為勝利做出貢獻。

## 德島藩

### 阿波德島城　25.7萬石　蜂須賀齊裕

淡路的洲本城代稻田氏雖是蜂須賀家的重臣，卻不斷向本藩尋求獨立，因此動亂期的德島藩陷入管制失靈的狀況。

稻田氏積極推行尊攘運動，維新後想藉由其功績向新政府爭取獨立，實現長久以來的宿願，然而德島藩內的反獨立派卻襲擊洲本與德島城下的稻田氏屋宅。暴動中稻田家貫徹不抵抗的決心，造成多名死傷者（庚午事變）。稻田氏為避免跟德島藩再起摩擦，決心移住北海道；雖然困難重重，但還是在新天地成功另起爐灶。

## 松山藩

### 伊予松山城　15萬石　松平定昭

「第二次長州征討」中做為幕府軍出兵前往大島口，因其縱火、掠奪的行徑，招致長州藩的怨恨。「鳥羽伏見之戰」後成為朝敵，當土佐藩兵進軍領內時宣布投降。

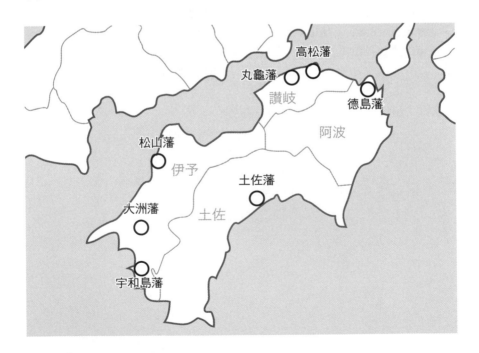

## 高松藩

**讚岐高松城　12萬石　松平賴聰**

水戶家分家，由佐幕派掌握藩政。因「鳥羽伏見之戰」屬舊幕軍被指為朝敵，但藉由兩名家老切腹謝罪得以歸順新政府。

## 宇和島藩

**伊予宇和島城　10萬石　伊達宗德**

藩主伊達宗城積極推動軍制改革，藏匿逃亡中的高野長英，命其負責翻譯兵書與設計砲台。也曾聘請大村益次郎成功建造小型蒸汽船。

在將軍繼嗣問題中因屬一橋派而被迫隱居、謹慎，不過之後仍做為公議政體派活躍於幕末政界。比起松平春嶽或山內容堂等人，態度更傾向反幕。

藩主宗城雖在維新動亂時代憑一己之力發揮一定程度的影響力，但相較其他雄藩，宇和島藩祿高不過十萬石，也沒有能輔佐藩主的優秀家臣，可以說其活躍終究有其限度。

## 大洲藩

**伊予大洲城　6萬石　加藤泰秋**

藩內由尊攘派掌握實權。海援隊成立後，買進小型蒸汽船委託海援隊操船。

**丸龜藩：讚岐丸龜城　5.1萬石　京極朗徹**

# 九州諸藩

## 薩摩藩
### 鹿兒島城　72.8萬石　島津忠義

　　薩摩藩有著僅次於加賀前田家的祿高，為全日本第二。

　　島津重豪（1745～1833）又有「蘭癖大名」的異稱，積極接納西方科學，奠定薩摩藩成為雄藩的基礎。但因為財政處理散漫，向商人借貸的金額達到天文數字，不得已從藩政第一線引退。

　　孫子齊興重用調所廣鄉，著手進行財政改革。調所逼迫商人同意薩摩藩可用百年分期償還債務，利用等同賴帳的強硬手法，終於脫離利息地獄。此外他也透過琉球對外進行走私貿易，在西南島嶼進行甘蔗等各種特產專賣，緩解赤字財政，甚至儲備多餘資金可供利用。

　　薩摩藩在調所的鐵腕經濟改革下，構築起做為雄藩的基礎，但調所的存在對薩摩藩的改革派來說，卻是堵守舊的巨牆。

　　這是因為調所跟改革派期待的藩主繼位者島津齊彬彼此對立，試圖擁立同父異母的弟弟久光。調所深恐齊彬就任藩主後會揮金如土，掏空好不容易儲蓄起來的資金。

　　為了讓齊彬早日就任藩主，改革派逼迫齊興隱居，卻遭到齊興下達死刑、切腹等處分。這次事件取齊興側室（久光之母）之名，稱為「由羅騷動」。

　　齊彬擁立派對由羅騷動也不甘示弱，向幕府檢舉走私貿易，把調所逼到窮途末路，是為「苦肉計」。調所為免牽連，獨自背負所有走私罪責而自盡。齊興隱居後，齊彬終於在四十二歲就任藩主，大舉晉用人才施行改革。

　　齊彬背負老中阿部正弘等許多人的期待，卻不過上任七年就驟逝。下任藩主由姪子（久光之子）忠義出任，久光做為監護人掌握實權。

　　大久保利通為了隨心所欲操控薩摩藩而接近久光，最後久光如人偶般全按大久保的意思行動，也把薩摩藩推進倒幕勢力的核心。可以說正是因為有大久保的花言巧語，薩摩才得以保持和平，避免像其他藩一樣為爭奪主導權血流成河。

　　明治維新後，想在故鄉薩摩隱居的西鄉隆盛，以及位處新政府核心、掌握大權的大久保，兩人之間的關係日趨惡化，終走到不可修復的局面，引發「西南戰爭」。最後西鄉戰敗，大久保勝利，薩摩藩內部鬥爭劃下句點。

## 肥前藩

### 肥前佐賀城　35.7萬石　鍋島直大

　　肥前藩因受命警護對外窗口長崎，所以積極接受西方的軍事技術。在藩主鍋島直正（閑叟）的強勢領導下，推動財政改革的同時，也建設反射爐生產新式兵器，組織出全日本最精悍的部隊。

　　在混亂的幕末政局裡，視長崎警備為最重要的任務，堅持中立態度。不僅抑制藩內的反幕勢力，也拒絕參與「第二次長州征討」。爆發「戊辰戰爭」後，肥前藩兵帶著當時最新型的阿姆斯壯砲，憑藉其強大火力為上野戰爭及會津若松城攻防戰的勝利做出貢獻。

小城藩：肥前小城城　7.3萬石　鍋島直虎
蓮池藩：肥前蓮池城　5.3萬石　鍋島直紀

## 熊本藩

### 肥後熊本城　54萬石　細川韶邦

　　雖然以橫井小楠為首的實學黨主張要對藩政進行徹底改革，但遭到被稱為學校黨的保守派反抗，改革毫無進展。當藩內還在內鬥時，明治維新就已來臨。

## 福岡藩

### 筑前福岡城　47.3萬石　黑田長溥

　　藩主黑田長溥是薩摩藩主島津重豪之子，過繼給黑田家當養子。支持公議政體論，在「第二次長州征討」前後鎮壓藩內尊攘派。之後因佐幕派與攘夷派鬥爭不下，未能趕上動亂時代的趨勢，就迎來明治維新。

秋月藩：筑前秋月城　5萬石　黑田長德
久留米藩：筑前久留米城　21萬石　有馬賴咸

## 小倉藩

### 豐前小倉城　15萬石　小笠原忠幹

　　「第二次長州征討」中遭到長州藩的逆襲，小倉城陷落。長州藩跟幕府簽訂停戰協約後仍佔據小倉城，小笠原主僕只好退居香春，直到明治維新。

柳河藩：筑後柳河城　11萬石　立花鑑寬
中津藩：豐前中津城　10萬石　奧平昌服
岡藩：豐前岡城　7萬石　中川久昭
延岡藩：日向延岡城　7萬石　內藤政舉
島原藩：肥前島原城　6.6萬石　松平忠和
平戶藩：肥前平戶城　6.3萬石　松浦詮

## 唐津藩
肥前唐津城　6萬石　小笠原長國

　　小笠原長行在接下養父長國的家督之位前就備受期待，竟以世子（繼承人）身分直接升遷至老中。但由於藩內反長行派的勢力強大，所以長行只能在這前所未有的情況中繼續以世子身分參與幕政。

　　雖然長行在「第二次長州征討」於小倉城指揮九州各藩，不過發現形勢不利後，隨即便由長崎逃往江戶。「戊辰戰爭」時唐津藩雖歸順新政府，然而長行本人卻選擇放棄世子之位逃往箱館，但最後仍向新政府投降。

臼杵藩：豐後臼杵城　5萬石　稻葉久通

# 主要參考文獻

## ● 評論

《坂本龍馬的一切》（坂本龍馬のすべて）平尾道雄編　新人物往來社
《龍馬的一切》（龍馬のすべて）平尾道雄　高知新聞社
《坂本龍馬》（坂本龍馬）松浦玲　岩波書店
《想知道更多坂本龍馬》（もっと知りたい坂本龍馬）木村幸比古、木村武仁
日本實業出版社
《勝海舟》（勝海舟）松浦玲　中央公論社
《中岡慎太郎》（中岡慎太郎）宮地佐一郎　中央公論社
《坂本龍馬海援隊始末記》（坂本龍馬海援隊始末記）平尾道雄　中央公論社
《幕末維新的經濟人》（幕末維新の経済人）坂本藤良　中央公論社
《港都橫濱的誕生》（港都横浜の誕生）石井孝　有鄰堂
《戊辰役戰史1～2》（戊辰役戦史1～2）大山柏　時事通信社
《東北－做出來的異境》（東北―作られた異境）河西英通　中央公論社
《開國史話》（開国史話）加藤祐三　神奈川新聞社
《日本的歷史18》（日本の歴史18）北島正元　中央公論社
《日本的歷史19》（日本の歴史19）小西四郎　中央公論社
《日本的歷史20》（日本の歴史20）井上清　中央公論社
《用名言讀幕末維新歷史》（名言で読む幕末維新の歴史）外川淳　講談社
《完全制霸幕末維新》（完全制覇幕末維新）外川淳　立風書房

## ● 史料集

《龍馬的信》（龍馬の手紙）宮地佐一郎　講談社學術文庫
《坂本龍馬全集》（坂本龍馬全集）平尾道雄監修　光風社出版
《德川慶喜公傳1～4》（徳川慶喜公伝1～4）渉澤榮一　平凡社
《中岡慎太郎全集》（中岡慎太郎全集）宮地佐一郎編　勁草書房
《維新土佐勤王史》（維新土佐勤王史）瑞山會　富山房
《勝海舟全集1～22》（勝海舟全集1～22）勝部真長、他編　勁草書房
《木戶孝允文書1～8》（木戸孝允文書1～8）木戶公傳記編纂所編　日本史籍協會
《保古飛呂比　佐佐木高行日記1～12》（保古飛呂比　佐々木高行日記1～12）
東京大學史料編纂所編　東京大學出版會
《岩崎彌太郎傳》（岩崎弥太郎伝）岩崎彌太郎、彌之助傳記編纂會編　岩崎彌
太郎、彌之助傳記編纂會

《西鄉隆盛全集1～6》（西鄉隆盛全集1～6）西鄉隆盛全集編輯委員會編　大和書房

《防長回天史1～12》（防長回天史1～12）末松謙澄　東京國文社

《藤田東湖全集1～6》（藤田東湖全集1～6）高須芳次郎編　研文書院

《象山全集1～5》（象山全集1～5）信濃教育會編　信濃每日新聞

《島津齊彬公傳》（島津斉彬公伝）池田俊彥　岩崎育英獎學會

《幕末政治家》（幕末政治家）福地源一郎　平凡社

《日本遠征記1～4》（日本遠征記1～4）土屋喬雄、他譯　岩波書店

《阿部正弘事蹟1～2》（阿部正弘事績1～2）日本史籍協會編　東京大學出版會

《大日本史料　幕末外交關係文書1～45》（大日本史料　幕末外交関係文書1～45）東京帝國大學編　東京帝國大學史料編纂掛

《江藤南白》（江藤南白）的野半介　原書房

《幕末志士的生活》（幕末志士の生活）芳賀登　雄山閣出版

《吉田松陰全集1～12》（吉田松陰全集1～12）山口縣教育會編　岩波書店

《近世日本國民史1～100》（近世日本国民史1～100）德富豬一郎　民友社

《清河八郎》（清河八郎）成澤米三　東北企劃出版

《新訂　福翁自傳》（新訂　福翁自伝）富田正文校訂　岩波書店

《大君之都1～3》（大君の都1～3）山口光朔譯　岩波書店

《大久保利通日記1～2》（大久保利通日記1～2）日本史籍協會編　日本史籍協會

《近代史史料》（近代史史料）大久保利謙編　吉川弘文館

《一介外交官所目睹之明治維新》（一外交官の見た明治維新）坂田精一譯　岩波書店

《明治維新水戶風雲錄》（明治維新水戸風雲録）常陽明治紀念會編　井田書店

《昔夢會筆記》（昔夢会筆記）大久保利謙校訂　平凡社

《板垣退助傳》（板垣退助伝）栗原亮一編　自由新聞社

《岩倉公實記1～3》（岩倉公実記1～3）多田好問編　原書房

《仙台戊辰史1～3》（仙台戊辰史1～3）續日本史籍協會編　東京大學出版會

《河井繼之助傳》（河井継之助伝）今泉鐸次郎　目黑書店

《勸學篇》（学問のすゝめ）福澤諭吉　岩波書店

《大村益次郎》（大村益次郎）絲屋壽雄　中央公論社

《自由黨史1～2》（自由党史1～2）板垣退助監修　五車樓

國家圖書館出版品預行編目(CIP)資料

圖解幕末維新/外川淳著；林農凱譯. -- 修訂一版. -- 臺北市：易博士
文化，城邦文化事業股份有限公司出版：英屬蓋曼群島家庭傳媒股
份有限公司城邦分公司發行, 2021.03
　　面；　　公分
譯自：早わかり幕末維新
ISBN 978-986-480-141-1(平裝)
1.江戶時代 2.明治維新 3.日本史
731.268　　　　　　　　　　　　　　　　　　　110002451

DK0103

# 圖解幕末維新〔更新版〕

原　書　名／早わかり幕末維新
原 出 版 社／日本実業出版社
作　　　者／外川淳
譯　　　者／林農凱
選　書　人／蕭麗媛
執 行 編 輯／呂舒峗、林荃瑋
企 畫 監 製／蕭麗媛

業 務 經 理／羅越華
總　編　輯／蕭麗媛
視 覺 總 監／陳栩椿
發 行 人／何飛鵬
出　　　版／易博士文化
　　　　　　城邦文化事業股份有限公司
　　　　　　台北市中山區民生東路二段141號8樓
　　　　　　電話：(02) 2500-7008　　傳真：(02) 2502-7676
　　　　　　E-mail: ct_easybooks@hmg.com.tw
發　　　行／英屬蓋曼群島商家庭傳媒股份有限公司城邦分公司
　　　　　　台北市中山區民生東路二段141號2樓
　　　　　　書虫客服服務專線：(02) 2500-7718、2500-7719
　　　　　　服務時間：週一至週五上午09:30-12:00；下午13:30-17:00
　　　　　　24小時傳真服務：(02) 2500-1990、2500-1991
　　　　　　讀者服務信箱：service@readingclub.com.tw
　　　　　　劃撥帳號：19863813
　　　　　　戶名：書虫股份有限公司
香 港 發 行 所／城邦（香港）出版集團有限公司
　　　　　　香港灣仔駱克道193號東超商業中心1樓
　　　　　　電話：(852) 2508-6231　　傳真：(852) 2578-9337
　　　　　　E-mail：hkcite@biznetvigator.com
馬 新 發 行 所／城邦（馬新）出版集團【Cite (M) Sdn. Bhd. (458372U)】
　　　　　　11, Jalan 30D/146, Desa Tasik, Sungai Besi,
　　　　　　57000 Kuala Lumpur, Malaysia
　　　　　　電話：(603) 9056-3833　　傳真：(603) 9056-2833
　　　　　　E-mail：cite@cite.com.my
封 面 構 成／簡至成
美 術 編 輯／簡至成
內 文 插 圖／古賀重範
製 版 印 刷／卡樂彩色製版印刷有限公司

■2018年1月16日初版
■2021年3月9日修訂一版
ISBN 978-986-480-141-1

定價450元　HK$150

城邦讀書花園
www.cite.com.tw

Original Japanese title: HAYAWAKARI BAKUMATSUISHIN
Text copyright ©J.Togawa2009
Original Japanese edition published by Nippon Jitsugyo Publishing Co., Ltd
Traditional Chinese translation rights arranged with Nippon Jitsugyo Publishing Co., Ltd
through The English Agency (Japan)Ltd. and AMANN CO.,LTD.